天问十年

—— 楚才学子学术作品集

湖北大学楚才学院　主编

武汉大学出版社

图书在版编目(CIP)数据

天问十年:楚才学子学术作品集/湖北大学楚才学院主编.—武汉:武汉大学出版社,2024.1

ISBN 978-7-307-24251-7

Ⅰ.天… Ⅱ.湖… Ⅲ.社会科学—文集 Ⅳ.C53

中国国家版本馆 CIP 数据核字(2024)第 003828 号

责任编辑:唐 伟 责任校对:汪欣怡 版式设计:韩闻锦

出版发行:**武汉大学出版社** (430072 武昌 珞珈山)
(电子邮箱:cbs22@ whu.edu.cn 网址:www.wdp.com.cn)
印刷:武汉市金港彩印有限公司
开本:787×1092 1/16 印张:16.5 字数:321 千字
版次:2024 年 1 月第 1 版 2024 年 1 月第 1 次印刷
ISBN 978-7-307-24251-7 定价:138.00 元

《天问十年——楚才学子学术作品集》编委会

主　　编　　刘建平

副 主 编　　王世敏　朱小梅

编　　委　　刘建平　王世敏　朱小梅　万　虹　许良发
　　　　　　李　恒　肖　勇　王　喆　徐忠圻　王德洲
　　　　　　韩书安　贺　腾　符　琳

封面摄影　　向正鹏

本书历经一年时间，收录了湖北大学楚才学院天问学术中心部分成员及参与过该中心活动的其他同学的各类文章，旨在呈现该中心作为楚才学院核心社团为学院乃至学校人才培养所做的努力。在此，谨向所有参与过天问学术中心活动，尤其是为本书的出版提供文稿的所有同学致以衷心的感谢和美好的祝福！

序　言

　　楚才学院作为湖北大学教育改革的实验基地，始终坚持以培养拔尖创新人才为使命与目标。在尊重个性、崇尚多元的教育理念熏陶下，每位楚才学子都能找到适合自己的人生发展道路。于我而言，很早就明确了学术志业，楚才学院博雅自由的学风和鼓励创新的氛围，更是赋予了我从事人文学研究的信心与勇气。

　　2012 年 4 月，我在经历了北京大学和武汉大学的暑期学校和游学交流后，深感学术创新型学生社团的重要性，于是便和贺腾筹备成立天问学术沙龙。当我们把自己的想法告诉学院领导时，他们高度肯定并给予了大力支持。于是，我们依托楚才学院的资源平台，邀请校内外的专家学者，通过读书会或者讲座的形式，开展了一系列学术交流活动。比如，我们阅读了伯林的《自由论》、梁启超的《新民说》、鲁迅的《野草》、马尔库塞的《单向度的人》，等等。以"天问学术沙龙"为基础，我们聚集了一批热爱读书、立志学术的青年同学，也都遇见了更美好的自己。

　　岁月荏苒，已逾十年。当初的懵懂少年已而立成熟，天问也从幼苗成长为参天大树。我们欣喜地看到，"天问学术沙龙"在更名为"天问学术中心"后，制度化建设更加完善，学术活动更加多元，同学们的参与热情也更加高涨，天问也更好地发挥了引领风尚、化育人才的价值使命。虽然天问在创立和发展的过程中曾面临各种各样的挫折与挑战，但是一代代天问人继承和发扬了湖北大学自强不息、克难奋进的"习坎"精神，坚守初心，矢志不渝，无畏艰辛，迎难而上，使得天问成为了楚才学院一张亮丽的名片。

　　天问自成立之时，便将"以学术为志业，求独立之精神；以读书为乐趣，存自由之思想"作为自己的理念、宗旨。向天而问，求学论道，我们希望倡导一种纯粹和非功利的阅读习惯和学术理想。宋儒张载曾言："为学大益，在自求变化气质。"专业技能的传授服务于健全人格的培养，是当代大学"立德树人"教育的根本任务。天问作为学生自发成立的创新型社团组织，尤为注重自主学习意识、批判性思维和社会实践能力的培养。摆在读者朋友面前的《天问十年》，便是天问成果的一个缩影。该书由《十年成长编》《学术争鸣编》《读书得间编》《家国情怀编》《青楚天下编》五个部分组成，分别展现了历代天问社长、成员的寄语感悟、哲思泉涌的学术论文、读书思考的心得体会、抒发家国情怀的感人文字以及社会实践的精彩报告。天问是一个与时偕行、开拓进取的活力社团，相较于十年前的我们，今日的天问读书会已经从人文社会科学拓展到自然科学，"青楚天下"社会实践团队更是多次荣获校级、省级以及国家级的荣誉称号。

"世界无穷愿无尽，海天寥廓立多时。"愿天问学术中心能够再接再厉，奋勇前行，为湖大学子提供一个学术交流和科研创新的服务平台，在引领校园风尚和传承荆楚文脉上发挥更大的作用。

是为序。

韩书安

2023 年 10 月于绍兴越城

目　录

家国情怀编

青楚天下编

附 录

十年成长编

　　回望过去，天问人希望借梳理天问十年来的发展脉络、风雨历程呈现出天问的十年历史，再现历届成员为天问付出的心血努力。遗憾的是，由于时间久远，各项内容涉及多届院友、校友以及部分的材料已不可考。天问学术中心成员通过梳理现存的多年来的文字材料、新闻报道等内容，同时收集了十一任会长的成长经历，整合出了这份天问十年成长的汇报，呈诸君一观，共看十年来天问人的初心与坚守。

我们的时光

　　2012 年 4 月，楚才学院 2010 级学生韩书安、贺腾等 22 人自发提议，成立湖北大学天问学术沙龙社团，提出"以学术为志业，求独立之精神；以读书为乐趣，存自由之思想"的成立理念，开展读书会等系列活动。章程草案一经提出，立刻得到了学院领导老师的大力支持，得到了楚才学院全体学生的广泛关注。

湖北大学天问学术沙龙成立章程草案

【社团简介】
社团全称：湖北大学天问学术沙龙。（社团简称为"天问"。《天问》，是《楚辞》中的名篇，是伟大爱国诗人屈原最具质疑批判态度的反思宇宙万物的杰出优秀作品，被后人誉为"千古万古至奇之作"。以"天问"为社团名称，既体现了本社团对湖北荆楚文化的继承弘扬，也彰显了我校学子对人文学术的探究求索精神。"天"象征着天道、真理；"问"意味着疑问、求索。二者合称也即是寓意了人类不断探究追问宇宙真理的思想文化历程，正如屈原所说"路漫漫其修远兮，吾将上下而求索"。）
社团性质：直属于湖北大学楚才学院团委的学术创新型社团
社团理念：以学术为志业，求独立之精神；以读书为乐趣，存自由之思想。
社团筹办时间：2012 年 4 月—5 月。
社团发起人数：22 人
社团挂靠单位：楚才学院
社团指导老师：杨德津

　　社团以诗人屈原《楚辞》中的名篇《天问》为名，是直属于湖北大学楚才学院团委的学术创新型社团，天问十年的故事由此开始。

　　2012 年 5 月 29 日，天问学术沙龙成立后的首次大型活动——"天问讲坛"首场报告会成功举办，哲学学院周海春教授受邀以"漫谈读书，聚焦写作"为题作宣讲报告，周教授与同学们交流了在读书、写作上的经历，并向刚刚成立的天问学术沙龙表示祝贺。活动最终取得圆满成功，活动组织、活动质量得到了全体师生的广泛认可。

"天问讲坛"首场报告会成功举办

来源： 发布时间：2012-05-29

近日，楚才学院学生学术创新型兴趣活动项目"天问学术沙龙"正式开启"天问讲坛"活动。应邀担任本次报告会主讲的哲学学院周海春教授以"漫谈读书，聚焦写作"为题，旁征博引，学贯中西，为同学们呈现了一顿丰富的精神大餐。

讲座伊始，周教授从中西文化融合的角度，深度剖析了"天问"一词的内涵："天问"即是"内心的想法"，而读书就是问天的一种方式，并向"天问学术沙龙"的创建者们送上祝贺之辞。

谈到"读书"，周教授强调，由于创作者的学识、背景、思想等内外因素千差万别，所以"读什么书"不可一概而论。他表示，若想了解人生大事，直面生老病死，理应多读宗教类书籍和古希腊早期哲学著作；若想要学会做人做事，那就应该多读描述民族文化习性的书籍；若只是想获得工具性的知识，那么教材可作为参考书籍。在阐述如何阅读学术著作时，周教授也有自己的见解——"为写而读，不写不读；为他人而写，为他人而读"。

对于"写作"，周教授针对"文献综述"、"论文题目的拟定"等问题进行了全面而详细地讲解，并告诉同学们，学术的空间无限广阔，智慧不在书中，要靠悟性。

报告会最后，周教授与同学们进行了交流互动，对同学们提到的"人性类书籍的阅读"、"如何摆正中西方哲学的位置"、"如何自致"等问题进行了耐心细致的解答。

将近两个半小时的讲座在一片如雷般的掌声中落下帷幕，在场的一名同学对此次讲座赞不绝口，"我听过很多次讲座，但这次讲座是我所见过的纪律最好的一次，也是老师的笑声最爽朗的一次，收获真的很大。"

2012年10月11日，"天问讲坛"举办第二期读书会活动。历史文化学院何晓明教授作为特邀嘉宾莅临田家炳楼125会议室，为天问内外学子宣讲"新民之梦——梁启超的少年中国宏愿"。

2013年3月，《天问十年》的前身——《天问杂志》创刊，刊物收录包括小说、散文、诗歌等体裁在内的天问成员的文学作品供大家品读。杂志卷首语及发刊词由时任天问学术沙龙负责人的韩书安撰写。

特此摘录杂志序言如下，供诸位鉴读：

序言

遂古之初，谁传道之？

上下未形，何由考之？

冥昭瞢暗，谁能极之？

——《楚辞·天问》

在喧嚣浮躁的现代社会中，很多曾经的美好业已异化。世风日下，道德沦丧，物欲横流，人心不古。名誉、钱财、权势，逐渐吞噬着人类脆弱的灵魂；空虚、寂寞、乏味，终将霸占我们疲惫的身心。西哲康德所推崇的"道德律"，早被抛诸脑后；先儒阳明所强调的"致良知"，已无人再践行。所以，今人难以享受到古人读书论学的快乐与悠闲，更难以体会到古人抚琴弈棋的文雅与风趣。"青山遮不住，毕竟东流去。"于旁观者而言，是正常的历史变迁；对"执迷"者来说，则不免扼腕而叹息。

现代大学已经是社会潮流的缩影，校园环境也早被外界烟雾所笼罩。浮华娱乐的生活，总让人窒息；清新怡人的书香，何处去寻觅？于是，不自量力的几个湖大青年，便发起成立了天问学术沙龙。"以学术为志业，求独立之精神；以读书为乐趣，存自由之思想。"不仅是我们创办社团的宗旨，更是我们青年人生的信条。之后，在寂静的夜晚，小巧的红楼里，偶尔会传出一阵热烈的掌声或几人激昂的辩论，这不是开会，也不是上课，而是思维碰撞的炽热火花。"东海西海，心理攸同；南学北学，道术未裂。"比较中西，沟通古今，指点江山，激扬文字，读书的激情在此点燃，学术的真挚由此孕育。

时至今日，依然相信：我们所做的努力与尝试，不是重复或徒劳；天问必将因个性而存在，凭精诚以进取。所以，我们不满足于已有的成就，力图开拓更新的里程。创办学术刊物，彰明社团宗旨，这是我们的衷心凤愿，今天终于要实现了！然而，作为初生牛犊的后学，我们毕竟难以游刃有余。虽有拳拳之心，殷殷之情；却无昭昭之明，赫赫之功。知我罪我，幸得亲承，荡垢涤瑕，有盼来哲。

在此我们要对楚才学院敬爱的领导和老师们致以崇高的敬意，因为没有你们的关心与支持，天问是不会成立和发展的！并且我们还要真诚地感谢积极参与学术沙龙的青年朋友们，正是你们的鞭策与鼓励，天问才更加充满朝气与活力！

百余年前，洋务先驱张之洞尝劝学曰："古来世运之明晦，人才之盛衰，其表在政，其里在学。"今天小我也许迈出的是微不足道的跬步，但谁又知此非将来千里之行的开端？最后谨以启蒙思想家梁任公的小诗自励，并希望大家今后更加呵护天问的成长：

献身甘作万矢的，论著求为百世师。
誓起民权移旧俗，更掔哲理牖新知。
十年以后当思我，举国犹狂欲语谁？
世界无穷愿无尽，海天寥廓立多时！

韩书安
2013 年 3 月
识于沙湖之滨

2013年4月27日，天问创新团队举办张爱玲读书交流会。天问学术沙龙邀请到湖北大学文学院讲师刘颖跟同学们一起交流、分享民国才女张爱玲的文学作品。

2013年5月30日，由天问学术沙龙组织的翰墨书香，励志成才系列活动第一站"翰墨书香，经典同行"主题讲座顺利开展，在学院二楼的学术报告厅，文学院副教授丁利荣与楚才学院的师生们一起交流了读书、读经典好书的心得与感受。

一路书香，与经典同行

作者：张文 叶蓓　编辑：吴思旻　来源：教育学院　发布时间：2013/06/02

本网讯（通讯员 张文 叶蓓）5月30日晚，教育学院楚才学院翰墨书香，励志成才系列活动第一站翰墨书香，经典同行主题讲座开讲，文学院副教授丁利荣应邀作客天问学术沙龙，在院二楼学术报告厅与在座学子分享读书感悟。

丁教授以一路书香为主题，引导大家踏上了名著导读之旅。说起一路书香这个主题，丁老师与大家分享了《香水谋杀案》的观看体悟，她认为污浊之味使人身陷泥沼与烦闷，而芳香之气则有使人镇定的力量，所以我们应该多熏闻带香味的书，如佛教中的戒定慧三香。

至于如何阅读，丁教授从阅读范围、阅读顺序和阅读程序及方法三个方面进行了讲解。她把书分为欲、技、道三类，即迎合读者欲望的畅销书，有助人们获得谋生技能的工具书和开启智慧、净化心灵的经典书籍。她建议大家技道结合，努力提升专业素养，提高自身能力，练就谋生的利器；并在与经典书籍的对话中遇高人高见，开启眼目并借机触己，提升自己的趣味和修养。

2014年11月22日，天问学术沙龙组织的《理想国》第八次读书会在田家炳学院223报告厅如期开展，活动特别邀请了哲学学院博士生导师强以华教授带领学生探讨《理想国》中学术性较强且社会意义深刻的问题。

2014 年 12 月 7 日，天问学术沙龙的成员走出教学楼，在图书馆前草坪上开展了关于《给樱桃以性别》的读书交流会。活动由 2014 级天问成员刘海佳主持，中国哲学专业研究生章鑫和赵雅倩、谭文章、明星等人参加了本次活动。

2014 年 12 月 13 日，天问学术沙龙在田家炳楼 124 室开展了读书交流会活动，活动邀请了哲学学院陶文佳博士就《美国精神的封闭》这本书，与到场的学生、老师开展交流，师生共话读书心得。

评书本、谈社会——天文学生创新团队开展读书交流会

作者：刘文斌　编辑：王欣　来源：校报记者团　发布时间：2014/12/14

本报讯（记者团　刘文斌）12 月 13 日，天问学生创新团队在教育学院 124 室开展了读书交流会，与会人员就《美国精神的封闭》这本书展开交流。

本次交流会邀请到哲学学院陶文佳博士与同学们一同交流读书心得，来自楚才学院、哲学院、历史学院的读书爱好者们参加了本次交流会。这些同学中，既有 14 级的新生，也有研究生，不同的专业、年级的学生有着不同的视角，大家在一起思维碰撞，畅所欲言，交换心得。

交流会主要从《美国精神的封闭》第一、二、三卷展开讨论，同学们自由发表意见，陶教授则不时对同学们的想法做出评价，然后引出一些新的讨论话题。在谈到美国社会盛行的虚无主义与民主政治下高等教育的危机时，陶教授举了我爸是李刚一案件为例，在这一案件中，最引人注目的一句话我爸是李刚其实是媒体给当事人强加的台词，但 90 后的学生们却并不怀疑媒体，还频繁在文章中引用这一事例。对此她提出，90 后缺少信仰，媒体、老师说什么，他们就信什么。知道社会的不公却不反抗，不满社会现象但还是选择坦然接受这一切。这一观点引起同学们热烈讨论，来自历史学院的美文博认为应区分群体权界，让社会去中心化，不需要共同的信仰。哲学院的章鑫、历史学院的研究生余雅君则反对这一观点，我们去寻找各自的东西，但其实最后找到的是空虚，就像我们要学普通话来打破沟通障碍一样，虽然终极答案不一定存在，但我们要往这个方向走。

2015 年 4 月 14 日，天问学术沙龙获光明网报道。报道中反复提到，天问学术沙龙历年来坚持举办丰富多彩、形式多样的读书活动，鼓励师生共读经典书目，邀请来自各个学院的学生参与到一场场读书盛宴中去，陶冶情操，丰富课余生活。报道增强了天问知名度，吸引了更多院内外学子的参与。

湖大有个读书团 学生老师一起读

作者: 郭佳 刘文斌 编辑: 湖大在线 来源: 新闻中心 发布时间: 2015/04/14

知者利仁，这个'利'，是利用的意思。不，我觉得是从自身利益出发的意思。在 11 日晚上的读书交流会上，湖北大学天问学生创新团队的书友们，正在讨论着《论语》。类似的这种讨论，在这个社团每周都会进行，如今已持续了近三年。

4 月是全民读书月，在全社会都关注读书这件事时，湖北大学有群志同道合的读书人早聚在一起了。他们中有学生，有老师，来自不同的专业，不同的年级。老师中讲师、副教授、教授都有。阅读范围覆盖文学、历史学、哲学、法学、政治学等多门人文社会科学。大家一起读一本书然后统一交流这样简单却有效的方式组织活动，一周两三次，是否参加活动、是否想要读这本书也由老师学生自己决定，比较自由。

读书的形式也多样化，有时在教室里，有时在沙湖边，有时根据读书者的爱好，随性选择读书的地点。比如在读《给樱桃以性别》这本书时，几位学生在图书馆外的草坪上，席地而坐，轮流表达自己对此书的看法，并就某几个问题进行争鸣，把读书变成一件美好的事情。哲学院的陶文佳教授曾受邀参加《美国精神的封闭》读书活动，她在活动中被学生们开放的思想、激烈的辩论所打动。

从 2012 年社团成立至今，大家一起读了近 20 本书，写下 40 多篇读书报告，因读书而聚在一起的老师学生也越来越多。

2015 年 11 月 1 日，见证天问学术沙龙成长发展的天问族谱问世。族谱记录了天问历届成员的信息，包括对天问的感悟，自己的照片和发展方向等内容。天问通过打造属于社团自己的族谱，营造了社团内部的家庭氛围。

记录成长印记，天问打造"族谱"

作者: 刘文斌 范梦悦 编辑: 罗清艳 来源: 校报记者团 发布时间: 2015/11/11

本网讯 (通讯员 刘文斌 范梦悦) 近日，湖北大学楚才学院天问创新团队的成员们收到了一份特殊的礼物———一本精美的族谱，族谱记录了天问历届成员的信息，包括对天问的感悟，自己的照片和发展方向等内容。族谱本是家族才有的东西，现在天问打造了一本属于社团自己的族谱，营造了社团内部的家庭氛围。

制作族谱这个想法已经策划很久了，成员刘海佳介绍，在今年暑假前的年度总结会上，我们的指导老师欧明任老师提出了要做族谱的想法，之后我们便开始了搜集信息、设计排版、不断完善。据了解，往届天问的成员们已经分布在北京大学、四川大学、武汉大学等高校，

2016 年 1 月，为促进天问进一步发展，明确组织性质和日常活动开展方向，时任会长乐岑川将天问学术沙龙正式更名为天问读书会。由此，天问开启了新历程。

2016 年 4 月 23 日，天问读书会的成员们在世界读书日的这一天开展读书活动，对卢梭的《论人类不平等的起源》一书发表各自看法，围绕"怎样区分人在发展的过程中哪些力量是属于自然，哪些力量属于社会"展开探讨。

和天问一起在世界读书日对话卢梭

来源：　发布时间：2016-04-24

4 月 23 日晚，正巧是世界读书日，天问学术沙龙的成员们聚在一起，开始又一周的讨论。大家显然对卢梭的《论人类不平等的起源》一书兴趣极高，而且还是英文版阅读，富有挑战性，其间氛围特别融洽。

在读书开始之前，由研究生孙贵法给大家做了上一次的小结。提出了我们上一周讨论的主要问题是究竟怎样区分人在发展的过程中哪些力量是属于自然的？而哪些力量又是来自于社会的？他说这既是上一周的重点也是卢梭该书的重点。接着还提出质疑，人和动物其实都有"模仿"的本能，那么是什么让人从那些动物之中脱颖而出呢？带着诸多的疑问和不解，大家开始了下面的阅读。

2016 年 11 月 27 日，天问读书会特邀北京大学哲学系硕士、2010 级湖北大学楚才学院文科班校友贺腾，与楚才学院本科学生代表就中德大学教育方式区别、如何学习多门语言以及如何读书等主题进行了交流。交流会由天问读书会负责人谭文章主持。

大学、语言与读书——天问读书交流会顺利举办

来源：　发布时间：2016-12-01

"就是大学里的那么一堂课，让我认定了哲学，一见倾心。"贺腾如是说。

11 月 27 日下午，天问读书会特邀北京大学哲学系硕士、2010 级湖北大学楚才学院文科班校友贺腾，与楚才学院本科学生代表就中德大学教育方式区别、如何学习多门语言以及如何读书等主题进行了交流。交流会由天问读书会负责人谭文章主持，在院 206 会议室举办。

"大学里的学习，找准专业基础的着力点和学习方法是关键，这也是为日后学习打下基础的必不可少的技能。"交流会一开场，贺腾就点出了大学学习的精髓要领。他提到在武大访学期间"有事没事蹭课蹭讲座"的经历，强调了想要视野开阔，必要的交流学习是必不可少的。贺腾本人有很高的语言天赋，熟练英语、德语、法语、拉丁语，还涉猎希伯来语和古希腊语。谈到语言学习的方法时，贺腾提出了三点建议：一是要多读多练；二是要有语法概念；三是要有系统的学习方式。"我当初可是早读宋词，晚读英语。每天不到十点绝对不回寝室，月亮广场都回荡着我的读书声。"贺德打趣道。

2018 年 4 月 25 日，《楚天都市报》以《小红楼里话"红楼"，高校学生扮名著人物探经典》为题报道天问读书会活动开展。活动特邀相关师生共话红楼故事。

【楚天都市报看楚天】小红楼里话"红楼"，高校学生扮名著人物探经典

作者：贺俊 崔美君 杨焱雯 潘洁敏 邵壮　编辑：史凡　来源：楚天都市报-看楚天　发布时间：2018/04/25

"给你一次机会，你会娶王熙凤吗？""小时候我的性格像黛玉，现在更希望自己像宝钗，有高学养但不露锋芒。"台词互动代替课堂 PPT 播放，在主讲人引导下，学生们将红楼人物"放置"到不同时空。这是 4 月 22 日晚出现在湖北大学教育楚才学院里的一幕，该课堂对话视频也在 QQ 空间里热度居高不下。

2019 年 4 月 12 日，天问读书会在沙湖公园草坪上开展中国法制专题读书会活动。读书会由天问读书会会长，楚才学院 2017 级学生喻文婷主持。

2021 年 3 月 15 日，时任天问会长王喆提出设想，拟将天问读书会易名为天问学术中心，旨在发展成为最具楚才学院通识教育理念特色和最能体现湖北大学学术创新精神的先进社团。相关设想得到了学院领导老师的广泛支持，这次更名为天问发展指明了新方向，确定了新目标。

"恳延请诸君，惟殷盼共鸣"：关于成立楚才学院天问学术中心的有关设想及建议

（2021 年 3 月 15 日）

王喆 张郭威

一、成立背景

《天问》，是《楚辞》中的名篇，是伟大爱国诗人屈原最具质疑批判态度的反思宇宙万物的杰出优秀作品，被后人誉为"千古万古至奇之作"。中心前身"天问读书会"自 2012 年 4 月开始筹建，于今正式走入第十个年头。以"天问"为名，既体现了楚才学子对湖北荆楚文化的继承弘扬，也彰显了我院学子对人文学术的探究求索精神。"天"象征着天道、

2021 年 4 月 30 日晚，楚才学院天问学术中心第五期读书会活动于学院 110 活动室开展，楚才学院时任常务副院长朱小梅，副院长许良发及天问学术中心成员参与本次活动，读书会活动的开展掀开了崭新一页。

2021 年 11 月 5 日，楚才学院天问学术中心开展第一期《共产党宣言》读书会，掀开了系列读书会的序幕，活动邀请楚才学院领导老师一起，用琅琅书声向党的百年华诞献礼。

2021 年 11 月 12 日，为进一步提升楚才学子的探索精神和创新水平，彰显学院学术底蕴与思辨之风，由天问学术中心组织的"天问讲坛之科研创新系列报告"首场分享交流活动在武昌区 V+ 合伙人大厦四楼多媒体培训室顺利开展。活动邀请了来自楚才学院多个年级的三十余名学生参与，由天问学术中心负责人王喆主持。

2021 年 12 月 22 日，在天问学术中心与通识读书会社团的协调沟通下，"遥请延诸君，惟殷盼共鸣——楚才学院天问学术中心通识读书会见面交流会"活动顺利在通识教育学院 B300 报告厅举行。天问第一次真正走出楚才学院，将自身理念带到通识教育学院，带给大一学子们。

楚才学院时任常务副院长朱小梅、副院长许良发，2018 级文科计划班王喆、2020
级文科计划班徐忠圻等 6 人奔赴阳逻校区，与大一学生共同探讨读书的心得体会。

2022 年 1 月，时任天问学术中心负责人徐忠圻提出了《关于成立湖北大学楚才学院
"青楚天下"大学生社会实践团队的相关建议》，提出成立楚才学院、成立天问学术中心
自己的特色社会实践团队的主张。相关提议得到了学院领导老师的大力支持，楚才学院
"青楚天下"社会实践团队于当年 6 月正式成立，连续获国家级、省级大奖，就此成为楚
才学院的育人特色品牌之一。

关于成立湖北大学楚才学院"青楚天下"大学生
社会实践团队的相关建议

（2022 年 1 月 19 日）

楚才学院天问学术中心成员、楚才计划文科班 2020 级··徐忠圻

校审：王喆

一、成立背景

（一）新时代下高素质创新型人才培养的要求

在中共中央、国务院于 2017 年下发的文件《中长期青年发展规划（2016-
2025 年）》中，党和国家根据经济社会发展的总体目标和要求，结合我国青年发
展的实际情况，对当代青年参与社会实践活动的能力提出了新的期望：青年个人
应当更加主动、自信地适应社会、融入社会。青年参与社会主义现代化建设的积
极性主动性应进一步增强，青年志愿服务水平要进一步提高。要促进不同青年群
体相互理解尊重，推动青年对外交流合作不断拓展。

2022 年 2 月，时任天问学术中心会长徐忠圻提出成立天问学术中心阳逻分会的设
想。通过成立天问学术中心阳逻分会，以读书活动为载体，广泛吸引新生同学参与读书
活动，扩大组织影响力。

天问学术中心阳逻分会旨在发展成最具通识教育理念特色和最能体现湖北大学学术创新精神的学生自发形成、自主运营的组织。为热爱读书、立志学术的学生提供展现自我的平台。

2022年3月19日，楚才学院天问学术中心学生负责人前往阳逻校区开展了天问学术中心首届阳逻分会组成人员的招新面试与选拔活动，近百名学生报名参加。面试结束后，天问学术中心阳逻分会正式成立，首届分会共选拔了十八名大一同学参与天问分会的组织管理工作。

2022年4月18日，湖北日报以《有一本书，吸引湖北大学的学子们热烈讨论》为题报道了天问学术中心《习近平与大学生朋友们》读书会活动。报道指出，天问读书会组织大学生们开展的《习近平与大学生朋友们》一书学习研讨活动极具时代意义，得到了校内外媒体的广泛关注。

　　2022 年 3 月到 4 月间，天问学术中心为响应第二十七个世界读书日，发布"天问荐书"系列推文。一周一会，由不同的天问学子介绍不同国家的经典佳作，推荐内容翔实，感情真切，并联系校广播台进行有声化呈现，在全院乃至全校都起到了良好的阅读氛围营造作用。

　　2022 年 5 月 4 日，天问学术中心与湖北大学图书馆共同开展的以"彰显思想伟力，闪耀智慧火花"为主题的《习近平与大学生朋友们》读书会活动获中国新闻网报道。

　　2022 年 11 月 7 日，楚才学院天问学术中心负责人前往阳逻校区召开天问学术中心第二届阳逻分会组成人员的招新面试与选拔活动。本次招新活动共吸引了来自通识教育学院各个不同专业的三百多名大一新生报名参加，天问走出楚才、走出湖大，吸引、影响更多人的目标正在不断实现。

历 任 会 长

　　天问走进了第十一个年头，也同样迎来了十一任会长。在与天问相处的不长时间里，每一位会长都用他们的心血与汗水为天问的发展作出了自己的贡献，见证着天问的成长。

天问第一届会长：韩书安

　　个人简介：韩书安，安徽阜阳人，2010 级楚才计划文科班毕业生，武汉大学国学院硕士，浙江大学和新加坡南洋理工大学联合培养哲学博士，现为浙江大学哲学学院（筹）博士后、助理研究员，主要研究方向为中国哲学、比较哲学。在《中国哲学史》《中国社会科学报》《政治思想史》、*Journal of East-West Thought* 等期刊发表文章十余篇。

天问第二届会长：贺腾

个人简介：贺腾，湖南石门人，1993 年 2 月生。2010 级楚才文科班毕业生，北京大学哲学系硕士，2021 年毕业于德国波恩大学，获哲学博士学位。现任复旦大学哲学学院青年副研究员，研究方向为教父哲学与中世纪哲学。在国内外学术期刊上发表论文、译著多篇。

天问第三届会长：周丽丹

　　个人简介：周丽丹，女，2012 级楚才文科班毕业生，哲学专业，在第二届会长贺腾的牵线引领下加入了天问读书社。任职期间，提倡跨越专业限制、年级限制，组织共同研读经典著作，邀请学院教授为组织成员答疑解惑、指点迷津，还组织了品茗交流等文娱活动。

天问第四届会长：谭文章

　　个人简介：谭文章，2013 级楚才学院文科班毕业生，现为清华大学哲学系在读博士生，主要研究现象学与宗教学，尤其关注自我问题与人格理论。曾获北京大学哲学系第二十四届"爱智杯"全国征文比赛外哲方向三等奖。

天问第五届会长：乐岑川

　　个人简介：乐岑川，男，2014 级楚才文科班毕业生，法学专业。大一期间加入天问读书会并担任会长，连续三年担任天问读书会会长一职。大三期间为了带动读书的积极性，灵活地调整活动形式，从最开始设置每周的两次读书会，调整为周六晚上由读书会成员自己举办主题讨论会活跃气氛增加讨论度。任职期间组织天问内部各专业的同学发挥专业特长，负责好文章搜集、稿件修改、编辑定稿一系列工作，完成天问年刊的编辑任务。

天问第六届会长：周玲依

　　个人简介：周玲依，女，2014 级楚才文科班毕业生，汉语言文学专业，现在任职深圳罗湖区中学教师。受天问浓郁的学术氛围和优秀的老师们、学长学姐的人格魅力所吸引，在大一期间加入天问。她觉得天问读书会是一个极优秀且广阔的平台，在这里也的确结识到了志趣相投的朋友，认识了文、史、哲、法等各个学科的小伙伴。也因为高山仰止，让她曾经鼓起勇气请到热心肠的老师来为自身学习指点。在天问静心读书的这段日子里，收获了求知、研讨的快乐，满足了思想交流与碰撞的欲望。

天问第七届会长：汪韵霏

个人简介：汪韵霏，女，2016 级楚才文科班毕业生，汉语言文学专业。本科就读期间师从文学院刘川鄂教授，目前在从事文学批评和人民性方面的研究。2017—2018年担任天问读书会会长一职。在任期间组织了"如何'学以'才能'致用'""小红楼里话'红楼'"等数次讲座活动，邀请优秀学长回校交流，开展"重读西游"等读书沙龙活动及日常读书会活动十余次，主编 2018 年《天问》年刊。

天问第八届会长：喻文婷

个人简介：喻文婷，女，2017 级楚才文科班毕业生，思想政治教育专业。于 2019 年 9 月到 2020 年 6 月被选派前往武汉大学交流一年。曾参与华中科技大学、西安交通大学、中南大学、电子科技大学、南京师范大学夏令营，均获优营，参与浙江大学预推免。已被保送至华中科技大学继续攻读硕士学位。

天问第九届会长：张郭威

个人简介：张郭威，男，2019 级楚才文科班，法学专业。曾任通识教育学院社团指导中心主任、楚才学院天问学术中心会长。于 2021—2022 学年公派至北京大学访学。

天问第十届会长：王喆

　　个人简介：王喆，男，湖北大学楚才学院 2018 级楚才计划文科班、师范学院（教育学院）心理学专业 2018 级本科生，中共党员。入选湖北大学 2018 级"卓越主体"培育计划，获评湖北大学"琴园风云学子"之"学术之星"（2021）、湖北大学第二十八届"十佳大学生"（2021）。曾担任湖北大学通识教育学院分团委副书记和师范学院（教育学院）、楚才学院分团委副书记，楚才学院文科学生党支部书记等职，为湖北大学楚才学院天问学术中心首任会长。现被推免保送至中国科学技术大学读研。个人事迹多次被《长江日报》、中国大学生网官微、中国校园在线、湖北大学官微等校内外媒体转载和报道，先进事迹材料曾作为国家奖学金全校唯一获奖代表呈送上级部门。

天问第十一届会长：徐忠圻

　　个人简介：徐忠圻，男，中共预备党员，楚才学院 2020 级楚才计划文科班、师范学院(教育学院)教育学专业本科生。现任湖北大学学生校务助理、楚才学院天问学术中心会长，邹城团市委青鸟驿站站长。2021 年 12 月获聘为湖北大学首届学生校务助理，在任期间积极关注学校民主治理工作，积极服务师生，多次列席校长办公会、学校重点工作推进会等大小活动(会议)；在邹城市政协、团市委实习实践期间，积极服务助力青年返乡实习就业工作，获聘为邹城市团市委青鸟驿站站长。

学术争鸣编

　　十年天问，是书籍的积累，更是学术的积淀。现浙江大学哲学学院（筹）博士后、助理研究员韩书安，现复旦大学哲学学院青年副研究员贺腾以及清华大学人文学院哲学系在读博士生谭文章，三位天问往届优秀负责人板凳甘坐十年冷，文章不写半句空。本编收录了三位优秀负责人发表的部分文章，供君品鉴。

钱穆汉宋观的转变及其意义

——以"经学即理学"的评价为线索

韩书安　董　平

摘要："经学即理学"是顾炎武揭橥的考据学方法论，乾嘉以来成为汉宋之争的一个焦点话题。以"经学即理学"的评价为线索，可以清晰考察钱穆汉宋观的演变。对于"经学即理学"的评价，钱穆早年秉持严厉批判的态度，晚年则逐渐转向温和的认同，这反映了他在汉宋观上从"尊宋抑汉"到"汉宋等观"的转变。这一转变与他晚年研治朱子学的经历有直接关系。基于经学与理学是朱子学的两个面向之独特认识，钱穆提出了"会通博综"的治学理念，主张考据、义理兼尽，融汉宋之学于一炉，最终回归于儒学的大传统，这无疑更能从根本上消弭汉宋之争。

关键词：钱穆　"经学即理学"　朱子学　汉宋之争

汉学与宋学是中国古典学问的两大流派。一般说来，汉学是指以两汉经学为代表的名物训诂之学，宋学是指以宋明理学为代表的心性义理之学，它们体现了两种不同的致思倾向与为学主张。汉学与宋学的正式划分形成于乾嘉时期。如《四库全书总目》云："自汉京以后垂二千年，儒者沿波……要其归宿，则不过汉学、宋学两家互为胜负。"阮元《拟国史儒林传序》亦言："两汉名教得儒经之功，宋明理学得师道之益，皆由周孔之道得其分合。"不过，自清代中叶以来，汉宋之争的风气也日渐凸显。尤其是江藩《汉学师承记》、方东树《汉学商兑》两书的出版，更是对汉宋之争起到了推波助澜的作用。并且，汉宋之争作为价值立场鲜明的学术分歧，直接影响到民国乃至当下的学术发展。因此，如何评价汉宋之争并将其进行合理地化解，可以说是学术思想史上的一大理论难题。

"一生为国故招魂"的钱穆先生，治学出入经史子集四部，考据、义理兼而有之，被誉为最后的"通儒"。他尤为擅长于学术思想史的研究，在八十年的学术生涯中对汉宋之学有颇丰的论述。因此，本文拟以钱穆汉宋观的转变为研究对象，探析在现代学术语境下如何消弭汉宋之争。鉴于钱穆著述繁多，笔者将以钱穆对"经学即理学"的评价为线索，细致梳理其汉宋观的演变。"经学即理学"是顾炎武揭橥的考据学方法论，乾嘉以来成为汉宋之争的一个焦点话题。钱穆晚年在讲授《经学大要》时曾说："《顾亭林文集》卷三《与施愚山书》曾说：'理学之名，自宋人始有之。古之所谓理学，经学也。'我写《中国近三百年学术史》便引用了他这句话，可是讲得不清楚。《近三百年学术史》是 1931 年在北平写的。到现在隔了四十多年。最近我又写了一篇《顾亭林学述》，再讲'经学即理学'这句话，我算是讲清楚了。""经学即理学"之所以素来难解，是因为它牵涉对汉宋之学的整体把握。钱穆对"经学即理学"评价的转变，与他对汉宋之学的思考有莫大关联。因此，以"经学即理学"的评价为线索，我们可以清晰考察钱穆汉宋观的转变历程并进而分析其中所蕴含的学术价值。

一、钱穆对"经学即理学"评价的转变

侯外庐曾指出："世论亭林之学旨莫不提出他的一句名言，'经学即理学'。"不过，在如何理解"经学即理学"的问题上，学者们争议颇大并形成了两种典型的看法：一种是以梁启超为代表的"经学代理学"的观点，即认为顾炎武的本意是通过确立经学的新旗帜来推翻理学偶像。另一种是以柳诒徵为代表的"以经学之理学，代不讲经学之理学"的观点，即认为顾炎武只反对禅学之理学，并不是反对理学本身。梁、柳二人基于汉宋之学的不同视角，分别强调顾炎武为学革新与守旧的不同向度，极大地影响了后来研究者对这一问题的认识。就钱穆本人的治学追求而言，他无疑更认可后者，而不满于前者。因此，钱穆对"经学即理学"的态度和柳诒徵是一致的。不过随着学术思考的深化，钱穆的评价立场后来有所转变。

钱穆早年对"经学即理学"秉持严厉批判的态度。在《国学概论》（1931 年）中，他指出顾炎武为学特色是"绝口不言心性，而标知耻博文为学的"。由此，他对顾炎武"经学即理学"的理解是："亭林不喜心性，遂为此语。不知宋明理学自有立场，不待经学。经乃古代官书，亦惟训诂名物考礼考史而止，经学中又何有理学者？"（《国学概论》，第302 页）钱穆认为，体悟心性的理学与训诂考证的经学属于不同的学问门径，顾炎武"经学即理学"是"两无所据"的伪命题。但是，"亭林'经学即理学'一语，截断众流，有合于后来汉学家之脾胃"（《国学概论》，第 305 页），后来在顾炎武"判心性与学问为二途"治学态度的影响下，乾嘉以来"气魄较小，眼光较窄之流，则专借亭林'经学即理学'一语为话柄，于名物训诂证礼考史外不知有学术矣"（《国学概论》，第 303 页）。

在《中国近三百年学术史》（1937 年）中，钱穆仍强调"亭林'经学即理学'之论，虽意切救弊，而析意未精，言之失当"。不过，相较于《国学概论》中简单的批判论说，他

在《中国近三百年学术史》中对"经学即理学"有着更为详细的考证分析。他发现其实早在顾炎武之前，苏州地区的文人归有光、钱谦益已有类似的言论。钱穆认为，归有光"'讲道'与'讲经'之分，其言为牧斋所袭，即亭林'经学'、'理学'之辨也"(《中国近三百年学术史》，第 170 页)。他进一步分析指出，清初学者治经大端，如考辨《易图》《尚书》今古文、《诗风》淫正、《春秋》氏族土地、《周官》郊丘祀典等，归有光都已提及。钱谦益评述儒林与道学分合、汉学与宋学得失的观点，其实也是归有光遗说的发挥。虽然顾炎武后半生基本在北方游历，但是归有光、钱谦益辨析经学与理学、区分汉学与宋学的观念在顾炎武的身上依然有所体现。由此，钱穆总结道："亭林治经学，所谓明流变，求证佐，以开后世之涂辙者，明人已导其先路。而亭林所以尊经之论，谓经学即理学，舍经学无理学可言，求以易前人之徽帜者，亦非亭林独创。"(同上，第 173－174 页)钱穆将顾炎武"经学即理学"的源头追溯到归有光、钱谦益那里，这无疑消解了这一学术命题的原创性与深刻度，对于梁启超"经学代理学"的观点起到了釜底抽薪的批判作用。并且，在他看来，"亭林论学，本悬二的：一曰明道，一曰救世"(同上，第 178 页)，"经学即理学"仅是就前者而言，并不能揭示出顾氏的学术全貌。乾嘉诸儒"乃打归一路，专守'经学即理学'之议"，"忘其'行己'之教，而师其'博文'之训"(同上，第 178－179 页)，是"得半而失半"的片面性继承。简言之，钱穆认为，"经学即理学"并不能完整反映顾炎武乃至整个清代学术的本质特征，不宜过分夸大它对宋明理学所产生的冲击和破坏作用。

然而，钱穆对"经学即理学"的态度，晚年随着他撰写《朱子新学案》(1971 年)而逐渐有所转变。钱穆注意到《朱子语类》有一条云："程先生解经，理在解语内。某集注《论语》，只是发明其辞，使人玩味经文，理皆在经文内。"他指出朱子分判自己与二程解经差异的此条语录"分别大可玩味"。二程解经"理在解语内，是解说者自说己理，乃解者之自有发明，此可谓之理学"；朱子解经"理在经文内，此非解者自持己理，特玩味经文而有得，为之发明其辞，理皆经文之理，非解者自持之理，此可谓之经学"。也就是说，与二程离经学以言理学不同，朱子实际是即经学以言理学。职是之故，钱穆认为："顾亭林曾云：'经学即理学也，舍经学安有所谓理学哉。'此其渊源，实亦朱子先发。"(《朱子新学案》第四册，第 218 页)但他同时强调，"朱子论学之关键，亭林亦未为得其精髓。故如亭林之学，亦仅得称是为经学，不得称是理学也"(同上，第 220 页)，即顾炎武仅是经学家而非理学家，虽然正式提出了"经学即理学"，但他的学术造诣尚未如朱子般臻至此种境界。相较于早年的坚定批判态度，钱穆晚年对顾炎武"经学即理学"的看法已渐趋于承认与接受。

在《顾亭林学述》（1973年）中，钱穆对"经学即理学"有更为详细的分析。他指出："亭林所谓经学，乃自汉至宋通言之。'古之所谓理学'，指宋。以其合于经，同于经，故曰即经学。'今之所谓理学'，指明。亭林谓其不取之五经，但资之语录，亦如释氏之有禅，可以诵经典而成佛也。"简言之，宋代理学合于经学，所以顾炎武称"古之理学，经学也"；明代理学不合于经学，所以顾炎武称"今之理学，禅学也"。从根本上说，"在亭林之意，固未尝为汉、宋分疆，故经学中即包有理学，而理学亦不过为发挥经学。至于明代中晚以下盛行之语录，乃离异经学以为学，故亭林不以理学许之。下及乾嘉，严分汉、宋，经学独归两汉，理学全受排斥，此又与亭林意见大为不同"（《中国学术思想史论丛》（八），第85页）。顾炎武本人并没有乾嘉诸儒那种汉、宋分疆的学统观念，"经学即理学"的本意是认为经学是孕育理学的母体，理学是发挥经学的产物，两者是相即不离、互为创发的关系。从早年的"尊宋抑汉"转变为晚年的"汉宋等观"，钱穆认为他此刻"算是讲清楚了"顾炎武"经学即理学"的内涵。

其后，钱穆在台湾地区讲授《经学大要》课程（1974年）时，也曾对"经学即理学"有所说明。他曾讲道："经学就是理学，要读经学，才有理学，舍掉经学没有理学了。粗看这句话好像只要讲经学不要讲理学，顾亭林是处在反理学的态度。这样说最多讲对了一半，因为顾亭林《日知录》讲得很详细，宋朝、元朝都有经学，所以那个时候也有理学。明朝人没有经学了，有什么理学呢？不讲经学的理学，只有明朝，王学不能叫理学。顾亭林是这样的意思。他反王学，不反理学。"（《讲堂遗录》，第850—851页）这和《顾亭林学述》一文的观点基本一致，都是强调顾炎武"经学即理学"是反明学，并不是反宋学。钱穆认为，梁启超看错了顾炎武的学术，因为"他始终有个'汉学''宋学'的成见在，认为清朝人是反宋学的"（同上，第851页）。在钱穆看来，他超越了乾嘉以来汉宋之争的主观成见，所以比梁启超更能准确理解顾炎武"经学即理学"的本意。

钱穆说："余本好宋明理学家言，而不喜清代乾嘉诸儒之为学。"（《师友杂忆》，第159页）对于顾炎武"经学即理学"，他始终站是在宋学的立场上进行评判。但是通过对其著作的梳理研究，我们不难发现，虽然钱穆早年对顾炎武"经学即理学"秉持严厉批判的态度，但晚年逐渐转向温和认同的评价。这反映了钱穆在汉宋观上从"尊宋抑汉"到"汉宋等观"的转变历程。而顾炎武与汉宋学术的关系无疑是影响钱穆评价"经学即理学"的关键因素。

二、经学与理学：朱子学的两个面向

为何钱穆对顾炎武"经学即理学"的评价前后态度变化会如此之大？他曾自述，虽于辞章、经史之学皆有所得，但"顾余自念，数十年孤陋穷困，于古今学术略有所窥，其得力最深者莫如宋明儒。……自问薄有一得，莫匪宋明儒之所赐"。因此，以宋学之立场论衡古今学术，在钱穆那里是始终如一的。他对于清学的总体评价，无论是早年在《中国近三百年学术史》中说的"不知宋学，则亦不能知汉学，更无以评汉宋之是非"（《中国近三百年学术史》，第15页），还是后来在《清儒学案序目》中所论"要之有清三百年学术大流，论其精神，仍自沿续宋明理学一派"（《中国学术思想史论丛》（八），第592页），都是坚持从宋学的视角评判清学的利弊得失。换言之，从钱穆一贯的"尊宋抑汉"立场来看，他对"经学即理学"的看法不应该会有本质的变化。

那么，最有可能的原因就是他的宋学观念有所转变，由此影响到他对于"经学即理学"的评价。钱穆的宋学观念在中年时期确实有过一次重大转变。他晚年回忆说："余治宋明理学，首读《近思录》及《传习录》，于后书尤爱好，及读黄、王两《学案》，亦更好黄氏。因此于理学各家中，乃偏嗜阳明。……及1943年在成都华西坝，病中通读《朱子语类》百四十余卷，又接读《指月录》全部，因于朱学深有体悟。1952年、1953年，写《中国思想史》及《宋明理学概述》两书，于旧见颇有更变。及1960年赴美讲学耶鲁，始创为《论语新解》，前后三年，逐章逐句，不惮反覆，乃知朱子深允。"从早年的尤爱《传习录》，"偏嗜阳明"，到后来通读《朱子语类》，"于朱学深有体悟"，钱穆逐渐在宋学系统内部实现了从推崇阳明学到提倡朱子学的重大转变。这一转变对于钱穆后半生的治学重心及学术立场有着深刻的影响。

钱穆晚年在撰写《朱子新学案》的过程中，曾与杨联陞保持长期而密切的通信，向他介绍自己写作的最新进展。在撰写《朱子新学案》之前，他说："穆有意以三年精力为朱子作一'新学案'，不仅专为朱子，亦为中国理学史与经学史在其大关键处有所阐发。"又言："窃谓能兼缩道学、儒林于一身者而各达其至高标准者，惟朱子一人为然。"（《素书楼余沈》，第221页）钱穆认为，朱子的学术思想涵摄道学与儒林两部分，牵涉对理学史和经学史的重大理解。因此，在潜心研治朱子学的过程中，他对早年的清学研究也有反思。他后来在给杨联陞的信中提道："穆此半年来专读朱子书，时时返看旧日拙作《中国近三百年学术史》，颇觉当时学力尚嫌未足，对朱子学了解实不深。"（同上，第227页）钱穆的言下之意是，在重新阅读朱子的著作之后，他对清学的看法有所改观。而涉及顾炎武，他则说道："因治朱子书乃懂得亭林与梨洲二人之高下，又更明白到戴阮诸人评议宋儒之无当。"（同上，第227页）换言之，随着研治朱子学的深入，他对顾炎武与汉宋之争的问题有了更为加精当的理解。而这一理解的主线无疑聚焦在顾炎武与朱子学的关系上。虽然钱穆在信中并未具体展开论述，但是通过比较钱穆早晚年的著作，我们不难发现其思想变化的轨迹。

章学诚在《文史通义》中曾将顾炎武判定为朱子的五传弟子。钱穆在《国学概论》中对于这种说法提出了严正的质疑。他说："顾谓亭林原本于朱子，则似矣，而尚有辨也。朱子言格物穷理，仍不忘吾心之全体大用，不脱理学家面貌。亭林则只以知耻立行，而别标博学于文，将学行分两橛说，博学遂与心性不涉，自与朱子分途。"（《国学概论》，第302页）在钱穆看来，顾炎武将学行分为两橛，对于心性的层面关注不够，这和朱子有很大的差异。在《中国近三百年学术史》中，他对顾炎武学行分离的学术观念仍持批判态度："其言曰：'博学于文，行己有耻'，学行分为两橛。是'博学'为一事，而'行己'又一事也。"（《中国近三百年学术史》，第36页）顾炎武将学问与心性分为二途，必然会导致对理学的根本否定。这其实也解释了钱穆早年为何要严厉批判"经学即理学"。

不过，钱穆后来则承认并赞许顾氏之学渊源于朱子。他说："顾亭林大体一本程朱，还是朱子学之路向"；在《顾亭林学述》中也强调："亭林之学，其精髓所在皆出自朱子"（《中国学术思想史论丛》（八），第107页）。钱穆之所以会有这种认知上的转变，来源于他研治朱子学的独特体会。他在《朱子新学案》中高度评价"朱子乃是孔子以下集儒学之大成"。朱子的"集大成"的主要体现在"不仅集北宋一代理学之大成，同时亦集汉晋以下经学之大成。使经学理学会归于一，尤为朱子论学最大贡献所在。"（《朱子新学案》第四册，第127页）换言之，朱子实现了汉唐经学与宋代理学的整合与重铸。在钱穆看来，经学和理学的关系应当是，"经学之于理学，贵在相济，不在独申。合则两美，分则两损。朱子学之著精神处正在此"（《朱子新学案》第一册，第35-36页）。经学与理学构成了朱子学的两个向度。钱穆认为："朱子之学，大率可分为两途。一曰性理之学，一曰经史之学。"性理之学和经史之学两者的为学性质有所不同，"性道约礼之学贵能尊传统，经史博文之学则尚心得。故言性理，不当有悖于孔孟。言经史，则非孔孟之所能拘，此在朱子亦复如是"（《中国学术思想史论丛》（六），第58页）。顾炎武是"稍偏于经史"一路的朱子后学，其经史考据中的学术创新是发展朱子学的应有之义。所以，钱穆对顾炎武"经学即理学"的理解是"顾亭林亦欲融理学归儒学，故特尊朱子"（《中国学术思想史论丛》（七），第62页）。在朱子学的广阔视域之下，"经学即理学"便是内在圆融，而非汉宋对立了。

钱穆对顾炎武"经学即理学"从批判到认同的评价转变过程，无疑与他晚年研治朱子学的经历有莫大关联。基于"朱子为学之能汇通经学理学而陶冶之一炉者"（《朱子新学案》第四册，第204页）的治学体会，他对于经学与理学关系的看法实现了从"尊宋抑汉"到"汉宋等观"的认知转变。因此，钱穆对顾炎武与汉宋学术渊源的考察，与早年侧重于从破的一面批判顾炎武为清学"开山始祖"不同，晚年更偏向于从立的一面提倡顾炎武为朱子"正统嫡裔"。这种学术评价上的转变蕴含着钱穆对于破解汉宋之争问题的新思考。

三、"会通博综"：化解汉宋之争的治学理念

对于钱穆来说，顾炎武"经学即理学"之所以重要，不仅因为它是研究清代思想史不可绕过的重要议题，更在于它涉及平议乾嘉以来汉宋之争的学术风气。晚清以来，随着汉学势力的消退，主张"汉宋兼采"成为一种学术潮流。《清儒学案》记载："道咸以来，儒者多知义理、考据两者不可偏废，于是兼综汉、宋，学者不乏其人。"陈澧、朱一新、曾国藩、张之洞等都是其中的典型代表。但由于他们的学问根基在义理、考据上各有所偏，因此他们的"汉宋兼采"实则是一种两相凑合，并不能在实践中开创出汉宋交融的新局面。而汉宋之争的学术风气在民国时期则继续蔓延，并且有扩大的趋势。这主要体现为以胡适、傅斯年等为代表的标榜汉学的新考据学派和以熊十力、牟宗三、徐复观等为代表的服膺宋学的新儒家学派的论学分歧与相互攻讦。如傅斯年直言："我们宗旨第一条是保持亭林、百诗的遗训。……我们觉得亭林、百诗在很早的时代已经使用最近代的手段，他们的历史学和语言学都是按照材料的分量出货物的。"徐复观则认为："孔、孟而后，中国文化的命脉在宋明的程、朱、陆、王，而决不在清代的阎、胡、惠、戴。"两派学人所反映的考据与义理之争，已从治学方法上升到了价值信仰。诚如钱穆所言："此数十年来，中国学术界，不断有一争议，若追溯渊源，亦可谓仍是汉宋之争之变相。"

基于汉宋之争的理论与现实之双重视角来参考钱穆对"经学即理学"的评价显然具有重要意义。钱穆早年立足于"尊宋抑汉"立场解读顾炎武"经学即理学"，虽然有力地抨击了新考据学派的气焰，但是仍未摆脱汉宋之争的窠臼，所以并不能彻底平息学术纷争。他也深知"欲为中国此后学术开新风气，辟新路向，必当兼综上述两趋势，而会通博综，以治之于一罐"（《学龠》，第162页）。晚年在研治朱子学的过程中，钱穆深切体会朱子"用心之至公至正至大至平，所以能会和经学理学两者之长，以自成一家之学也"（《朱子新学案》第四册，第285页）。由此，他转向"汉宋等观"的视角重新审视顾炎武"经学即理学"，这便超越了梁启超、柳诒徵将义理和考据截然对立的局限，也为汉学和宋学两大学术传统架起了一个会通交融的平台。钱穆评价顾氏之学说道："亭林实能摆脱理学窠臼，而摄取理学精髓，若使此下经史之学能循此发展，则洵可为儒学开一

新境。而惜乎学脉中断，乃专走上考据训诂之一路，经学非经学，又何尝当于亭林所谓'舍经学安所得理学'之经学乎？"（《中国学术思想史论丛》（八），第 100 页）这不啻是对近三百年来学术发展误入汉宋之争歧路的一大痛惜与反省。

钱穆认为，只有义理与考据两者兼而尽之，才能为未来的学术开辟新方向。他指出："在中国学术史上，是有了儒家而才有经学的。是有了新儒家而才所谓新经学的。若儒家精神漫失了，专来讲经学，那是一种无灵魂的经学，不是真经学。清代经学便有此趋势。但我们忽略了一向的经学传统来讲儒家思想，那也是一种无骨骼的儒家，也非真儒家。民国以来讲儒家的，便有此倾向。"（《中国学术通义》，第 15 页）义理与考据的关系譬如人体之骨骼与灵魂，都是中国传统学术中不可或缺的重要组成部分。但遗憾的是，乾嘉以来的学术，皆偏于义理、考据之一端，并不能窥见古人学问之全体。钱穆以孔子以降中国学术思想之集大成者朱子为榜样，终于找到并且亲身实践着一条"通汉宋之囿，祛义理、考据之弊，而兼通并包，一以贯之"（《学龠》，第 36 页）的治学之路。相较于晚清时期的"汉宋兼采"之论，钱穆"会通博综"的治学理念，强调考据、义理并重，融汉宋之学于一鑪，最终回归于儒学的大传统，这无疑更能从根本上消弭汉宋之争。

需要指出的是，钱穆"会通博综"的学术典范是朱子，这表明他对于宋学有更多的偏好。近年来，随着经学研究的复兴，作为两汉经学集大成者的郑玄，其经学义理日渐引起学者们的关注。我们是否也能以郑玄为学术典范来沟通汉宋之学，破解考据与义理的纷争呢？不过，无论朱子，还是郑玄，在"会通博综"的治学理念下，他们都是一种理想化的符号象征，我们也无须执着于经学或理学的具体名相。正如钱穆很早便在一篇名为《汉学与宋学》演讲文章中指出："汉学派的精神在'通经致用'，宋学派的精神在'明体达用'，两派学者均注重在'用'字。由经学上求实用，去研究修、齐、治、平的学问，即是从哲学、文学、史学上去研究人生问题、家庭问题、政治问题、社会问题。都欲找到最根本的'原理'（即是'道'），来做实际的改革。这就是'儒学'的精神，即是'经学'的家法。"（《中国学术思想史论丛》（八），第 578-579 页）从儒家下学上达之根本宗旨出发，汉学与宋学的本质无二，都是以经世济民为志向。当我们消除崇汉抑或尊宋的价值立场后，便可以如章学诚所说的那样"见古人之大体，进窥天地之纯"。

《中国哲学史》2021 年第 2 期

评徐龙飞《永恒之路：奥古斯丁本体形上
时间哲学研究》

贺　腾

希波主教奥古斯丁(353—430)既是古希腊哲学的终结者，同时也是中世纪哲学的开创者，他对时间、自由意志、历史哲学及恩典的思考影响着整个西方思想世界的面貌。时间究竟是什么？(quid ergo est tempus?)这是奥古斯丁在《忏悔录》十一卷对时间的发问，他在新柏拉图主义的哲学土壤之中提出了时间是"精神的延展"(distentio animi)这一定义。奥古斯丁对时间的思考的影响贯穿整个中世纪直到当下，柏格森、胡塞尔、海德格尔等20世纪最伟大的哲学家们对时间的思考也都在不同程度上返回到奥古斯丁的著作。

2018年由商务印书馆出版的《永恒之路：奥古斯丁本体形上时间哲学研究》是奥古斯丁研究领域的一个重大突破，它不仅细致考察了奥古斯丁时间哲学的历史渊源，而且全面细致地解读了奥古斯丁时间哲学的丰富内涵。徐龙飞教授(1960—)先后在德国科隆大学、奥古斯丁神学院及波恩大学完成神哲学教育并取得博士学位。在基督宗教哲学领域深耕多年后，先后出版了《形上之路：基督宗教的哲学建构方法研究》(2013)、《循美之路：基督宗教本体形上美学研究》(2013)，《永恒之路》(2018)及《法哲之路：论马丁·路德宗教改革作为法哲学》(2019)。目前，这四部著作构成了徐教授"基督宗教形上建构"的四部曲，它们分别涉及三位一体研究、基督宗教美学思想研究、奥古斯丁时间哲学研究及马丁·路德宗教改革的法哲学研究。"路"这一意象表明了作者以一颗谦卑的心在基督宗教的研究之路上探寻和求索。

《永恒之路》开篇伊始，徐龙飞教授便点出了他的问题意识：面对塞涅卡"生命如此短暂"(vita brevis!)的感叹，人如何在有限的时间性存在中追求永恒？这一对奥古斯丁时间哲学的研究，同时也是作者对人的存在本身的追问。全书在论证这样的一个主题：时间就是人的存在！这一存在不是海德格尔意义上的抛入世界的此在(Dasein)，而是在时间的维度中追求永恒的，即处于神人关系之中的存在。在这个意义上，该书的重大贡献在于指出奥古斯丁的时间观并非以往学界所认为的"主观时间观"。和人的存在一样，"时间"并非对个体灵魂的测量，而必须在与永恒的关系中、在神人关系中被建构。

该书抽丝剥茧，逐层递进，把奥古斯丁时间哲学分析得淋漓尽致，展现了扎实而深厚的诠释学功底。在该书的第一篇和第二篇，作者梳理了奥古斯丁时间哲学的古典思想之来源——柏拉图的《蒂迈欧篇》及普洛丁（Plotinus）的《九章集》，"时间作为永恒的形象"成为了奥古斯丁解答时间问题的哲学出发点。第三篇则主要探讨奥古斯丁的时间学说。全篇共分为十个章节，在第一个章节，作者提纲挈领地总结了奥古斯丁神哲学的四个基本特质，即新柏拉图主义的思维方式、真理论的思维特质、人格论的精神内核以及目的论的整体思维结构。在对奥古斯丁哲学整体的把握之后，自第三篇第二章起该书进入到对《忏悔录》十一卷的文本分析。作者从问题意识、文本结构、主体性、本体论、认知论、精神的延展、宗教意识、神人关系、历史哲学等不同的角度做了全面而系统的诠释。

我们可以从以下四个方面对该书加以总结：

从思想的渊源来看，奥古斯丁结合了希腊的哲学传统及希伯来的信仰传统，不仅关注时间的宇宙论及本体论的面向，同时也关注时间的存在论的意涵。这样的双重维度使得奥古斯丁不仅从理性的维度对时间和永恒的关系进行思考和追问，亦从神人关系的维度关心人的救赎和上帝的恩宠。

从思维的特质来看，作者分析了《忏悔录》的文本结构，并对"忏悔"（confessio）这一术语加以考察和说明。经作者研究可知，该词并非仅有"忏悔"，也包含了"认信"和"肯认"等诸多意涵。而《忏悔录》作为认信的范本，是奥古斯丁内心与上帝的对话，即其内心向上帝的忏悔与认信。

从思维结构来看，奥古斯丁对时间的思考，是基于对时间悖论的分析。"若没人问我，我倒还知道；若有人问我，我想说明，便茫然不了解了。"（si nemo a me quaerat, scio, si quaerenti explicare velim, nescio）。就"时间"本身的存在结构而言，它可以被划分为过去、现在与未来。过去已经不在，未来还未到来；而当下更不复存在，每当我们说出当下，当下却已然流逝。从这一悖论出发，奥古斯丁从客观的维度转入灵魂（anima）或精神（animus）的维度提出了时间的定义：精神的延展（distentio animi）。从这一定义出发，奥古斯丁从主体性、认知论、形上论及历史论等方面对时间加以思考。作者通过对灵魂及精神这对术语的考察，最后指出精神凸显的是人的主动行为。故此，奥古斯丁所发出的"返回你自身"（in te ipsum redi）这一口号，并非主张人应该局限在内在的主观世界，而是应该追求一种向上的超越。这一超越的主体不是只有人自身，而必须在神人的关系中才能全面理解，由此作者便进入对时间的"宗教意识"的考察。

就思想的现实性来看，奥古斯丁对时间的思考具有护教的考量以及对现世历史的关怀。面对永恒罗马的陷落，奥古斯丁将他的时间哲学与他的上帝之城的学说加以结合：
"上帝之城"就是时间的建构。在奥古斯丁时间哲学的视野下，人类历史有了目的指向。
一方面，历史并非永恒的循环；另一方面，人类的历史并非简单的线性历史，而是救赎
的历史。"上帝之城"并非存在于遥不可及的彼岸时间，而是内在于历史之中的存在，
存在于每一个"当下"。

以上仅是笔者对《永恒之路：奥古斯丁本体形上时间哲学研究》一书的简要总结。
接下来笔者结合当前学界的研究现状探讨未来可能的拓展方向。首先，就奥古斯丁的思
想来源来看，我们不能忽视波菲利（Porphyrios）文本的重要性，尤其在《导向可理知之物
的语录》（Sententiae ad intelligibilia ducentes）这一文本中，波菲利也谈及永恒与时间的关
系。值得一提的是，在 2006 年，法国学界集众人之力编纂了《语录》，并在"弗兰（Vrin）
出版社"出版。其次，在有关永恒与时间的讨论中，作者没有对"意指"（intendere）、
"延展"（distendere）等词汇进行充分的分析。灵魂如何从时间的延展中朝向永恒，其关
键就在于灵魂的"意向"（intentio）如何转向上帝。不过，即便缺乏对这些细节的分析，
也绝不影响该书的学术价值。但这些细节的阙如也给后来者提供了今后进一步研究的
空间。

直观如何被描述
——论胡塞尔现象学的一个困难

谭文章

摘要："回到事情本身"可能是"事情本身向我显现"，也可能是"我让事情本身显现"。如果说"直观"让"事情本身向我显现"成为可能，那么"描述"则让"事情本身不仅仅向我显现"，也就是，"事情本身通过我的描述进一步向他者显现"。正是后者真正突破唯我论，成为现象学的关键一环。但这个理想蓝图面临一个技术性困难——直观的内容如何能被准确描述？这是本文的核心论题。

关键词：现象学　直观　描述

一、描述作为现象学的唯一目标

当胡塞尔力图将现象学刻画为一门描述性的科学后，有一个事关现象学理论进展的问题——"为现象学设定仅仅描述（mere description）的目标是否正确呢？"对这一问题的充分回答，除了澄清描述的是什么，描述的内容为何至关重要外，还必须解释为何现象学一点不多一点不少，只是那类描述。

肇始于布伦塔诺对描述心理学做出的尝试，描述主要考察一个对象的一般特征和特殊特征，并发现"对象的结构"与"关于结构的直观"。但是，用来描述的主要范畴是否该被最先确定下来？如果没有这些主要范畴，拿什么去描述对象的特征呢？如果提前确定好了描述的范畴，这种提前确认的基础何在？胡塞尔最终放弃布伦塔诺的尝试，他渴望得到一种"没有前提的"哲学——现象学。"没有前提"容易引起人们类似对笛卡儿一样的担忧：假如笛卡儿怀疑所有的信念，难道不该一无所剩，荡然无存？胡塞尔的"没有前提"是否也是排除一切信念？Gary Hatfield 发现笛卡儿在六个沉思的内容提要开篇，有一个非常谨慎的表述，暗示了笛卡儿怀疑的特征："只要我们在科学里除了直到现在已有的那些根据以外，还找不出别的根据，那么我们就有理由怀疑一切，特别是物质性的东西。"Gary Hatfield 认为这个关键性的转折暗示："怀疑是有条件的，并且怀疑也取决于沉思者的认识水平"，另外还有笛卡儿在第三沉思提出"自然的光明"（natural light）来说明某些认识是无法怀疑，并且不得不同意的。同理，胡塞尔现象学的"没有前提"亦绝非从零开始，而是取消不能被现象学证实的预设，如形而上学、自然主义和心理主义断言等。日常语言和逻辑仍旧作为最基本前提，现象学新的起点是从纯粹内在意识出发，描述对象如何显现给意识。做到这一点，必须仅仅只忠实于现象，忠实于直观。胡塞尔认为一切原则的原则："一切源初显现的直观是认知的合法根源。"

那么合法的描述也就仅仅只是对直观到的进行描述，经过还原后的绝对剩余是内在意识，因而，关于对象向意识显现的描述似乎也就具备了绝对确定性。这刚好一点不多一点不少地符合胡塞尔的构想。

当然，胡塞尔也意识到了"描述"和"描述的概念"之间的关系，"准确的定义"和"理想的概念"之间的关系是未被解决的问题。不过他认为这对现象学来说并非最紧要的困难，因为认为没有必要借助概念来认识本质，而是我们可以直接直观到实物的理智形式。知觉比概念更为源初，基于此，他反对语言哲学的语义预设，这种预设仅仅只是理智主义的抽象，错置了语义和直观的顺序。

但是，如莫兰所担忧的那样，"直观到本质是一回事，把它表达出来是另一回事"。胡塞尔低估了直观和表达之间的困难。直观在胡塞尔那里有感性直观和范畴直观之分，下文将分别澄清两种直观和描述之间的紧张关系。

二、感性直观和描述

"从直观中得到的只能通过直观获得"（Hua xxv 339），一个单独的物体呈现给意识就是通过经验直观。日常知觉活动（ordinary perception），特别是具身化的知觉（sensory perception）活动就是明证性的直观（evident intuition），因为"作为一种直观意识，它使得个体以源初性和本己方式显现给意识"。需要澄清的是，胡塞尔所说的直观并非经验主义或者康德所说的直观。胡塞尔批评以洛克为代表的经验主义者，他们把经验世界的存在当作不言而喻的，直观作为心灵"白板"和"客观外物"之间的因果作用的结果，这种理论本身蕴含了循环论证。另外，胡塞尔并不关心感性直观的感性物体，胡塞尔的感性直观并不仅仅是康德所说的感官接受性（receptivity），还有部分充实和未被充实的直观，记忆和想象。与康德不同的是，胡塞认为先验结构是直观到的而非演绎的结果，并且先验结构属于存在而非属于主体。另外，直观和意向不可分割，这是现象学还原的要点。如果我们同意感性直观具有明证性，那么被直观到的内容就应该是普遍。

现在，困难在于，如何将感官直观到的内容准确描述出来？下面两个思想实验将有助于揭示这种困难：

实验一：十个人在听到"一个红色的圆杯子"这句话后，彼此既不讨论也不互相参考，然后各自在白纸上画出来这个杯子来；最后看所有的画是否都一模一样。

实验二：十个人同时观看室内一盆花草，彼此既不讨论也不互相参考，然后各自在纸上写下用来描述这盆花草的句子；最后看他们的句子是否都一样。

对此，有不同观点用来解释两个实验的结果：

观点一：大部分人对这两个实验结果持悲观预期，认为纵使排除十个人的性别、年龄、教育程度、审美品位、美术功底以及其他因素，他们在纸上画出的颜色的浓度杯子形状的的构造大小都极有可能不一样。原因在于，描述者之间的内在差异是无法消除的。将语言转化为视觉内容，以及将视觉直观转化为语言描述，这两者有着巨大鸿沟。

观点二：部分人对这个实验持乐观预期，但给一个宽泛意义上的解释。在实验一中，虽然十个人画出来的杯子颜色的程度不同，但是至少都是红色，除非是色盲；纵使杯子的外观形状或者具体细节构造不相同，但至少都能让人一眼看出那是一个杯子。在实验二中，他们又认为，虽然十个人对那盆花描述的重点不同，选用的词语不同，但他们句子之间都有相似性或者交叉点，句子的意思都指向了同一盆花。这种乐观根基于一种相似性。另外，当外部因素尽可能被减少，比如把用来描述的语言进一步统一和规范后，十个经过统一培训的人，便极有可能做出同样的描述。因此，直观和描述之间，可以由实际中的相似性达到理论上的一致性。

观点三：还有部分人批评乐观预期，他们认为只有在假设了上帝视角的基础上，才能从相似性的东西推论出一个同一物存在。比如在盲人摸象的故事中，只有预设有视力正常的人，才可能断言没有一个盲人完整地描述了大象真正的形状。同理，无论这些人描述语言之间的相似性还是从绘画中的相似性，都无法直接推论出这十个人直观到的是同一个东西。他们也批评悲观预期，如果认为直观和描述的语言之间完全不一致，那么便暗示语言描述脱离了它们的指称，成为空中楼阁。

胡塞尔表达过，物理事物的显现是无穷的，从不同的视角会直观到不同的内容，对物理事物的感性直观总是不充分的（inadequate）。另外，胡塞尔在《逻辑研究》第一研究刻画了一种前语义图景，意义意向（meaning-intention）的充实与否才是表达（expression）最为重要的部分，语词的存在与否既不打搅我们也不吸引我们。但是，这只能部分解释实验一和实验二的悲观预期。真正的困难在于，外在物理对象（physic thing）不断地向意识敞开的直观过程完全是内在的和私人性，而语言描述却是外在的和公共性的。尽管可以同意胡塞尔所说的，表达在内心独白中可以和公共交流一样有效，但是，在内心独白中的直观和对应的意义，在没有表达之前就如同维特根斯坦所比喻"盒子中的甲壳虫"，是封闭不开放的。感官直观是难以直接转化为同一的描述，除非感官直观蕴含着某种普遍性的东西，并且普遍性的东西只能以唯一的方式把握，在这种情况下，便有可能进行一致的描述。事实上，正是另一类不同的直观——范畴直观——作为了现象学描述的主要目标。

三、范畴直观和描述

直观到一片绿色的树叶，感官视觉充实了我的意向。在此过程中，树叶可以被直观到，绿色也可以被直观到，但"这片树叶是绿色的"这个命题如何被直观到呢？又比如我们可以直观到一片树叶，也可以直观到另外一片树叶，但是"两片树叶的相似性"如何被直观到？以及像"一片""两片""所有"这些量词如何被直观到？这可能是些奇怪的问题，但胡塞尔给出了深刻的回答，他扩展直观的类型，提出一种不同于感性直观的直观——"范畴直观"（categorical intuition）。范畴直观不仅仅是语言层面，而是作为一种对本质（Eidos）的直观。

（一）范畴直观的内涵

两种直观的区别：对于真实对象（real object）的直观属于感性直观的范围，而对意向对象（ideal object）的直观则属于范畴直观；（cf. LI, 787［Hua XIX, 674］）感性直观是直接的即时的（direct and immediate），而范畴直观是间接基于感性直观，且伴随更高阶的意向活动；感性直观总是使得个体（individual）显现，而范畴直观则是直观到本质（eidos）。

这两种直观也是相互依赖。胡塞尔认为，对本质的范畴直观离不开对个体的感性直观；而对个体事物的直观也离不开对个体所含有的普遍性的本质直观。Dieter Lohmar 对两种直观的充实（fulfillment）类型进行了更为细致的分析，感性直观是简单的直观，不能被进一步结构化，比如"我看到一本书"；而范畴直观则以感性直观为基础的，"这是一本书"这个命题需要范畴直观的充实，而范畴直观的充实又是以我对这本书的简单直观为依据的。不过，Dieter Lohmar 强调，范畴直观不仅是所有基础直观的集合，而且范畴直观还直接指向了一个对象，这个对象包含关于对象各种个别（particular）直观的综合充实（synthetic fulfillment），并且胡塞尔早在第六研究就展示出了这一关系。

Dieter Lohmar 进一步描述了胡塞尔的范畴直观进行综合的步骤，比如对命题"这个门是蓝的"的直观分为三步：第一步，对象无结构直观（unstructured glance），指向作为一个整体的对象，同时对象的部分也被意识到了，但是整体和部分还是模糊的；第二步，对象部分的细分的意向（subdividing intention），使得部分从模糊达到清晰。这两步过程中，对象并未改变，只是从无结构的知觉（unstructured perception）转变到对对象细分的知觉（subdividing perception），得到的这个对象则能够被作为一种领会的直观模式（the same intuitive mode of apperception）。Dieter Lohmar 指出，在这个转化中，正是"一致的综合"（synthesis of coincidence）起着作用。我们不仅能对颜色有一个概括模糊的认识，而且对这个蓝颜色有一种清晰的直观。第三步，这最为关键，将关于对象的部分的清晰的直观，综合成新的直观，比如建立不同部分之间的关系，从而形成一种新的特征，比如"这个门是蓝的"。这三步被他概括为：首先是对整体的原初简单的直观，然后是细分的特殊部分的准确的直观，最后是范畴综合。

莫兰（Moran）指出范畴直观更意味着一个本体领域的转变，对本质的直观意味着进入胡塞尔先验现象学领域，即本质科学（eidetic science）。如果说感性直观是关于物理对象的显现，那么范畴直观则是超出感官本身，进入命题和知识领域。扎哈维（Zahavi）分析到，命题和物理对象一样需要被充实，虽然被充实的模态不同，但都有一个共同的结构，即意向（intention）和给予（given），只有被充实地直观，即意向和给予的一致，才可能是知识，才具有明见性。这种一致并非传统符合论里两个意向之间的符合，而是两个不同本体领域的一致，而这种一致就是真理。

（二）描述范畴直观的困难

在澄清范畴直观与感性直观的基本区别与联系，以及范畴直观的操作步骤以及与知识的重要联系后，范畴直观面临着困难也随之而来。下面我们将讨论胡塞尔的自我批评，以及其他现象学家的诘难。

1. 困难一：范畴直观是否模糊问题。胡塞尔之所以要悬搁自然主义预设，就是因为自然主义内在预设是含混不清。但现象学同样面临这样的困难：如果作为还原后的绝对剩余，本该具有绝对性和纯粹性的意识，在被给予和描述时，仍旧无法拥有绝对的清晰性，那么"本质"成为"近似本质"。胡塞尔在观念一中，提出真实的清晰度和虚假的清晰度，他认为外部直观和对本质的直观都具有完美的清晰性，可以被完全给予。但这是有疑问的，比如看到一个蓝色的门，我对蓝颜色的直观真的可以达到绝对性吗？当我直视一条光谱带，在各种颜色的交汇处，我几乎无法准确地判断那究竟是什么颜色，我对蓝色的本质并不能帮助我进行精准的区分，而只能给出一个模糊的标准。

2. 困难二：范畴直观的操作性问题（problem of practicability）。Dieter Lohmar 描述了这一困难，范畴直观作为一种高阶的活动，必须能够保证所有低阶的直观被充实。比如，范畴直观"这个门是蓝的"为真，就是说杂多的感性直观的综合为真，这种综合包括简单的直观为真，以及各直观之间的可能的关系为真，这样对范畴直观被还原或者分析成了无数简单直观，这包含着复杂的处理过程，远远超出直观的瞬时性。

3. 困难三：超越性是否可能问题。胡塞尔将对物理对象的感性直观和对本质的范畴直观进行类比，两者有不同的直观对象，前者是物理对象（the physical thing），后者是本质（Eides）。举例来讲，观察者看到一个蓝色的门，并不能因此就说他的意识变成一个"蓝色的门"。因为意识没有颜色也没有形状，但颜色或者形状却能够显现给意识。同样，范畴直观能够直观到一种蓝色的相似性，通过门的蓝色而直观到作为普遍的蓝（蓝的本质），但蓝的本质也同样不在意识之中，只能显现给意识。也就是说，物理对象和本质都是超越的对象（transcendent object），但是内在意识如何可能超出自身呢？

4. 困难四：内在意识是否绝对问题。胡塞尔认为，克服超越性问题，要紧紧把握两种直观，而两种直观又牢牢地依靠显现，故"显现"（appear）构成现象学描述的核心条件。不过，它仍旧只构成直观的一极，另外一极是内在意识。如果说，范畴直观的模糊性和操作的困难性针对的是显现那一极，那么另一个挑战无疑来自内在意识这一极，人们可能的质疑在于：意识真的如同胡塞尔所言是绝对纯粹且自明的吗？

意识经常用 Cogito 或者"我思"（I think）两个概念描述。笛卡儿在《沉思》中将这一概念扩展到很多心智活动，包括怀疑、意愿、理智、想象、感觉等，这个宽泛的"我思"概念能否直接对应于胡塞尔的"我思"概念呢？我们知道胡塞尔在 1929 年的巴黎讲稿中，赞扬笛卡儿"向我思活动的自我回溯"为"在一个缺乏现有科学支撑的地方，找到绝对可靠的起点与前行的方法"做出了典范。他同意笛卡儿的回归方法，但惋惜笛卡儿对"我思"做了错误的描述——"把自我变成思维着的实体，变成了被分离出来的人类灵魂，变成了根据因果原则推理的起点"。他因而认为在笛卡儿那里发生了"不幸的转折"。

那么，怎样一个更窄的意识概念能够符合胡塞尔的现象学起点？胡塞尔认为"能够绝对显现给我们的就是意识，并且这种绝对性是任何情景中的任何时刻"（IP, p. 23; Hua II 30）。进一步说，胡塞尔认为无论在想象还是在知觉，我都能绝对意识到"我在意识"。可这有什么用呢？我意识到我在意识，或许可以将意识的存在性揭示出来，但是对描述意识的具体内容并无太大作用。也就是说，如果胡塞尔所说的一个充足的纯粹且内在的知觉(adequate purely immanent perception)仅仅是"我意识到我在意识"或者"我在意识活动是自明的",那么这无论是对"揭示意识自身结构"还是"回到事情本身"都没有实质且具体的信息。比如仅借助这种意识,我真能清楚地描述我所做的梦吗?我真能把我想象的内容清楚无误地写出来吗?我真能把我的知觉过程清楚地展示出来吗?显然不可能做到绝对清楚。因而,内在意识在其具体内容方面的绝对性至少是可疑的,这便暗示一种基于此的准确描述面临困难。

胡塞尔对此困难的回答在他对意识结构的进一步分析,用:意向性结构和先验自我。他认为意向性结构是意识的根本,对象是通过意向性而显现出来的,意向性指意识的"noetic-noematic"结构,前者指意识的内在形式,后者指意识中的意向之物,仅仅当这二者一起才能使得对象的显现成为可能。

胡塞尔的这一分析或许并不令人满意。首先是针对意向性的反驳,"逆意向性"或是意识更根本的结构。意向性还可被进一步还原,虽然这种还原如何克服无限后退还需进一步澄清,但至少已经让人们看出,胡塞尔所依靠的还原达到的纯粹性仍有缺漏。其次,对"意识的内在结构"的分析真的能充分揭示"现象的结构"吗?这必须假定"意识—现象"之间具有同一性,但这显然是有唯心主义的危险。因而,内在意识的模糊会导致显现变模糊,最终可能会导致描述变模糊。

四、"直观—描述"几种可能的解决方案

直观和描述之间的复杂关系,更深层次地触及存在和语言之间的关系。这一更复杂的关系难以本文进一步展开,笔者接下来展示几个典型的观点,它们试图调和直观和描述。一种观点认为,语言作为描述存在的工具;一种观点认为语言是存在的显现的方式。

(一)语言作为描述的工具

这种观点认为语言作为描述或表达(如果描述可以被等同于表达)的工具,就像颜料。但由于日常语言包含描述、修辞等内容,具有模糊性和多义性,相应地无法做到清晰描述。他们认为有两种解决办法:一是对语言进行规范,给特定的术语以稳定的含义,如自然科学;二是干脆创造一种新语言,区别于日常语言的理想语言,比如纯粹逻辑语言。

前一种方法,作为典型的自然态度,试图把直观的感觉材料(sense-data)还原成更

为细小的感觉单位或者生理单位，比如最简单的物理反应或者化学反应，甚至神经脉冲。用这些细小的语词单位去描述一个直观活动。但问题在于，即使忽略彻底还原的可能性外，这种物理还原仍旧是单方向且贫乏的。可以设想将看到一盆花这个视觉发生机制用理论术语进行机械的描述，但是无法设想在看到一个描述性句子后，他们在头脑中会因为同样的机械反应而形成同一直观画面。这种方法的贫乏在于，物理还原把直观仅仅当作感觉材料，但看到一盆花真的只是它显现出的不同侧面直观吗？如果只是各种侧面直观，又如何理直气壮地得出"这是一盆花"这样一个完整的表述呢？这至少暗示胡塞尔所说的一种对感性直观进行综合统一的能力（或说范畴直观）仍然具有存在的必要性。胡塞尔对这种物理还原主义更大的批评在于，自然科学用以描述的基础是假设的实体，是以不可知的原因在解释可见或可知的内容。这一困难甚至构成科学实在论尚未充分回答难题，即"理论实体"（如电子、量子等）是否真实存在？

罗素试图构建了一个新的描述语言，由最基本的事实句作为原子句，通过逻辑公理，一起构成一个形式系统。将直观者所见的作为直接描述，另外的内容作为间接描述。以真值陈述为前提，陈述句和事实相符合就是一个真命题。然而，罗素的形式系统和描述理论是不相容的。首先，原子句如何被解释？感性直观的描述何以就是准确的？罗素回避了这个问题，因为在他那里，事实是逻辑建构而不是通过忠实的描述。

前两种方法都涉及了感性直观，如果没有了感性直观，描述是否会更为顺利呢？几何学正是这样一个绝佳的典型，几何学家不仅不在意事实上直观到的图像，而且他们用数学概念来表达的以及对象甚至是无法通过视觉看到的。这种概念符合胡塞尔所说的意向概念（ideal concept）而非描述概念（descriptive concept），它们的对象也不是物理对象而是意向对象。数学的这种观念化（ideation）根本上区别于感性直观（sensuous intuition）。如果数学不描述感性事物，那数学在描述什么呢？是数学家的任意创造或者数字游戏吗？数学描述的对象是纯粹的本质（ideal essence），并且数学的描述因其意向概念的准确性而先天具有准确性。

那么，要想达到一种描述的准确性，现象学是否也应该变成某种几何学呢？

(二) 语言作为显现的方式

一方面，胡塞尔认为现象学和几何学确实都能同样地把握到本质；但是另一方面，令人迷惑的是，胡塞将本质和本质科学继续分为了形式的本质科学（the formal eidetic science）和质料的本质科学（the material eidetic science）。数学只是形式的本质科学，而现象学则属于质料的本质科学。这一区分务必给出现象学描述所特有的品质，否则难以理解。

胡塞尔给出的答案非常简明：现象学的外延是由意识(mental process)的本质构成的，意识不是抽象的，而是具体的(concrete)。这是现象学区别于数学的地方，也是现象学之所以是质料的本质科学的原因。如果回到3.2章节对意识所做的讨论，我们无法进一步给出关于"现象学为何是质料的本质科学"这个问题一个充分的答案。

回到这一节的关键问题，数学确实可以作为一门工具，在物理学、天体学乃至计算机科学的发展中是不可缺少的工具。但就数学本身来说，它并非以这些学科为对象，毋宁说数学的对象就在数学体系或者数学语言之中。现象学是否也具有这样的特征呢？很明显的区别在于，数学有它纯粹的数学语言，现象学却没有，这直接使现象学失去了成为一门形式科学的必要条件。现象学唯有借助日常的基本语言才能发展（笔者在开篇所分析的关于现象学"没有预设"的限制性说明），现象学家也就必须去发现日常语言的本质，才有可能让现象学的描述具备现象学家所宣称的准确性。最终才能回答为何"描述是现象学唯一的目标"与"回到事情本身"。

读书得间编

十年天问，不忘初心，江山览胜，吾辈登临。天问自 2012 年成立以来走过了极不平凡的十年。2022 年，天问全体成员赓续奋斗再出发，学子围坐品佳话，笔走龙蛇谈心得。经征集筛选，20 余篇心得感悟，献给天问，献给关注与支持天问的您。

温茶品史　烟火人间三百年

——《黎东方讲史之续·细说宋朝》读书心得

2022 级楚才计划 1 班　文化遗产　李沛锦

一、小酌文味

"历史是国家和人民的传记"，列夫·托尔斯泰如是寄语史学研究的双重定位。他睥睨于环球之上，向人类文明的整体性引以思索，世界之大如鲲鹏展翼，一段风雨岁月或渺如微芒，或重击人心，不啻关乎历史史实何以跌宕起伏，更在于演绎者的良苦用心与字句打磨。

陈寅恪以"历数千载之演进，造极于赵宋之世"评宋史，美国学者费正清以"伟大的发明时代"归纳宋之科技、文化造极之势。中西双轨，贯通古今，宋之兴衰牵动学界、文化界的具体研究，其史料价值丰蕴而不可小觑。然而，史学复杂与古奥之特性常致使"历史讲学"与民众接收脱节，出现"史学断层"诸类现象。是故，当民众之兴趣，遇历史教育之转型，与巨擘之墨笔相汇，我们便可见不一样的火花。

笔者阅览的本书《细说宋朝》，由虞云国先生执笔，仿黎东方老先生的"讲史"笔法，通融宋之兴衰（始从陈桥兵变、黄袍加身、雍熙北伐、澶渊之盟、庆历新政、熙宁变法、海上之盟，中至大宋转折——靖康之难、建炎南渡、绍兴和议……结于钓鱼城之战、崖山海战），谱写了 44 万字的"史界奇葩"。

其一，奇绝而悲壮是它的底色。这是一曲浩荡的泣血史，数不尽英雄豪杰何许埋首青山，衣冠纷飞；记不完现世琳琅，人间烟火，最是黄沙留人泪。宋是集成性与继承性极强的时代。在虞先生的笔下，皇权之"威严"与世俗之"通俗"的双向视角环绕而生，以大宋为重点，辐射其周边少数民族，展现出广阔的文明气度（打破汉本位的"成见"）。

其二，叙事富有"夹叙夹议"的特色。顺势"绎事"的强代入感，拉近了读者与历史事件或人物的距离，让历史温度与历史的真实感较好融合，既有有血有肉的灵魂，又有真知灼见的评语，启发性与科普性增益其实，贴合"戏剧性"极强的宋的演绎方式。

其三，使命感与责任感成就其远度。此书落成背景是黎东方先生"叙罢中华"的遗愿。"小序"之外未完成的历史章节架构，成为史界绝唱，殊为可惜。虞先生深知"讲学体"成书不易(既考验学者的博学、严谨、不容差错的历史理论，又要求其能灵活驾驭，信笔游弋，寻觅生动性与联系性，描摹具有人世关怀的历史现实)。面对"意识形态被削减"的一代，其肩所承已然超越"续写"一书之重。相应的，这是一种传承与塑造的任务。"细说体"之使命，是将历史回响与现实打通，使其既符合"以民为本"的通俗要求，各界可融入，亦附有展现多元文明风貌的作用。在文字旁征博引，再现"盛世悲歌"的大宋风貌的同时，"细说体"有效对接着人民历史观、民族观的教育，因此更大程度拓宽其广度。

执"高专业性""趣味科普性""通俗性""严谨性"等诸多优点，该书于2019年在上海人民出版社一经出版，便斩获不俗的阅览量，学界与普通读者为其贡献了很高的口碑，是故该书一时间几乎拥有了黎东方先生于重庆讲学时的热度"倾倒山城，轰动四座"，不可不谓精彩一书，传奇一书。

宋之波澜凄壮，若袅袅烟火，隐匿在每位读书人的心中，好一场山河帷幕天地戏，人间烟火三百年……

二、精熬心得

宋，素来是"承继"与"转折"的印证。于马克思唯物观念下，"唐宋变革论"深入人心，一方面指出宋的历史地位，即"第三变之开端"，另一方面点出宋历史文化的特点，即由"自上而下"到"上下通融"，甚至"下反哺上"的世俗渗透。它，见证过大唐湮灭的余烬，脱胎于农民起义的烟尘，谨记着"内外安危"的前世教训，下着一盘"走马"棋。笔者常常被这段为烟火气萦绕的朝代吸引。贴近世俗的历史有着呼吸感，含着血泪的史诗集成了悲壮色彩：荡气回肠的金戈铁马，瓦肆勾栏的市井喧嚣，哪一种模样贯穿时间的雾海，迷蒙又清晰着，伏脉并绵延着。我们唤之以"烟火人间"，便是在虞先生笔下，看到了一个桎梏于少数民族侵扰，挣扎于"三冗三积"，朝政纷争的朝代，文明的韧性，烟火不辍，人间非晚。时至今日，我们无人离得开"宋"的道德观塑造，亦向那些从"烟火"中来，到"烟火"中去的孤勇者致敬。这是历史的魄力，需要无数学者持"辩证"与"考究"之眸，苦读琢磨；亦需要你我，一同走入这缕烟火，寻寻觅觅……

漫步街巷，世俗之烟火，藏在上河汴都，热闹与冷峻并存。墨客喜将开封之汴梁与江南之苏杭同比，正所谓"东南形胜，三吴都会，钱塘自古繁华"。盛誉之下，东南一带的市肆生活，商旅街景自成一体。百姓生活气息之浓厚，生活方式多样多元，亦从不同侧面展现出经济重心南移后，政治中心与经济中心吻合的时代特征。张择端绘制的《清明上河图》，以白描、工笔结合的笔触，从田园风光，巷市（草市）奔波，沿河"河市"，入城"坊市"铺展开来，聚焦在承接五代梁、晋、汉、周之都城内外，描摹人物举止、河岸风物、游船商客、百市店铺。三座城墙划分的市井，交错自然。依河而建的数艘运货船，桅杆高耸，船歌涟涟，间接诉说汴河作为"开封生命线"的重要性。随着城市人口增长，人员来往多样化，漕运水路的利用等诸多因素渗透，城市内部结构亦向"时、空"双向拓展：坊市破局，时间延展，"夜市经济"层出不穷，纸币交子"蜀地试点"，瓦肆交杯的秉烛夜谈，社会构成的职业细化……这缕烟火气落定在民乐与市井中，识趣而温暖。

然而，京都繁华背后的隐忧引人深思。宋徽宗后期，社会政治已蕴含着深刻的危机，朝政腐败与地区不平衡的差序格局削弱国库的有生力量。相应，物质极大程度丰裕，易造成贫富分化与潜在阶级斗争，及职业（士农工商）不平等性等诸多问题。正如同虞先生所落墨的："把玩《清明上河图》，品味《东京梦华录》，你才会明白徽宗朝社会经济的丰庶，你才会更深刻体悟到行将到来的靖康之变的历史苍凉感。"一幅画作隐匿的"虚荣警钟"在作画者"不着一字，尽是浮华"的纪实中暗流湍涌。画作中驱畜者，行乞者仍然是社会隐忧，以商市之繁荣掩硝烟与战火，淡化民怨与税负，似誉实讽。拭去金色泡影后，宋的"主干"仍然漏洞频出，人民依旧为生计发愁，这份并不"安稳"的烟火，已然不再是宋强有力的绝对代言。我们仍要从虞先生富有思考力的谈吐中，觉察现实，肃清谬论，烟花袅袅，请拨"云"见月。

政见碰撞，朝野之烟火覆于人心人性之下，迷蒙而不可捉摸。拆开"烟火"二字："烟"意旨事物飘忽不定，历史史实诡秘扑朔。争端与不安全感源自党争与职位争篡，收效与风险并兼；再论"火"字，凡·高有言："每个人心中都有一把火，路过的人只看到了烟。"名利之欲、集团之势、情分之纠、利益之悖，均能一定程度激发人的私欲。正所谓，人心起火，朝政"乌烟"。

纵贯南北两宋的几大政治改革，军事决策，均伴随着党争与宦官势力的牵制。皇权王位继承之争炮仗味尤为突出，三大疑案"陈桥兵变""烛影斧声""金匮之盟"的背后，死亡、退位、权势，究竟谁占主导地位，笔者持保留态度。历史之烟火之所以吸引"历史爱好者"奔赴而来，也许正是源于这份神秘感。浅以"烛影斧声"为例，以深夜做幕，推杯换盏，人影憧憧，一声"好做，好做"，一夜暴毙无还。赵光义哭悲的复杂动因，宋皇后"母子性命相托"的"见风使舵"，光义本人精通毒药学之背景，皆致使太祖之死迷影重重，光义继位也含糊不纯。此外，《涑水见闻》（司马光著）的严正性亦展现出兄弟继位之间的矛盾匪浅，而紧随其后的"金匮之盟""造神封禅"，更是将太宗反复强调帝位正统的"不自然"展现得淋漓尽致，其中是否存有"弑君继位"的险恶之意，绝对权力之争下又存留多少捉弄人性、挑拨人心的暗流？笔者不敢妄加揣测。

无独有偶，将史实贯通，权势集团之"烟火"，在政治改革与党羽之争下，暗自蔓延。庆历新政虽由"天下明相"范仲淹为主导，以吏治改革为核心（一曰明黜陟，二曰抑侥幸，三曰精贡举，四曰择官长），加之民本、财政之考量（均公田，厚农桑，修武备，减徭役）然而，向吏治大刀阔斧时，已然触动门荫集团与既得利益者的利益。磨勘与考核，削恩荫任子之制度拔高了官僚集团素质同时亦有意为"门荫之人"设坎。这种无异于"抢我饭碗"的规定与《朋党论》，一同被"有心之人"架构为"触人主之忌，阴招贿赂，阳托荐贤"。最终以范仲淹罢相，滕子京遭贬，保守派夏竦、王拱辰等小人"以牙还牙"得利，改革"锐之于始而不究其终"的戏剧性结局收尾，令人叹惋。这样的政治斗争，党争构陷，在熙宁变法，乌台诗案，庆元党禁，洛蜀朔事件中一次又一次重演，人心立于利欲熏心的官场，明争暗斗，笑里藏刀。难怪严复会如此叹惋宋中后期的朝政风云："若论人心政俗之变，则赵宋一代历史最宜究心。"是以，烟笼过多将熏心，火过至旺则灼人。撷来丝缕入喉，呛人，呛人哉！

金戈扬尘，铁马入梦，国运之烟火，兴衰与征伐同轴。谈及国势，我们常常贯之以"历史周期律"。如同三角函数曲线的生命线下，宋的国运，"生也烟火，亡也烟火"。虞先生指出"不彻底的大一统"，是对标盛唐的辽阔版图，强大中央控制力，对匈奴、吐蕃各少数民族政权具备的相对威慑力后做出的客观评价。一方面，宋脱胎于安史之乱的烂摊子，农民起义与周边数强有力少数民族政权的侵扰，让宋的江山始终在割裂动荡中摇摆不平，即使是治世之时，依然存在边患威胁。另一方面，宋代君主忌惮心极强，从太祖、太宗到仁宗……各君主对前朝"藩镇之弊"层层设防，采取"守内虚外""重文轻武"的国策，过分注重内祸而分权细密，举国强干弱枝的沉疴，从政体上拖累财政，影响决策，于运行方式上又保留了文臣之保守，故为奸佞、结党营私者大开大门。沙场江山一线牵，宋的国运，与战事相连，与征伐相通，与它的分分合合，离奇谋略相关。我们常谓"善谋者致远"，究竟是错付罢。

时至今日，回溯那些血泪史：从石敬瑭割燕云十六州，宋之西北部频繁受袭，到与辽、金、蒙古兵刃相接，澶渊之盟、海上之盟、宋夏和议、绍兴和议，我们见证着北宋在军事实力上反复"自残"。从"岁币"到"贡币"，从"兄弟之国"到"俯首称臣"，江山、领土在兵败、和议中反复缩小。而更令笔者寒心的是，宋丧失不啻是领土，更是士气，是国家凝聚力，是作为中原国家的自信力，归根到底是丢弃了一国顽强不屈的刚毅精神。

妄想通过朝廷之镇压、塞口掩盖软弱无能是愚笨且低效之举，我们素来认为一国之发展既需要有智慧的内部整合，又离不开适当的外部压力与对外扩张。然而极富戏剧性的是，围绕宋周边的少数民族更好地践行着这个规律，而宋因君臣之乱，财政危机与偏安江南的被动守疆，使自身发展受制于人，综合国力亦大不如前。

其时刻悬于头顶的"达摩克利斯之剑"既是历史教训，亦是当今之启示：注重内外平衡，内外双修，体民之恤，稳国之财，护国之主权，我们才能让烟火不化为炮火，战火，心尖之火。

揆诸墨笔，忆理拾识，文脉之烟火，雅趣与侠气共舞，绵延不绝。如言唐为"诗歌盛世"，则宋大体可称为"词赋之世"。作为社会意识的集成体，宋的文脉扎根面相当广泛，其构成也多姿多彩，包括诗赋、散文、理学、心学（伊始）、宗教事业（景教、道教、佛教本土化发展）、史学、书法、绘画等诸多方面。

虞先生指出，"宋的文化是有分期的"，以"建炎南渡，靖康之难"为时代节点，宋的文化风貌发生着明显的变化，从婉约、清雅的"小家碧玉"冷静下来，愁绪之外的宏远、旷达、家国情结被更好地激发，使大气，豪放，山河胆魄成为其深层次的主旋律。

伴随商品经济发展，市民阶层成为文艺范本与灵感来源。文脉上"贴地气"的市井文学，融入诗歌与曲谱的创作，一方面助推民间文化水平的提升，另一方面，也让文人畅抒其怀的吟咏不再"曲高和寡"，拥有了更广泛的受众与欣赏者。代表诗、词人如陆游、苏轼、周邦彦、柳永、李清照、辛弃疾……他们以观察者或体验者的视角，为我们展现兼容田园之乐、市井之温暖、现实之反思的绝妙佳作。文人与元元百姓的互动，加之女性视角的引入，致使诗风、文风、趋向"喜闻乐见"与多维化，这是现实主义文学发展的重要表现。诗词纪实，行文义理，格律声调，风格多样，此乃文学之烟火，走街串巷，扑面而来。

论罢文学，笔者印象最为深刻的是"理学"与宋的宗教事业。宋在精神世界的创制上多是继承与整合，理学的成型，即是较好印证。交织在"宋学"的经世之风与"道""释"二家对世界观，信仰观的赵越性中，理学保留了"道德"本位与"等级秩序"的儒学内核，以赋有哲学，乃至"抽象唯物"的思考方式，审视世界，辅佐统治，适应天理，不断蜕变。无论是二程，还是朱熹（集大成者），他们均以"理"为抽象本源，反思"天命"与"人性""道德"的潜在关联。使得儒学理性化，思辨化的进程中，从民族品格的塑造上，培育了"先天下之忧而忧"的范成大，"浪淘尽，千古风流人物"的苏子瞻，"臣以死足矣"的李若水……他们，或死谏力净，或高风亮节，虽游走官场，惯看瘴气，却出淤泥而不染，想必是思想与道义的力量。

无独有偶，宗教的发展，从信仰角度为宋之延续提供精神纽带。佛教、道教皆在宋人(尤其是君主)心中占有重要地位。太祖于大相寺的"现在佛"为佛学开启新生命——"利用与管理并重"，其发展"波澜不惊"，但与中央管理紧密结合。左右行僧录事，鸿胪寺掌下的僧人拥有管理州府或大刹的权力，可见"政教合一"倾向明显。"内证禅"向"文字禅"的转变也反映出思想互通，教义变化的特点。"临济宗""云门宗""净土宗"等多宗规模扩大，齐放异彩，亦使得中国化的宗教体系纵深发展。

另，笔者在阅览中彻晓"济公"原型——道济和尚，他"不饬细形，饮酒食肉，与市井沉浮，人以为颠"，甚是有趣，好一个教民结合的典范。在奇闻轶事之外，佛学的保留的经典(《从容录》《颂古百则》《五灯会元》《古尊宿语录》等)亦为后世学术研究提供较完整的二手史料，可见宗教对民族文化的交互影响。

雅俗共赏，与时偕行，市侩现实，义理哲学，工笔墨彩……此为宋奇绝、收放自如、字字珍重、字字泣血的文化风貌。宋明理学虽存在僵化保守的问题，我们今日仍需师法先人，恪守人格操守；辞赋纵不乏花间繁藻，我们仍要感谢"世界的记录者"们，凝聚文化自信。浩浩文明，从不缺乏摆布沙场的气魄，但笔者坚信，战事之外，文脉之烟火，才是宋最深层的生命力。

漫步扉卷，文明之烟火，流淌在交流并蓄与百姓群像中，经久不息。人类是历史的主体，历代如此，宋代尤其突出。布衣赵匡胤"黄袍加身"登基为皇，科举制"以才试举"的选拔亦为寒门百姓提供登上历史舞台的机会。百姓群像作用，好比聚沙成塔，小至乡里农民起义(川蜀一带)，大至影响财政税负，波折国家治理，关乎王朝覆灭。他们是引火者、拱火者，亦是社会舆论的造势者，从不同事件中成为文明的"推门人"，影射着情结与气魄，胆识与义气，精神与品格……立足于这个不可一世的时代，烟火不啻是时代，不啻是江山分合，不啻是明争暗斗，而是每位戴月荷锄、用心经营的人民，起于烟火，止于烟火，没入烟火，成为烟火。

英雄不可一世，精神贯穿今古。执意改革者如王安石，以"天变不足畏，祖宗不足法，人言不足恤"，革新政务，无惧风雨，勇毅力嘉；纪史者如司马光、欧阳修，以千秋墨笔笔耕不辍，而致"宋贤史学，古今罕匹"，《资治通鉴》《新五代史》呕心沥血，开永乐之盛；征伐者如岳飞，喟"待从头、收拾旧山河，朝天阙"，踏破贺兰山缺，血性方刚，君自有还我山河胆魄；不屈者若文天祥，凝"臣心一片磁针石，不指南方不肯休"，崖山断壁，忠心如磐，誓不屈膝；爱国者如陆放翁、辛弃疾，"王师北定中原日，家祭勿忘告乃翁"，铁马入梦，家国铭心，文带戎风，"杀敌、杀敌"间，血仇起，气节现，磅礴大气，隐入骨髓……那些无法抹去的重彩，是迅翁笔下的"埋头苦干的人、拼命硬干的人、为民请命的人"，是泣血史诗，屹立不倒的民族精神，化作文明延续的纽带，影响深远。

宋亦是民族交融的空前之世。在虞先生笔下，对辽太祖、金兀术、耶律大石、忽必烈等少数民族政权的领袖、权臣用词恰当合理，将斗争与用计描写得生动而风趣，既是对不同民族风俗的侧写，更是打破传统"汉本位"的民族偏见，以客观中肯的评述总结功绩，指出漏洞，分析人物心理，揣测历史真相，殊为难得。

现代外交讲究"交流使文化更精彩"，而回归"多足鼎立"的宋朝，立身民族主动权发生过渡的关键点（元明清三代，皆是经宋朝之窗口进入中国古代史的后半期）。可见，宋承担的枢纽作用相当重要。战争征伐，互有胜负之外，宋中央对地方边境设立羁縻州管理，开放榷场贸易，同样促进了民族友好、互惠交流的关系延续。此外，通婚和亲（如绍兴和议）、宗教归化（伊斯兰教、藏传佛教、道教）对周边少数民族政权均产生着奇妙的联结作用。《国语·郑语》有载："和实生物，同则不继"，大体如是哉！

民族的丰富性正印证着文明的多元一体，海纳百川的包容力，这缕烟火从民之足印中升起，随交流交融而愈发内化深刻，是华夏文明认同的见证，凝聚力的纽带，伏脉千里，萦绕不绝。

三、升华其值

读史以致用，读史以究今。宋史以其高丰富性，高集成性，高过渡性，高戏剧性，牵引无数学者，为之皓首穷经。宋人郑樵指出："自隋唐而上，官有簿状，家有谱系……自五季以来，取士不问家世，婚姻不问阀阅"；域外学者的"唐宋变革学期说"将史学研究视角拓展，中西并用，皆从不同维度揭示着"大宋之史"与"华夏之史"的重要关联。那些来不及叹惋的分分合合，那些回眸江山萧索处的茕茕背影，那些历史长河中的悲剧英雄，它留给后世许多遗憾，也带给华夏子民数不尽的物质、精神财富。通览本书，但觉三百年恍惚匆匆而过。八百里麾下寄着谁的北伐志？繁华上元，汴河灯影，悠悠宋韵，义理经文……这风雨三百年，化为一场不愿惊醒的梦，生于"烟火"，也终于"止于烟火"。

品读《细说宋朝》，是一种沉浸式的学习过程，更是具有代入感的"审美体验"。"以时间为线，以人物为碑，以演绎为刀笔"，这是纪史者的灵思与智慧。学习其整体史观、文明史观，秉持家国情怀、民族气节，历史其实交给我们很多：从党争与政变的人心、利益纠缠中明了"权力斗争"的现实弊端；从北伐、抗金、精兵强将的视死如归中领会不卑不亢、百折不挠的民族精神，凝聚家国认同；从历史兴替的分合调度中培育"大历史观"，斩除当代社会的"达摩克利斯之剑"，做官修史书、历史评论共行的史学研究者……这是大宋袅袅烟火传之于今的照影，跨越钟摆，穿越雾海，我们依然会为那烟火人间遥寄信纸，潸然泪下。

寒衣北望，望何处，烽火满杜鹃路。拭一段灯火阑珊，舟行过月，梦里河山。请君落目，这烟火人间，不败旧影，华光雪雪……

守源或归化？

——评《从草原到中原——后唐明宗李嗣源传》

2020 级楚才计划文科班　历史学　王德洲

　　戴仁柱和刘广丰两位先生合作的《后唐明宗李嗣源传》乃五代史研究的又一力作，它以汉学家的独特视角叙写了李嗣源从代北草原至中原黄土，从战士到帝王的传奇一生。该书译文优美流畅，叙事客观生动，引用翔实。史学界关于五代的历史文献和研究成果必定称不上颇丰，在此困境下，戴仁柱先生做出适当合理的假设，在为读者描绘明宗的其人其地的同时，也为五代后唐史的研究提供了新的思路。读完此作后，笔者收获颇多，但也有些许疑问和其他观点，这篇书评将分为三个部分：在做出对全书的纲领归纳、内容总结以及评价后会对明宗的个人品格以及终其一生为后世留下的政治文化遗产作出总结，反思与批判会无界地穿梭于这三个板块，这源于这本书的属性，既为人物传记则论品格及其事迹得失，又为历史通俗读物，则兼有笔者浅陋评价，在此抛砖引玉，还请方家雅正。

一、总括其书

　　想起五代的历史，人们的第一印象往往是"不起眼"与"动荡不安"，动荡的时代总是呼唤英雄，中国古代一贯会把贤明君主当作英雄一样崇拜(尽管前者在阶级上高于后者)。说起五代的君主，爱之极，人们会想到孔武有力、英勇有为的后周世宗柴荣；恨之切，大众又总会咒骂石敬瑭割让燕云十六州的恶行。但不容忽视的是后唐的第二位君主明宗李嗣源，他是一个合格的贤君仁主，他统治的八年时间被誉为"小康"，在五代乱世中尤为难得(见书封底结语)。作为一个高校历史文化学院的学生，当我轻抚书的扉页，"历史的严妆"慢慢褪去，扁平的五代历史认识也变得丰满，那些生疏的名字、拗口的称号，也随着深入的阅读，渐渐明了。至于书的主人公明宗李嗣源，我从他这里学到了许多优秀的品格，也在其一朝的宝贵政治遗产中，找到了它与唐宋乃至于少数民族所建立政权的诸多联系。

　　本书的叙事是极其客观的，作者在绪论中提出了自己的中心观点，他把关注点放在一个少数民族建立的新政权如何排除内忧外患，重获新生，恢复其统治的政治演进上，所以在文章的组织上戴仁柱先生先介绍李嗣源的配偶子女，以及其兄弟集团，随后用年代演进的方式叙述主体史实，并在其后的两章大胆地使用话题式结构进行自己的总结与研究。其利处在于使史诗的陈述显得尽量客观和简洁，这对读者来说无疑是一种"留白"的艺术体验，同时在后面的结论总结阅读时，能够回忆起之前所读过的史实，这让读者参与到史证结合的过程中，并能对作者的观点有更好的把握。但其弊处也十分明显，在故事的呈现中缺少对故事的主观看法，这使整本书的叙述显得松散，中间部分读来略显乏味。在读完标题和绪论后，笔者能够清楚地明白本书的主要矛盾是"草原"和"中原"的碰撞，明宗之所以特殊即在于他作为一个沙陀武士能够在暮年成为中原王朝的君主——一位合格的君主的传奇历程，作者也会描述他在融入中原文明时的矛盾心理，即妥协与抗争。所以笔者认为，作者如果能在故事的叙述过程中穿插主要矛盾的分析与主观想法，会使这本书的可读性大大提高。

作者颇受笔者喜爱的一点是他敢于下定结论，或作出大胆的猜测。这对于一个初叩史学大门的学生来说无疑是一种阅读便利，但是他谨慎的用词也会让笔者能够有自己的猜测与想法，例如两任君主的枢密使的身死，他少有地、尖锐地指出是因为谣言和皇帝个人的混乱与摇摆不定。这不得不提到明宗的个人品性，即摇摆不定与混乱，他的一些政治行为让读者很是费解。戴先生深谙这段史料，在这些混乱的行为后他引导读者有一个较为客观的评价，这是基于他作品的主人公而作出的章法设计，这使得笔者对他十分佩服。

"从草原到中原"这是一个精妙绝伦的翻译，就像译者刘广丰教授在后记中所谈到的那样，他在作品名字翻译时的几次修改可谓呕心沥血，当然书名的翻译会为其他的翻译者提供典范。从草原到中原，何谓草原？沙陀民族起源于代北荒漠，乃至于其祖庭内亚地区，他们保留着古老的游牧民族传统，在宣誓对唐王朝尽忠后，他们来到山西晋阳，并在此长期定居，虽然受到中原文明的同化，如中原范式的姓氏，尚未官方化但始终渗透的儒家信仰(这在几位沙陀家族领袖的身上十分明显)以及对李唐政治拟制的推崇。但仍保存着其个性鲜明的文明样式，如不稳定的家庭结构、兄终弟及的继承方式，以及"独具特色"的家庭拟态，即三位沙陀君主数以百计的养子，并把本民族的优点带到新的政治道统里去。何谓中原？李唐之后，起源于黄土的农耕文明百废俱兴，它保留极强的韧性是任何入主它的民族选择融入而非尖锐的抵抗，它有着自己的文明范式，有着完备的皇帝专制制度与儒家文化信仰(尽管受到佛教与道教的冲击)。所以想要驾驭这个文明需要外来文明怀着谦虚的心态学习，并以不卑不亢的方式融入，显然在两个文明的碰撞中，事态朝着好的一面发展，终明宗一朝，都在这对矛盾的交织中发展上升，相对于同样是少数民族建立的中原政权的清朝，它无疑又在这一碰撞中展现出其自信的一面。

另外本书的译文是由具有外语和历史双重素养的译者完成的，笔者虽未读过本书的英文原版，却了解过其他的汉学家著作的国内翻译版，其通病便是语言枯燥不畅，失去了历史作品作为文化成果本身的阅读愉悦性。鉴于译者给自己的定位即译者而非第二作者，刘广丰教授很大程度地尊重了这本书的英文原版，这使其文字不可避免地少了些文采，但无伤大雅。

二、细说其人

明宗李嗣源算得上是一位符合儒家政治蓝图的贤德仁君。但真要究其缘由又很难说是中原文化的绝对影响。在明宗的成长历程中晋王李克用起到了关键作用，后者乃是前者的养父，善于治理家庭，并与家庭成员始终保持和睦亲密的关系，明宗许多美好的回忆都源于这段"养子"经历。李克用赏罚分明，对待军队下属和蔼可亲，深受爱戴，同时他与妻子举案齐眉，听取家庭女性的政治建议，这都给年轻的明宗留下了深刻的影响，并潜移默化，使他成为一个具有高度道德感、仁慈多恕的君主。

他的仁慈和博爱渗透在各个阶层，除了极少数对于高层政治人物的政治杀伐以外，他更多是以宽恕的方式处理他身旁的人所犯下的罪行。对于沙陀贵族，他选择无原则性的慈爱，他极力维护自己在外的公正形象，却对家庭成员偏爱无比，无论是几近溺爱地爱护自己的几个儿子，还是在庄宗身死后下令保护其子嗣家人的行为，都可以看出这位君王的仁厚之心。对于他的近臣他也是宽恕多于刑罚，但真正体现其作为领袖的、高尚的仁爱质量的，是他对待平民百姓的态度。

"二月卖新丝，五月粜新谷。医得眼前疮，剜却心头肉。我愿君王心，化作光明烛。不照绮罗筵，只照逃亡屋。"这首唐代聂夷的《伤农家》被冯道在他与明宗的谈话中拿出来，前者乃是大儒士，有着坚定的儒家信仰，皇帝也被这首诗深深打动，其之后的很多善政都与此诗有关。如在位期间轻徭薄赋，劝课农桑，经常性地进行天下大赦等，以及其统治末年最为人熟知和称道的"战马论"。明宗认为"肥战马而瘠吾民"是一种巨大的羞愧，当他自昭己罪，心怀民生之时，就注定了他仁君贤主地位的确立。

明宗还是一位具有高度道德感的英雄：在军营里，他是大将们亲密无间的战友，为人随和，能与低位者打成一片，同时他十分信守承诺，如庄宗死后，介于自己宣誓对庄宗孝忠的诺言，他对他人的劝进之言再三推辞，并不懈地追寻和保护庄宗的子嗣兄弟。同时他很看重公平与正义，这同样是李克用伟大人格的"余荫"，例如他重视自己统治道统的正义性，他在选择道统时，选择延续自己家族的李唐政治拟制，同时可以掩盖自己与庄宗的不睦，在庄宗死后为其服孝并厚葬他，同时他也致力于维护民间的公平正义，行幸开封时他曾因为地方拙劣的司法失误而大动干戈，惩罚两位地方最高级官员。

当然明宗有一些致命的缺点，他缺少坚定的想法，始终活在混乱的思想之中，经常摇摆不定，容易被流言蜚语误导；他迟迟不肯立储，处死任圜与安重诲两位曾经信任的文武大臣；他很少有尖锐的决定，这一般是他由依赖的枢密使来完成；同时他对边境和两川地区摇摆不定的态度和绥靖政策也使得他的统治出现巨大危机，并加速他死后后唐王朝的覆灭。

同时他是一个不自信的人，这种不自信并未使他走向狭隘与封闭，而是使得他像有着相同经历的唐太宗李世民一样从善如流，仁德好施，因为他不自信于自己登上王位的方式，所以便想通过自己的政绩来不断增强自己政权的合理性。

三、简评其绩

作为一位治世能主，明宗的政治善举可谓广博，但着眼于其为后世留下的宝贵政治遗产，我只列举他作为融入中原文明时一些独特而宝贵的政治财富。

首先明宗敢于冲击已形成固态的政治生态，他将适用于内亚不稳定型家族结构的继承方式适用于中原王朝，尽管并未撼动后者的嫡长子继承制度，但是也为后世的特殊个例提供了借鉴经验，明宗有意冲击立嫡以长不以贤的传统体制，并改革当时的"荫补"制度，加快了社会阶层的流动。

其次明宗对地方权力的管控也为有宋一代提供了宝贵经验，同样是地方武装夺取政权的例子，宋朝的统治者在处理地方势力的棘手问题时，一定参考过明宗的做法。李嗣源频繁地调动地方的军事和行政长官，达到削弱其统治势力的效果，这无疑是开了宋朝"调兵权"与"统兵权"制度的先河。

最后是明宗对文官政治的重视，这在武将起家并建立政权的五代十分可贵，也同样是明宗时期政治成熟的标志。明宗朝首创"端明殿"培养大批实用的文官政治家，同时努力做到文武不偏不倚，将宰相和枢密使放在同等重要的地位。这也为宋朝的文官政治奠定了良好的政治氛围。

细梳明宗朝的政治遗产，其独特珍贵，先见者不可不谓多，故研究这一时期的历史将会像挖掘一座久未被发现的金矿一般，只要肯往下挖则会有万千珍宝现世。

结　语

　　七年对于一个朝代来说绝对称不上是长治，但就是在这短短的时间里，后唐明宗李嗣源联合了其统治集团，以其独特的个人魅力恢复了其前朝的统治，并不断融入归化中原文明的过程中，保持自己的源头文明的独特性，并为前者注入新鲜而勇敢的血液。最终他打造出了一个兴盛的时代，尽管在五代的洪流中他是那么娇艳欲滴、昙花一现，但是它美丽的瞬间将会被世人铭记，其丰富的政治遗产将会被人们不断提及乐道。试想如果李嗣源的统治适逢他的壮年，那么五代的历史是否将会被改写？一个全新的伟大的王朝会不会出现？不过这一切都是后话了。

以革命视角寻求被教育者的解放

——《被压迫者教育学》读书报告

2020 级楚才计划文科班　教育学　徐忠圻

从作品的题目入手，我们可以很清楚地将其分解为"被压迫者""教育学"两部分。从"被压迫者"角度讲，这方面主要是涉及作者对于解放人民，解放被压迫社会，寻求思想和物质上的自由的观点和看法；从"教育学"角度讲，涉及了特别是对在解放背景下的一些教育观念的探讨，对一些教育观念的反思和思考。当然，书中这两部分内容是相辅相成、交互相融的，很多教育方面的看法直接放在了解放背景下进行研究，没有实现两者间的割裂。不过，此处我们将两者分开讲述，以求更加清楚地展现。

一、通过正确的革命方式解放被压迫者

"人性化问题一直是人类的中心问题"（保罗·弗莱雷著，顾建新等译：《被压迫者教育学》（50 周年纪念版），上海：华东师范大学出版社 2020 年版，第 1 页）弗莱雷在作品正文的一开头就如是说道，可见他对于解放过程中人性化问题的重视程度，传统认知中只有被压迫者（被统治阶级，即人民大众）是非人性化的存在，因为他们在被统治的过程中实际上被扭曲了各自的人格和个性，成为了"机械化"的存在。但更深层次的分析后我们能够感受到，其实在这个被压迫的过程中，作为主体的压迫者在泯灭他人人性的同时也成为了压迫自我的人，在这个过程中失去了人性，产生了异化。因此，作者批判了单纯通过暴力方式或强制手段推翻压迫者的革命道路，而是强调"让被压迫者和压迫者双方同时恢复人性"（《被压迫者教育学》（50 周年纪念版），第 2 页）这在我看来是他对于整个解放问题的核心和精髓所在。

弗莱雷关于压迫理论的另一个关键概念就是"限制情景"（limiting situation），他在这一方面上之所以进步在于，在看到压迫者对被压迫者思想影响的同时，进一步地认识到了双方所处的情景，即社会背景对二者深远的影响作用。这种看法也给我带来了更多的思考，即在现实中具体的社会制度和社会背景下，社会大体的行动和思维模式是被确定下来的，所谓的压迫者因为作为非人性化的存在，其自我的创造力和思考能力是被抹杀

掉的；而被压迫者相应的现实的物质和精神生活的条件完全达不到改变社会现实的要求。故压迫者所做出的压迫行为是无关于社会意识的，完全是按照现有的行为模式按部就班的机械化行为。在这个过程中，被压迫者同样也只是在模式规范下机械化地接受整个限制情景所带来的种种不公，并且认为这是"理所应当"，无法生发出对现实的批判与抗拒，反而在心中内化"压迫者"的形象，建立起更为扭曲的双重型人格。我认为这是压迫社会之所以存在的内在原因。

而要完全推翻压迫，首先要做到的就是打破"限制情景"，在这个问题上，作者告诉我们，要"通过实践对现实进行批判性干预"（《被压迫者教育学》（50 周年纪念版），第 9 页），因此，他为我们引出了"革命领导者"这一群体，他们作为革命的象征、解放的领导，带领人民推翻旧的压迫阶层（在我看来其实更应该是旧的社会秩序），从而实现充分的人性化和自由。但是在这个过程中，又有一个很现实的问题，即革命后如何实现"革命领导者"身份的转换问题，举个例子，比如说中国历史上大大小小成百上千的农民起义，其最初都是打着人民利益的旗号，但最终都无非一个王朝取代另一个王朝，其压迫实质没有改变。与此类似，领导者如果不能处理好自我在整个革命过程中的身份，即无论是采用简单暴力的革命方式，抑或对群众采用移植、文化侵犯的方式（实质上都是指成为新的压迫者），其整个革命过程都不能被称为"解放"，而只不过是历史的改朝换代，最终导致整个革命的失败。

所以说，革命领导者如果想要实现真正的解放，就要真正融入和参与到广大人民当中去，不只是在肉体上，更是在精神上。不在革命思想的确立上自以为是，在与人民的沟通中建立"对话"机制，唯其如此，才能实现被压迫者的真正解放（即思维模式上的解放）；唯其如此，才能改变整个社会环境，而不只是达到抹杀旧的压迫阶层的目的。

二、由压迫理论窥探现实教育特点和发展方向

上文中我概述了对于书中提到的压迫理论的一些看法，而在我看来，除了作者直接提到的一些对教育的观点和看法外，这些理论完全是可以延伸到教育领域来的，是教育研究者的一笔宝贵财富。

比如说，作者在第二章中提出的"储蓄式教育观"的概念，即以"讲授"为基本特征的教学方式，"教师单方面滔滔不绝地讲，进行灌输，而学生耐心地接受、记忆和复述，加以存储"（《被压迫者教育学》（50 周年纪念版），第 23 页）。在这里他就明确地说到了我们现实中存在的教育方式与压迫社会的联系，换言之，在当下存在的一些教育方式中

我们能够看到某些压迫行为的影子，"把他人想象成绝对的无知者，这是压迫意识的一个特征"（《被压迫者教育学》（50周年纪念版），第23页）。上面我们提到过，压迫行为根本上是由社会环境导致的，即对人们思想思维模式的机械化塑造，而事实上教育正是对人思想改造和发展起关键性作用的方式，故抓住教育我们就可以解决整个社会的压迫问题，这间接地说明了压迫理论对我们教育领域的指导作用。

说回到储蓄式教育观，我们在反对这一种教育方式的同时，也要相应地提出自己的看法。事实上，在整个教育过程中，教师和学生的关系可以类比为压迫领域中的关系，即革命领导者和被压迫者的关系。而在教育领域中，我更愿意将压迫者定义为学校的某些规章制度，因为他们跟压迫者一样，都是绝对的、不允许被推翻的、不允许被侵害的，而又实实在在起着压迫作用的。而教师之所以作为革命领导者存在，是因为我更倾向于教师在整个教育过程中更像是一种"亦正亦邪"的存在，他们对于教育解放事业的贡献与危害往往就在一念之间。如果教师在教学过程中只是扮演着一个"搬运者"的角色，只是将知识简单地灌输给学生的话，那教师实际上就跟革命领导者身份的转换一样，成为了压迫者，或者说成为了压迫一方的协助者。教师教什么，学生就要学什么，学生完全成了流水作业线的产品。显而易见的是，这种教学方式是完全反人性化的。而另一方面，如果教师在整个教学过程中能够起到积极的作用，不把自己的认识强加给学生，而是更多地采取启发式教学的方式，"不愤不启，不悱不发"，教导学生做到"举一隅而以三隅反"的水平，那么这种教育就是有意义的，老师在整个过程中的存在也是有意义的，即起到了一个革命领导者带领人民打破某种意义上的压迫（至少是思想上的）的作用，为最终能够实现解放作出了卓越贡献。所以说，我觉得教师在整个教学活动中的作用是需要区别来看待的。他可能是指引前行的明灯和旗帜，也可能只是压迫者的拥护者和代言人。

上文中我们提到了教育中的"强加性"现象，其实我觉得这是当代中国教育的一个显著特征，这一特征在中学教育阶段显露得尤为明显，但是由于中考、高考等选拔性考试导致的教育目的确定化，我们暂且不做讨论。但是如果我们从小学阶段来看这一问题的话，它的弊端就显得尤为突出。强加性，指的是教师把自己所了解的知识强行灌输给学生，教师在上课前（即备课过程中）已经完全设置好了一节课的发展流程和进行模式，所以，他们要求所有学生的思维都要按照他的要求来走。但是，小学阶段的学生正处于思维活跃期，不可能每个人都能够按照既定的程序进行课堂学习。所以，当自己所准备的模板无法再正常运行下去的时候，教师就会显现出极大的慌乱，并且采取一切方式否定学生的一切意见，因为这是维护他们自尊的需要。因此，在这整个过程中，由于教师素质(或者说是教育素质)的不足，导致了学生的发展区间变窄，创造意向减弱，最终教育者在不自觉中就滑向了压迫者一方，这是当代教育工作者最应该警惕的现象。

所以说，作者在解决这一问题上又为我们指出了一条明路，它包括两部分，一部分是批判性思维(critical thinking)，这是所有人性化的、自由的人所必备的素质，"批判性思维把现实看作一个过程、一种改造，而不是一个静态的实际存在"(《被压迫者教育学》(50 周年纪念版)，第 38 页)。教育者要把现实看作一个过程，也就是说，"我"所教授的并不是死的知识，而是始终在发展变化过程中的，而这种变化是需要我和我的学生们一起去探索发现的，所以在有学生在课堂上向我提出问题时，我就不会感到恐慌、大声呵斥，而是以批判性的眼光审视自己，审视社会，从中获得不一样的感知。而作为受教育者而言，这种批判性思维更多地体现为一种自由的意识，即学生必须保证自己在整个教学过程中是保持身心上的自由的，是不受任何外在事物压迫的。说得更具体一些，学生要始终保持怀疑精神，教师的教学内容不一定是完全正确的，学生要学会吸收，在整个过程中保持自我意识，不被淹没在他人的思想中失去自我。另一部分是对话文化行动理论，"合作只有通过交流才能实现，对话作为基本的交流，必须成为任何合作的基础"(《被压迫者教育学》(50 周年纪念版)，第 94 页)，以教育研究者的眼光看，这里的合作指的就是教育者和受教育者之间的合作。交流和对话在整个解放过程中尤为重要，无论在哪个情境下，每一个作为独立个体的人，都只有通过对话才能实现思想上的相互交换。而教师与学生，作为思想频繁交换的主体，这种对话更是无法缺少，教师在课堂上提出话题，学生在自我思考后给予反馈，教师在此之后再给予一些正向的反馈，最好还有一些适当的引导。这种对话方式解放了课堂，同时也解放了处于课堂这一限制情境下的人(教师和学生)，不能不说是教学的关键点所在。

综上所述，我们可以看出，书中包含的两部分内容：压迫理论和教育理论，是紧密结合在一起的。我们作为教育者，要充分吸收其中合理的教育观念，并结合自己的实践经验进行批判性地创造，实现自我发展。

博览中外《利维坦》读书感悟

2021 级楚才计划 1 班　思想政治教育　武子昂

一、前言

当众多政治思想的宏伟著作在我脑海中一一排列开时，霍布斯的《利维坦》还是第一个进入了我推荐图书的备选项里。这本书给高中时代的我留下的印象实在深刻。我和《利维坦》相识于学校举办的书籍分享比赛，读之初，在历史老师的提醒下，我就已经意识到霍布斯及其著作不可避免的历史局限性，因此在那时大多是抱着批判的态度去读，目的主要是在字里行间"挑错"，如今，我在大学阶段有了重新捧起这本书的空闲，于是便依照着几年前的思路和轨迹，将马克思、恩格斯有关观点与《利维坦》进行了辩证的比较分析，以期向大家推荐这本伟大的国家观著作。

二、《利维坦》中霍布斯国家观的核心内容

我选读的版本是湖北大学图书馆所藏商务印书馆 1985 年出版的《利维坦》，全书在内容上主要分为四大部分，第一部分是"论人"，主要讲述人性恶的观点和国家产生前"一切人反对一切人"的自然状态。第二部分是"论国家"，主要论述了人们是如何签订契约形成国家的，以及国家的各种形态、主权和人权。第三部分是论"基督教国家"，主要论述了教会的政治地位和个人信仰，第四部分是"论黑暗王国"，主要对宗教、哲学和政治思想进行批判。其中，"论国家"部分是我重点阅读的内容，也是推荐大家阅读的重要章节。

（一）论国家起源

霍布斯论述国家起源时是以一种理论假设为起点的，也就是对自然状态的假设。他

认为人类在国家起源之前处于一种自然状态，"自然使人在身心两方面的能力都十分相等"，对一切东西都有自由占有的权利，霍布斯在《利维坦》中给这种自然权利下了明确的定义："自然权利，即著作者一般所称的自然法，是每个人所享有的按照自己意思使用自己的力量保全自己天性的自由，这种天性也就是他自己的生命。"但由于在国家建立前的原始时期自然和社会资源都十分有限，每个人占有资源的能力又是基本相当的，就会引起以占有资源为目的的斗争，在这个过程中，自然资源不会平白增多，可是人类却很有可能在互相残杀中被消灭。为避免这种情况，人们"必须寻找和平和遵守和平"，由此签订契约建立国家。

(二)论国家本质与职能

霍布斯在《利维坦》第 131 页提到，国家本质为"一大群人相互订立契约，每个人都对他的行为授权，以便使他能运用全体的力量和手段，按其认为有利于大家的和平与共同防卫的方式，形成一个人格"。承担这一人格的就是主权者，其余的人都是他的臣民。由于霍布斯将国家、人格主权者、君主以及国家制度都视作同一的存在，因此利维坦的国家职能，实际上就等同于作为主权者的君主所应尽的职责。他在第 30 章中提到，"君主的职责必然取决于人们赋予主权时所要达到的目的。因此，君主的职责最首要的部分就是保障臣民的人身安全"。这种"一个人的行为最终将代表一群人的行为"的国家概念人格化是霍布斯国家观的一大特点。

(三)论国家主权

在《利维坦》中，霍布斯更强调一种绝对主权。他认为这种绝对主权不可转让，不可限制，不可分割。在 153 页他提到，"主权者的权力，不得其允许不能转让给他人，他的主权不能被剥夺，任何臣民都不能控诉他进行侵害"。霍布斯的"绝对主权"理论赋予了主权者几乎是能够主宰一切的权利，同时杜绝了人们群起反对主权者的可能性。出于对他人民反抗的恐惧心理，他提出"既然权力是人们自愿交付的，那么反对君主也就意味着反对自己"。事实上，在阅读之初，我一直认为这是霍布斯国家观局限性的表现，如今重读《利维坦》，并阅读了一些论文，我才认识到仅仅将霍布斯当作一位为君主利益辩护的思想家是不对的。他提出绝对主权事实上是为了保障个人的生命安全，这也体现了他的国家观有对人民的关怀。

三、《利维坦》中霍布斯的国家观与马恩国家观比较

(一) 共同点

在国家起源上，两种观点均认为国家起源是一定社会矛盾出现的产物。霍布斯认为正是因为人们相互残杀的无序状态导致契约签订，而恩格斯在《家庭、私有制和国家的起源》中提到，"这个社会陷入了不可解决的自我矛盾，分裂为不可调和的对立面而又无力摆脱这些对立面"。为了避免这些为了利益的阶级斗争对社会产生不可估量的破坏，就需要有一个高于一切的力量来抑制冲突。两者都体现了国家产生对于调解社会关系纠纷、人与人之间矛盾的必要性，都致力于解决"人与人之间的多重矛盾"。

在国家主权上，霍布斯虽然将主权交给了统治者，但同时也强调了君主要保护，在这一点上他是人本主义的，实际上与马克思关于人的解放和无产阶级的关怀是异曲同工的。

(二) 不同点

在国家起源上，尽管两种观点中都涉及人类之间矛盾的论述，但也存在着较为明显的不同。霍布斯主张的自然状态是他所虚构设想的，而马克思主张"国家是阶级矛盾不可调和的产物"则是通过对市民社会历史的分析。马克思比霍布斯的观点要更深刻，霍布斯仅仅止步于起源过程的描述，马克思则通过这一点看到了现代国家必然走向消亡的结局。

在国家本质与职能上，二者对现代国家的态度并不相同，霍布斯倾向于维护"利维坦"国家这一公共权力的绝对地位，而马克思则对此则持着批判态度，认为国家终有一天会走向消亡。霍布斯认为国家的职能是保障臣民的生命安全，而马克思则看到了这种职能背后统治阶级对于被统治阶级的蒙蔽和欺瞒。

四、结语

从我第一次拿起书的年纪起，父母就常常跟我说，一本书读一遍知道的都是皮毛，要多读几遍才能知道这本书到底在讲什么。这句话在我读《利维坦》时得到了充分的验证，第一次读《利维坦》这本书的时候，我的理论水平还仅仅停留在高一的阶段，因此

觉得这本书晦涩难懂，翻来覆去读不下来，颠来倒去读不明白。然而如今坐在大学图书馆里读书时，我的理论水平和认识能力都和高中时不同了，也有了将霍布斯国家观与马恩国家观进行比较的思路。于我而言，这次以文字的形式记录下再次阅读《利维坦》的感悟，绝不仅仅是为了完成天问的读书推荐，并向更多的人介绍这本伟大的著作，更重要的是，这篇感悟中写下的每一个字都让我认识到我自身的成长，我不再是高中时抱着《历史(必修一)》课本靠无脑重复背书的中学生，而成了拥有独立思考能力和提出新观点意识的大学生。

此刻坐在书桌前，面前的平板中尚且显示着《利维坦》和恩格斯的《家庭、私有制和国家的起源》电子文档，突然想起曾经摘抄的《人民日报》的一句话："山高水长，怕什么来不及，慌什么到不了；天顺其然，地顺其性，一切都是刚刚好。"

家族史记，观尽沧桑

——《金翼：一个中国家族的史记》读书感悟

天问分会成员　2022级思想政治教育　刘怡彤

《金翼：一个中国家族的史记》是当代著名社会学家林耀华先生的社会人类学学科专著。本书以两个家族为主体，折射出近现代中国所面临的沉浮瞬间，从中能找到中国人心中对于土地的热爱，也能看到中国人刻在骨子里的宝贵精神。

作者林耀华先生以他的家乡福建和他的社会关系为原型，通过描写以黄东林和张芬洲为核心的两个不同家族的兴旺与衰败，展示出20世纪上半叶中国南方传统农业、商业、地方政治、节日风俗等中国农村社会全貌。故事背景处于历史大动荡时代，使我从中见微知著地体悟到传统与现代碰撞的精彩，理解两个家族的不同命运来自对时代的把握与生活的理念不同。

在最开始，作者提到"现在的学者说：人类存在是一个不断持续适应和调整的过程"。我对这个观点非常赞同，让我想起之前网上的一句话："改变不了世界，那就改变你自己。"是啊，大千世界，大部分人随波逐流，难以凭借自身的微薄力量去改变什么，但我们又不能那么的消极被动，这时就要靠改变自己去更好地适应这个世界，得到让自己舒适满意的最佳状态。

主人公黄东林带给我的最大感受就是他能直面困难，从不退缩。这种品质说起来容易，做起来难。黄东林的生活就如作者所描述的"人的生活轨迹就如同海潮一样，时而平静，时而汹涌，没有人能原始平稳顺利地度过一生"。当黄东林在面对人生起伏时从未灰心丧气。在面对哥哥去世、生活巨变，自己成为家里唯一的指望时，黄东林积极承担责任，用十年时间重建家园。让我印象最深刻的，关于东林在面对绝境时的表现有两个故事情节，一个是在因为和祖父家的土地权责不清时，东林陷入官司，让我不禁为他捏了一把冷汗。凭我对乡土文化的理解，陷入官司可能就代表着事情完全没有了转机。但多亏大儿子将案件呈送高级法院，得以翻盘。而东林出狱后并没有因此丧气，而是从中吸取教训，注重对孩子的学业培养。哪怕众人不理解，他还是坚持送儿子出国念书。另一个则是在时代大背景下，金翼之家惨遭军队的数次洗劫，相当于东林大半生的奋斗化为乌有，在我看来这绝对是压死骆驼的最后一根稻草，但在故事的最后东林却平静地对孩子们说："孩子们，你们忘记把种子埋进土里了!"这是何等的气度，在饱览过顶峰美景后，仍能下山在山脚下悠然见南山。在东林身上，我真正地体会到了面对人生险境，坦然接受，经营未来，面对世间绝境，坚持信念，初心不改的坚定人生态度。与此形成对比的便是张芬洲，在遭遇几次打击，加上长子的死亡，使他从此一蹶不振，最终使得家族没落，令人感叹世事无常。

本书也教会我一些为人处世的道理。第一是：做有助他人的事情。张芬洲最初因为自私，占下"龙吐珠"这块风水宝地，使得东林不得不另选他地。张的儿子也是因为自己的一己私利，不顾家人反对，满足自己的投资欲望，最终使张家一败涂地，往日辉煌一去不复返。而黄东林却一直保持着和气生财的态度，拥有极大的包容心态。第二：要有合作意识，与人为善。书中有这样一句话："命运就是人际关系和人的再调试。"东林同任何人都保持着良好关系，不论是政府官员，还是土匪。与各行各业的人相处中，他能够挖掘出自己的优势和别人的需要，大胆尝试合作，大大推动着金翼之家的迅速发展。

贯穿全书的还有一点非常引人注意，就是女性地位的变化。在故事最初，东林七岁的小女儿因为第一次得到一颗糖果舍不得吃，被祖母发现后鞭打一顿，三天后，这个迷人的小女孩就死了。同样的还有东林的小侄女在六岁时就被送出做童养媳。我感受到女孩悲惨的命运，乡村的重男轻女思想根深蒂固，女性毫无尊严可言。但是随着历史的发展，后来成为三嫂的素珍可以因为没有学过做饭而不为全家做饭，可以在农民们已经工作了好几个小时后起床；茂衡的妻子可以在他死后改嫁；红花可以和小哥自由恋爱。我看到思想在不断地被解放，女性渐渐站了起来，在社会上有了一席之地，可以发出自己的声音。

书中对于一些农村习俗进行了详细具体的描写，涉及定亲、成婚、葬礼、庆生等，让我觉得冗杂不堪，不明所以。但看到作者在序中写道："恰恰是因为以前的描述往往着重于讲明许多延续至今习俗的传统一面，以此同现存的两相对照，可以凸显当代习俗的重要变化。"这才令我恍然大悟，每一处都是为了彰显习俗在中国人身上深深的烙印。

整本书虽说是一部社会学作品，但我觉得扑面而来的是一种历史的厚重感，书中的人物都置身于时代的大浪潮中，追随着时代发展的脚步。有的人赶上了时代浪潮，便飞速向前发展，有的人不能抓住时机，便被时代甩在身后。书中以两个家族的兴衰沉浮，向我们展开了一幅中国乡村家庭的生动画卷。让我们在城市化迅速发展的今天，依旧能够体会到别具一格的浓浓的乡土气息。

最后再次表明这本书让我收获颇多，希望自己能够将在书本中体会的道理运用进实际的日常生活中，在迷茫时，为自己点燃一盏明灯。同时从中以小见大，体会时代波澜。

体味不凡弥漫在乡土中的惨雾

——读《惨雾》有感

天问分会成员　2022级汉语言文学　徐纯婧

继"五四运动"之后，一批师承鲁迅并开始创作的年青的乡土小说作家们以更加全面、具体的视角，进一步展示了乡土中国生活的沉疴痼疾。刘杰的《惨雾》便是其中的代表作之一。在此，我想结合费孝通先生的一些理论浅谈一下《惨雾》所弥漫在乡土生活中的宗族景观与女性的觉醒与挣扎中的雾。

小说中邻溪而居、互通姻缘的玉湖庄和环溪村，为了争夺一片溪流冲积出的可耕种的沙渚，接连发生了几次残酷血腥的械斗，最终死伤众多，新嫁回门的香桂也失去了她邻村的丈夫和本村的弟弟。

"自从新嫁的香桂姑从她的夫家环溪村回门的那天之后，我们的村里就接连地和环溪村打起仗来。"小说的开头短短的一句话，便揭示了一个流传已久的宗族传统，如同久久不散的大雾。在传统乡土生活中，人们往往把那些出嫁的女子和入赘的男子都当作泼出去的水，即使他们回来了也只是当作客人。而剽悍的乡土民众，是不会为了客人的颜面而对有损于自身利益的事手下留情的。

"沙渚渐渐地涨大起来。有几处已可耕种。我们玉湖人希望在那边进行大规模地开垦；虽然在现在还是满眼的蓬蒿。

这里靠着我们的溪滨，倘若用始丰溪的界划作证，环溪人当然管不到这些未来的财富，但是他们说那是他们从前所有的地址，他们有重新开垦的权利。

这是一个权利和财富的冲突；因为他们看重它，正如一座国际的矿山。"

把沙渚说成是"国际的矿山"，是因为环溪村的人把它看作"公家的"土地，公家的便宜大家是都可以占的，只要把土地开垦出来了，"公家的"地便会成为环溪村的私地了；但玉湖庄的村民们却不是这么看的，他们把沙渚看作村里的私地，是不允许其他村沾染的。对于公私问题，也就是群己、人我界限划分的问题，我认为正是传统宗族最大的景观之一。费孝通先生把这一问题归结在中国乡土生活的社会结构上，"我们的格局不是一捆一捆扎清楚的柴，而是好像把一块石头丢在水面上所发生的一圈圈推出去的波纹"，并称这种结构为"差序格局"，而在"差序格局"里，公与私都是相对的。在两个村子看来，他们都是为了自己的家、为了自己的村子谋利益的，因此他们都会理所应当地认为自己是站在正义的一面的。很多宗族械斗冲突，都是因此产生的，乡土民众团体道德的缺失，也在这种冲突中被看得一清二楚。所以何为老师说："乡土社会的宗族制度，是建立在自给自足的农耕文明基础上的一种特殊形态的人与人的关系。"这是十分真切的。

当"环溪人已有四五个带着锄头短棒，在下溪渚的芦苇丛里，凶狠狠地垦地"时，大战一触即发。玉湖庄的村民们冲到沙渚地向环溪村人示威，又在回到祠堂后进行总动员，将藏在祠堂里的武器尽数拿出，准备进行一场恶战。这时环溪村的村民却夜袭了玉湖庄，将名叫癞头金的村民杀死。"癞头金不是我们的同姓，他是和肖峰属亲。我们的村里，就是这两姓的人氏，虽然有两个祠堂，各姓由各姓自己管理；但是平时总没有多少界限可分。何况这一次是对外的呢？是全村的财富关系呢？是全村的名誉关系呢？"呼唤捍卫土地、捍卫名誉的热雾在玉湖庄愈演愈烈。"玉湖村的空气，像茶壶内的空气一样的紧张；那些人心的惶恐与震荡不宁，真如壶内沸腾着的气泡。全村里的人，都有这样的感觉，就是金樱妹的刚才周岁的弟弟，江林公抱着的小孙女儿，和那些黄的黑的花钓村狗，大大小小的母鸡和雄鸡，都不能例外。"村民们敲锣打鼓，在老虎山上进行了第一次正面交锋。随即是紧密地筹备和借兵环节，"一切的布置与设备，一切的器械与人马，都要比前次多一倍或多两倍；而他们心中悬着的可怕的重累，也要比前次多几倍或者几百倍"。妻子与母亲们也在相继祷告，她们在向老天与祖宗祈祷："天呀！有灵有性的祖宗呀！你们帮助着我们得到胜利罢！少数的死亡归请我，多数的受伤归诸那环溪人罢！"对于祠堂与祖先的固信，已经融入村民们的血肉，这种近乎扭曲的祷告，却正成了她们的精神支柱。这种病态的宗法传统，像一片浑浊的雾，在不知不觉中早已深入人们的骨髓，外化为野蛮而落后的习俗，只会带来创伤。第二次械斗的号角再次吹响。小说的结尾并没有宣告沙渚地到底归属于哪个村子，也许这并不重要了，留下的只有械斗给村民们带来的肉体与精神的荼毒。"一切的空气之中，都笼罩着粗粝的恐怖之刚，和倒垂着尖利的死神之刀。世界是被黑暗所占领了，恶魔穿着黑暗之夜的魔衣，在一切的空气中，用粗厉的恐怖之网笼罩人生，和尖利的死神之刀对待人生。"

但小说并非只描写了宗族与械斗之雾，其中穿插的关于女性之雾的描写也是一大亮点。

　　我认为本篇小说故事情节发展是分两条线并行的，一条是男性的冲突与械斗，另一条则是女性情感的挣扎。这些都是围绕叙述者——一个16岁的农村女孩秋英——"我"的视角展开的。一方面，"我"对于械斗的旁观甚至说是漠不关心在一定程度上加剧了这场争斗的悲剧性；另一方面，通过一个女孩的视角描写女性和时代附加给女性背上的沉雾，则显得更为细腻真实。

　　乡土社会是男女有别的，费孝通先生将乡土社会的感情定向称为"阿波罗式"，将现代社会的感情定向称为"浮士德式"。在"阿波罗式"的情感观里，婚姻关系为人们安排了一个完善的秩序，这个秩序超于人力的创造，人们不过是去接受它，安于其位，维护它，我把它理解为人们对旧式包办婚姻的屈服与维持；而在"浮士德式"的情感观里，生命是阻碍的克服，恋爱是探索与无尽的创造，我把它理解为是人们对于自由恋爱意识的觉醒与渴求。小说中也有鲜活生命跳动的感觉——秋英与多能悄悄萌芽的爱情。多能对"我"有着其他男人没有的热心与亲切，两个年轻人拥着走在路上，感觉彼此的心彻彻底底相粘。朦胧的、青春的气息缠绕着"我"的心弦，这是女性对于恋爱与美好事物的渴求与向往。但越是渴望，越是能从中透出时代对于女性的忽视。

　　文中有这样两段描写，一段是从秋英的角度，"我和妹妹坐在母亲旁边，听爸爸讲述他在外两年的情形。他末后又叹了一声气。说我不是男孩子，不能帮助他出外做事；又说我没有兄弟，他的前途很空虚。我沉默着没有说话。"一段是从男性的角度：

　　"'谁哟？'他好像还听不清楚似地更郑重地问。

　　'是我！理哥！'我不心愿自己的名字在自己的口里说出，再答出一个：

　　'是我！'

　　'是秋英妹吗？你怎么到现在还要出来走了——到哪里去？'

　　'到香桂姊那里去。'

　　'你不应该到这时还在外面走，一女人！'我不欢喜回他的话，我觉得他的'女人'两字当中，有许多轻视的意思埋着。"

　　表现的内容却无独有偶——女性的卑微与被轻视。这种对"我"的轻视只是表层的，更深层的是对已出嫁的香桂姊的漠视。香桂姊在两村交锋期间整晚整晚睡不着，可迎接她的是什么呢？是她在闺楼上亲眼目睹了兄弟与丈夫间的残杀直至双方殒命；是玉湖庄的村民们将香桂邻村丈夫的尸体搬到本村的祠堂前，当作本村人的尸体，以充作让环溪人偿命的筹码；是事到如今，村民们也不许香桂为她的丈夫哀哭，因为她的哀哭是会引起他人的疑忌的。有谁还记得香桂呢？还记得她也是个人？没有人记得她是如此痛苦地挣扎过，唯有惨雾弥漫，唯有祠堂前的老樟树为她疯病一般的垂泪。这是那个时代女性的呐喊，也是那个时代对于女性的呼唤，去吹散这片雾。

刘杰的这篇《惨雾》与费孝通先生在二十多年后发表的《乡土中国》有许多共通之处，有所不同的是二者一个是中国具体社会形态的表现，一个是从具体社会中提炼出的概念。我将这两者结合，从概念出发联系具体表现，希冀从中窥见中国乡土生活的一角，却只留下一张悲剧的剪影，而后在这剪影中得出了些小小的感想。

于命运中挣扎的人，于苦难中的温情

——《许三观卖血记》读后感

天问分会成员　2022级汉语言文学　胡可欣

《许三观卖血记》讲的是一个送茧工平凡的一生，一个小人物的伟大与卑微。

余华先生的文字总是让人心情沉重，《活着》通篇给人压抑和悲伤，《许三观卖血记》却是在这种压抑悲伤下隐藏了温柔。

这是一个关于平等的书。许三观的一生都在执着地追求平等，他所追求的平等简单而直接。因为请许玉兰吃了八角三分钱，所以要求许玉兰嫁给他；因为许玉兰跟何小勇的第一次，所以就要在家里跷起二郎腿颐指气使来报复她；许玉兰跟何小勇有过一次，所以他也要跟林芬芳有一次，这样才算扯平；因为一乐不是他亲生的孩子，所以一乐闯了祸，钱应该由亲生父亲出，方铁匠带着人来家里搬东西的时候他也再三强调只能搬许玉兰的，不能搬自己的……许三观追求的平等看似滑稽可笑，处处透着小市民的市井之气，可又无一不是可爱的。可爱的愚昧，可爱的善良。一生都在追求平等，偏偏矛盾的则是又从未实现过平等。这种矛盾最集中地体现在对待一乐的态度上。他对二乐和三乐一视同仁，但对于并不是他的亲生儿子的一乐有着复杂的情感。到书的最后，他发出了这样的感叹："这就叫屌毛出的比眉毛晚，长得倒比眉毛长。"可见他的无奈：许三观终于认识到，人生而不平等。

许三观一直生活在卑微中，是那个时代底层民众的缩影。全书许三观一共卖了十一次血，他靠着卖血渡过了人生的一个个难关，用自己单薄的力量去化解人生之中不断遭遇的噩运，战胜了命运强加给他的惊涛骇浪。许三观作为一个极其平凡的老百姓，追求的不过是家人平安和基本温饱，但生活却在不断给予他各种苦难。许三观身上最可贵的就是他没有任凭命运宰割，而是通过卖血来应对各种无法预料的灾难的降临。通过卖血，他娶到了许玉兰，偿还了一乐伤人所需的医药费，支撑着全家度过饥荒时期等。从这一方面看来，"卖血反而让许三观有了与苦难、与命运作斗争的力量，也成为他自我价值得以实现最简单快捷的唯一渠道"。在这样一个浮沉的世道中，他用自己的方式支撑起这个家，并且找到了在这个时代自己的生存之道以及生存价值。在他自我价值实现的过程中，他无疑从一个缺心眼的男人成长为了一个会照顾孩子疼惜妻子的家里的顶梁柱。

许三观是一个极其顽强的生命，即使挣扎在无数苦难的碾压下，依然能够乐观地面对生活，并且给自己的家人传递这种积极的情绪。书中最典型的一段就是许三观在他生日这一天的夜里给家里人用嘴"炒菜"，对话式的行文让这一段情节更加令人于欢笑中感受一种细腻的温暖和对生活的希望。许三观不仅仅是通过卖血支撑起了这个家庭的物质生活，更是通过这种乐观顽强的人格品质支撑起了整个家庭的精神生活。

整本书中在很多地方呈现出这种家庭的温情，又或者说是人与人之间的情义。"爱"是我从这本书中感受到的精神内核。没有爱，许三观不会陪二乐的队长喝那么多的酒。没有爱，许三观不会为救一乐的性命沿途卖血，几乎丢了自己的命。没有爱，许三观不会为许玉兰在米饭下藏红烧肉。没有爱，二乐不会在风雪夜把一乐送回家，自己也染上疾病。没有爱，许玉兰也不会带老了的许三观去吃那么多的猪肝，喝那么多的黄酒。正是因为存在这种爱，这个家庭才能不被汹涌的苦难冲散；也正是因为爱，才给我们读者带来了一次次的鼻酸。尤其是文中许三观带离家出走的一乐去胜利饭店吃面条的情节，那种跨越"血缘"的亲情，催人泪下。许三观在刀子嘴豆腐心之下暗藏的温柔与善良，在这一段中无比打动人。他的内心有着淳朴又略显笨拙的柔软，这也是为什么他会选择不顾自己的性命，通过卖血来换取这个家庭的生存。在生死存亡的时刻，爱让这个平凡的送茧工涌出难以名状的伟大力量。

当很多年以后，许三观已经六十多岁了，在他年轻的生命里，他一次一次通过卖血渡过难关。许三观的一生卖了很多次血，为妻子、为儿子、为初恋情人、为家庭温饱……最后他想为自己卖一次血，想去吃一盘炒猪肝，喝二两黄酒。可是当他走进医院，年轻的血头却拒绝了他，言语讽刺、连推带搡地把他赶出了医院。四十年来，他的血第一次卖不出去了。许三观的精神彻底崩溃了。他害怕又惶恐，"如果家里再有灾祸，该怎么办呢?"他担忧因为不能卖血，自己的家庭就不能再面对未来的苦难，他意识到他已经不再拥有撑起这个家的能力。另一方面，他的个人生存价值被人质疑，他的血是成了"没用的猪血"，一辈子坚守的生存之道在这一刻被阻断，所坚信的信念在这一刻被击碎。

相比于《活着》中的福贵，许三观的结局可以说其实是一个比较美满的状态，但是许三观在街上的大哭又使得这本书在最后依旧给人一种悲哀之感。许三观的一生，亦是半个多世纪以来的底层人民在苦难中挣扎和隐忍的一生。余华先生在《活着》一书中保持着旁观者的冷酷叙述，但在《许三观卖血记》中，却体现出余华先生对于小人物的悲悯，让读者在残忍之中又触摸到了一丝温暖。

　　在时代和个人的种种不幸中，能看到家人在生活中相互扶持的温情，也能看到"人性哪怕在磨难之中自始至终保持的纯良"。在这些平凡人物骂骂咧咧、看似世俗粗陋的表象之下，却有着一颗爱恨分明、高尚慈悲的心。当厄运和灾祸向其冲击而来，他们勇敢地相拥取暖，用血泪抵抗。苦难一次又一次增加，却不曾丧失生的希望；在时代和命运的席卷之下飘摇无力，却又那么挣扎和隐忍地活着，观望着模糊的前路，负重前行。时代的悲哀和平凡人的伟大就这样在许三观的人生中交汇。

活着的意义在于活着

——《活着》读后感

天问分会成员　　2022级地理科学　　王紫瑜

　　《刺猬的优雅》中曾写道："幸福的人家彼此都很相似，不幸的人家的苦难却各不相同"《活着》便刻画了一个充满苦难的家庭。

　　作为作家余华的代表作之一的《活着》，讲述了在大时代背景下，随着解放战争、三反五反、"大跃进""文化大革命"等社会变革，徐福贵的人生和家庭不断经受着苦难，到了最后所有亲人都先后离他而去，仅剩下年老的他和一头老牛相依为命。

　　他的一生跌宕起伏，前半生过着家境优渥家庭美满顺遂的生活，而他的后半生家徒四壁支离破碎地活着。

　　他总是沉默着，因为在与命运的斗争中吼叫了太久；他麻木着，因为他的鲜活早为家人们用尽；他又是十分乐观地总是对生充满希望，就算家人都不在了他也努力地活着。上街买药被抓壮劳力，错过了凤霞的最佳救治时间，也错过了母亲的最后一面；他的儿子有庆——一个活泼健康的孩子，被活生生地抽血过多致死，就为了高官的夫人。自此，他身边的人就一个接一个地死去，一切就像一个巨大的诅咒，女儿、妻子、女婿、外孙，最后福贵只剩下自己和一头也叫作福贵的老牛。

　　最令我痛心的是这句话，"我看着那条弯曲着通向城里的小路，听不到我儿子赤脚跑来的声音，月光照在路上，像是撒满了盐"。看到这句话我的眼中不禁充满了泪水，那个光脚跑步的孩子，那个至死还以为自己是在为他人作贡献的赤诚的孩子就那么死在了冰冷的手术台上，就为了区区一个县长夫人，多么可笑，多么可悲。

　　年少时张扬肆意，不知何为愁绪。优渥的家境，美丽的妻子，幸福的家庭，令人艳羡，单纯的少年还未经历世间坎坷，还未看过世间的黑暗，被魔鬼引诱堕入赌钱的深渊，得了个家财散尽。就如我们现在，还未进入社会体验社会的复杂，面对黑暗引诱，没守住本心，堕了进去，就要付出巨大的代价，这是福贵的悲哀也是对我们的警示，"你在凝视深渊的时候深渊也在凝视你"，不要相信天上会掉馅饼，贪婪会成为走向破灭的导火索。

　　少年幡然醒悟，懂得了生活不易，这时他已不再年少，生活的重担向他压来。他想逃避，却在家人的教育下学会了承担责任。徒步担去的一筐筐铜钱是少年成长的见证。人们终会成长，只是福贵成长的代价过于沉重。天地不仁以万物为刍狗，很快他被强制征兵，不幸沦为战争的牺牲品，但他又是幸运地在战火中活了下来。

越是离死亡更近就越能体会人生不易，福贵更加珍惜活着的机会，像所有中年人一样，他吃苦耐劳，稳重木讷，支撑着整个家庭，享受着平静的人生。但是命运又跟他开起了玩笑，小儿子因人们的谄媚而牺牲，女儿因难产死去，妻子身体日渐衰弱。

可最终妻子死去，女婿因工程事故被砸死，独留一个小孙孙，是福贵在世间活着唯一的陪伴，他小心翼翼地抚养着外孙长大，此时他已经老了，拖着年迈的身躯独自抚养孩子，生活困苦，却因为小小一罐豆子让唯一的亲人离他远去。

薄薄的十二万字却含着满满的悲哀，浓浓的压抑。我们能在此体会生命的韧性，感受生命的广度。

从家财万贯的地主到身无分文的贫民，他的父亲承受不了落差去世而他选择了活着；从村庄到战场，不少人葬在那里，而他拼命活着；最终落到以牛为伴，他努力地活着。

活着，在我们中国的语言里充满了力量，它的力量不是来自叫喊，也不是来自进攻，而是忍受，去忍受生命赋予我们的责任，去忍受现实给予我们的幸福和苦难、无聊和平庸。

我想，活着的意义应该就在于活着吧。

人生起落不定，终归落于平凡

——《平凡的世界》读后感

天问分会成员　2022级心理学　蔡雅琴

人类历史上有许许多多不平凡的人，他们可能改变了历史，抑或铸就了伟大……而大多数的我们都是平凡人，过着最平凡的生活。或许每个人在年少时候都曾壮志凌云，都"曾许天下第一流"。渐渐地，我们被磨平棱角，开始清楚自己的处境。而后，我们似乎服从于命运，老老实实、本本分分地忠于眼前的事，曾经的胸怀大志就像飘在远方的云，偶尔提及，却不再触碰。平凡的世界，平凡的你我。人生百态，百态人生。

人生百态

读《平凡的世界》一书，我们会喜欢很多人，能共情很多人，记住也忘记很多人。其中，我最为欣赏的就是孙少平。他说"我是一个平凡的人，但一个平凡的人也可以过得不平凡"。他身处阴沟，却仍然窥见天光。他周围有许多平庸的人，他也可以选择庸庸碌碌混迹一生，但他没有。知识是有重量的，知识使他下沉，有了其他人没有的沉稳与深度，也让他有了不合身份的挣扎和抗争。他见过双水村以外更大的世界，他知道得多，思考得多，能改变的却很少，他有着别人不能理解的苦恼。田润叶是新女性的代表，接受了良好的教育，有独立的思考与判断，出生于条件优越的家庭也没有半分歧视穷苦人民，不在乎孙少安"光景一烂包"的家庭，勇敢面对自己的内心。田晓霞热情奔放，思想开放，这样自由大胆的鸟儿却不幸在抗洪采访工作中去世。孙少安，身为长子的他迫于生活压力，早早地放弃了求学，挑起家里的重担。尽管与田润叶有着精神上的高度契合，在面对与润叶的未来时，困于双方家庭条件的迥异，他还是退缩了，选择了门当户对的秀莲……路遥先生用着平实的语言刻画了一个又一个性格迥异的人物，这些人或许都会在某个时刻陷入困境，最后总能被强大后的自己拉起来。这些人物很平凡，平凡到我们能够共情于他们的喜怒哀乐，平凡到我们总能在某一瞬间看到自己。

时代背景

摊开这本书，我们仿佛走进了 20 世纪七八十年代，体味那个年代的风格与特色，感受与现代生活不一样的人间烟火。一孔孔窑洞矗立在黄土高原上，诉说着他们的故事。那个时候上学是半天课半天劳动，学生需要拿着铁锹锄头在田间地头干活，即使上课也是念些报纸上的社论。吃粮食要拿着粮票去粮站换，按粗细粮比例换成玉米面或白面，一般的农民家庭不轻易吃白面，最常见的吃食是高粱面馍和白菜。随着书页翻动，我们见证了改革时代城乡人民生活和思想的巨大变迁。农村实行分田到户，将土地分配给农民，实行家庭联产承包责任制，人们的生活渐渐有了奔头。读完这本书，我们对那个时代的了解不再局限于历史书上的寥寥数字，而是透过一个个鲜活的人物和场景品味黄土高原的别样风情，于细微处窥见时代全貌。

平凡但不平庸

"在这个世界上，不是所有的事情都能按照自己的愿望存在或实现"。就如孙少平和田晓霞，两人青梅竹马，互相爱慕，结局却不能如愿以偿；孙少安与秀莲白手起家，在柴米油盐中培养出了感情，当好日子就要来临时，秀莲却因肺癌去世。在现实面前，梦想与美好常常要败下阵来。书中的人物大多艰难，但他们都没有放弃生活，也不曾放弃努力，他们来自平凡的世界又不甘平凡。我们读着他们的故事唏嘘不已，因为我们能对他们在现实面前的无能为力感同身受，同时，我们也为他们的挣扎努力而感动。故事中的他们是你，是我，是芸芸众生的缩影。路遥先生曾说过，真正的情感在平凡中酝酿爆发，或许平凡才是真正的造物主。人生在世，大多平凡，但平凡不意味着平庸，不意味着安于现状、碌碌无为。如果说平凡是必然，那么平庸绝对是堕落。

茶峒余歌

《边城》续写

那个人也许永远不回来了，也许明天就回来！

这是爷爷死后盖在渡船上的第二年大雪。雪天过渡的人少，又是夜里，翠翠坐下来，盘算再等一等，若是无人过渡便回白塔边的小屋休息了。两年里，这个还不过二十岁的姑娘眼前，总浮现那些离开了的人的影子——如风烛残年的老人回顾一生的朋友。她想起那个嗜酒却扛起生活一切的老人，那个活在别人记忆里，未曾谋面的母亲，以及那个歌声不大好听，开朗又有些拘谨的年轻人。不过翠翠现在不会哭了，她开始平静地接受离别，把他们当作人生的过客——她知道外面在打仗，也有无数人同她一样学习接受死亡和离去。

茶峒的天四季如夏。即使是方才下了雪，头顶的云也已经消散。翠翠抬头又能看见那轮明月，不论圆缺。翠翠不想看见月亮。月便使她想起那个摘虎耳草的梦和梦里的歌声。歌声虽然只听过一次，但翠翠觉得再没有什么声音比得上那如仙境一般的梦。如果有，便是爷爷吹的竹管，可那发明竹管的人——世界上最快乐的人，早就不在了，爷爷也不在了……

那天杨马兵又来了，不过不是来找翠翠的。他要进城，却又没说去做什么。正午时分有人过渡，人们说船总顺顺下桃源了一回，像是二老要结婚了。翠翠什么也没问。

杨马兵回来了，坐在船上同以往一样与翠翠聊天，只字未提二老的事。翠翠什么也没问。

又一年端午，杨马兵看着屋里的翠翠，她正专心地用粽叶编蚱蜢，黄狗被赛龙船的鼓点惊得直吠，翠翠只是抬眼看了看，没有开口阻止。杨马兵想起那时二老的话。

"我不能忘了哥哥，心安理得地与她在一起。"

"我不能回茶峒要磨坊，我不愿那样伤她的心。"

"我无法再回去了……"

思绪还在蔓延，杨马兵没有注意到翠翠停下了手中的动作。"我想起爷爷了。"她轻声道。

《边城》感悟

写作《边城》那年，沈从文经过百般挫折，终于娶到了他心目中的女神张兆和。在完成《边城》的那段时间，沈从文经历了母亲的离世，少年离乡后的第一次返乡。所以《边城》倾注了沈从文对爱、对人生多层次的理解和领悟。在小说里，沈从文用简单的文字为读者塑造了一个淳朴的湘西。"白河下游到辰州与沅水汇流后，便略显浑油，有出山泉水的意思，若溯流而上，则三丈五丈的深潭皆清澈见底，深潭为白日所映照，河底小小白石子，有花纹的玛瑙石子，全看得明明白白，水中游鱼来去，全如浮在空气里，两岸多高山，山中多可以造纸的细竹，常年作深翠颜色，逼人眼目。近水人家躲在桃杏花里，春天时只需注意，凡有桃花处必有人家，凡有人家处必可沽酒。"（《边城》沈从文）

美丽的自然风光孕育善良单纯的人，在这座湘西边城生活着撑渡船的老人与孙女翠翠。小说以翠翠和船总顺顺家的天保、傩送两兄弟的爱情悲剧为主线展现了茶峒城的风土人情。

"边城"终究不是世外桃源，也并非乌托邦，它只是一个理想化的世界。《边城》的结局是这样写的：这个人也许永远都不回来了，也许明天回来。那么这个人到底会不会回来呢？我想是不会的。傩送和翠翠之间隔着天保和祖父的死，最终在这个美丽的湘西边城的爱情故事只是成了个悲凉而又美好的悲剧。

柴门闻犬吠，风雪夜归人

——《文化苦旅》读后感

2020级楚才计划文科班　教育学　徐忠圻

文以载道，文以化人，文化苦旅，在文化，更在其人。

余秋雨先生，很有些中国古代文人的气质，讲事理，清高却又不自傲，言辞并不犀利，却又深藏玄机，时时令我有恍然大悟之感。

而这本书，就像先生本人一样。余秋雨先生的大作，笔法大开大合，伸张有力，语调却并无豪迈之气，压抑沉稳，甚至还带着点凄苦之感，虽然未在文章中明说，但先生"善于无声之处发声"，字里行间总带着所思所见，所想所感，让人不知不觉便陷入了他所营造的氛围当中去。这样的书，只读一遍两遍是不够的，须得读进去，再走出来，才能真正从中得到些灵感与启发。细细去品，它讲的无非是一条路，一些故事，一个人罢了。

一条路，鲁迅先生说过，"其实地上本没有路，走的人多了，也便成了路"，遍寻古今中外几千年的历史，这样的路比比皆是：单就商路而论，从新航路开辟的时代算起，甚至在往前追溯，西方的航海家们一直在不远万里地探寻着本没有的东西方通商的航路；东方横亘整个西域的丝绸之路也在千年中始终屹立着。人之所以区别于其他动物的很大一个原因，就在于这样一种进取精神，人愿意为了美好的未来去开辟道路。可是这些路，永远都只是建立在现实上，永远都只是建立在物质基础上，而更为重要，也更容易为我们所忽视的，恰恰是我们所看不到的精神和思想上的道路。这样的路怎么走？先生给了我们答案，旅途本身的意义并不在于旅途，这看起来似乎是一场旅行，可在精神世界里，所走的路却并不仅仅是条线了，纵有千古，横有八荒，在这种动态的立体当中，我们所感受到的是历史的余韵、精神的共鸣。人们在紧张和忙碌的时候，总是抽不出时间去想，也不会去想这些事情，可我觉得，我们总应该挑个时间，不去那么关注现实，一个人找个安静空旷的地方，去自己的精神世界里看一看，看看自己精神上的道路走到哪一步了，下一步又将通往何方。就如同今天的丝绸之路一样，为何这样一条生态如此脆弱的道路能够留存到现在？我想，道路常新常有，但精神永存，先行者们留下的足迹，总有后来人去追寻，只要灵魂长生不灭，在大漠中悠悠回荡的驼铃声便不会消逝。所以我们要记住，不必时时去走，但要警醒自己，是否在这条道路上落下了太多，不要让自己的这条精神之路成了文化沙漠。正像余秋雨的旅途一样，纵使陷入再困难、再恶劣的环境当中，精神不灭，灵魂便始终闪耀着光芒。

一些故事，"伟大的故事家都尊重这些循环，他们明白，无论其背景或教育程度如何，每一个人都是自觉或本能地带着经典的预期进入故事仪式的"。余秋雨给我们讲了很多故事，横亘古今，博览中外，无论故事的篇幅怎样，内容如何，这些事都是必然的与这些地方的风土人情密切相关。每个地点都有自己的标签，一个地方有一个地方的历史，而来到这些地方的旅者，也必然与这里产生千丝万缕的联系。余秋雨在叙述故事的时候，有意识地在现实与历史的两者之间交叉替换，波澜不惊的叙述被增添上了动人心魄的魅力和色彩，时间性的边界被模糊、被弱化，因为我们所想探寻的东西，与一切现实的东西无关。在历史与现实的交汇点上，我们更容易从这些故事中找到记忆，属于每一处古迹的记忆，属于先驱者和后来者的记忆。正如旅途本身并不重要一样，故事本身也并不重要，今天的我们记住了多少也不打紧，我们唤醒的那些沉睡已久的记忆，必将和我们的灵魂一起埋进民族的气质中。

整本书讲了形形色色、三教九流的人，最重要的，却是那个把自己藏在书后，讲述他们的那个人。逝去的终难再返，过往皆成云烟，写在书上的，刻在文章里的历史，从来都只是一家一姓的历史。同样，余秋雨讲给我们的这些人，这些事，也是他的人、他的事，是他所想、他所念。因此，其他的人便都不再重要，大多仅仅是余先生手中的纸笔而已。可余秋雨想说的话，想做的事，他的思想，可全都靠着这些人一五一十地说出来，做出来了。凡生而为人，总有自己的局限性，有历史的，有现实的，有主观的，有客观的。可天理从来没有为人的思想施加束缚，终究是给人留下了思考和畅想的权利。看吧，余秋雨的苦旅，无论是和多少人结伴同行，始终是和自己的一场苦旅，是与自己的一场场对话的记忆碎片拼凑起来的故事。我想，旅途中的他，偶尔也是迷茫的，在大漠中，或是在废墟里，但我又想，他是能够始终把握住自己前行的方向的，因为他应该记着旅途本身的目的，记着当时启程的目标。无论起点在哪里，无论终点在哪里，我们只要记着我们在哪里，我们该做些什么，前面的道路就明亮了。所以，在经历过对中国大地的回忆与反思，对外国文化的触摸和感受后，包括对自己人生的回顾和理解后，我能想到的最佳的旅途目标就是归属。讲了那么多故事，这本书，这个最终的故事，却是属于余秋雨自己的，是余秋雨的历史。他关于这场旅途的收获，已经无关这本书，无关名声、金钱或是利益，而是他个人的感触，是他个人的归属。这场旅行，让他真正找到了自己在中国文化中的位置，找到了对于这片土地，对于这片土地上的文化的归属感。世间的所有风霜，改变不了历史，磨砺的始终是人。我想，在余秋雨再次回到浙江余姚老家时，应该会有种别样的感受了。

柴门闻犬吠，风雪夜归人。欢迎回家，余秋雨。

读《从文自传》

2021 级楚才计划 2 班　汉语言文学　汤馥铭

先前读从文先生，还是高中时候，语文课本上选了《边城》的一段，那时候性情还顽固，总不愿循规蹈矩地去听语文课，而课本上关于古城的寥寥几页又实在满足不了我那时正蓬勃生长的好奇心，于是便买下一本《边城》，遮遮掩掩在课上读起来，几堂课后，老师课件上的"边城"讲完了，我手里的《边城》便也读完了。

一番浅尝辄止过后，只觉得从文先生笔下的湘西实在美得醉人，虽说那是一个由妙笔创造出的理想世界，但又真切纯净得宛若天成，乡情意趣与人事命运浑然一体，便自然勾画一幅宁静而柔美的乡土风情。

美丽的事物总是令人忧愁，而美丽事物的破碎就让这忧愁又平添了两分，我仍清晰地记得，读罢《边城》的那堂课，胸中仿佛凝成了一股浓得化不开的郁结，所有人物都是淳朴善良的，可他们和那座古城却仍无可避免地走向没落和凋敝。由此，那时的我，合上书页之后，便怀着怅然的心情离开了这美丽的湘西世界，自那之后，就再没读过从文先生的书。现在想来，初初感知到艺术的美便因为害怕它的破碎而不愿再去触碰是一种怎样的遗憾啊。

好在，我仍年轻，还有幸读了中文系，于是我与从文先生，久别之后，又再一次重逢了。

《从文自传》大约写于从文先生二三十岁的时候，那时年纪还轻的他为什么会有兴致给自己写下这部自传呢，我想沈从文不仅是想给自己二十载飘零人生一个交代，也是让年轻读者了解自己是怎样在乱世之中仿佛宿命一般踏上这文学之路的。

书是薄薄一本，承载的内容却广阔而厚重。

开篇，沈从文便提说自己"始终还是个乡下人"，而这一论调，在之后的行文中也反复提及。但这并非一句骄傲抑或自嘲的话，沈从文是真正以乡下人的性情和乡下人的眼光来对待生活，看待周遭的一切，对家乡的那些人和事又始终怀着充沛的创作热情，这也使他的作品有种天然的、不经雕琢的纯粹感，很少主动涉及复杂的现代社会关系，很少以审视的眼光看待社会种种，这便与同时代的其他作家轻易区别开来。

沈从文的小镇在那个荒凉的时代背景下仿佛是"乌托邦"一样的存在："兵卒纯善如平民，与人无侮无扰。农民勇敢而安分，且莫不敬神守法。商人各负担了花纱同货物，洒脱地向深山中村庄走去，同平民作有无交易，谋取什一之利"，"城乡全不缺少勇敢忠诚适于理想的兵士，与温柔耐劳适于家庭的妇人，在军校阶级厨房中，出异常可口的菜饭；在伐树砍柴人口中，出热情优美的歌声"。对于他所生长的地方，沈从文用了大量笔墨来勾勒民风民俗，这样林林总总的描写在自传中还有多处，虽并不具体到人，却让读者对于"乡下人"的生活有了最为直观的感受，沈从文最早就是从这样一个灵秀地方汲取他人生的养分的。年少时，他在这片延绵千里的广袤土地上四处游弋，熟谙土地的一草一木和人民的喜怒哀乐，对这极具地方特色的民间事物便产生了独特的审美。

从文在自传中也讲他的家庭。他出生于一个将军之家，父辈几代从军，祖父最高做过总督，父亲子承父业也成了一个军人，而生长在这样家庭中的沈从文却最后走向了文学的道路，这一看上去匪夷所思的人生轨迹，实则却有迹可循。沈从文的父亲待他极好，虽自己有"做将军的好梦"，却早早看出儿子不是做军人的材料，只告诉儿子一些祖父勇敢光荣的事情，父亲觉得从文不拘做什么事，总之应比做个将军高些。

沈从文的父亲早早看出他的慧性，不以父辈的身份站在高处施加威严，而是将处事的经验和道理慢慢传授给他，且腾出一些空间任他自由生长。也正是因为沈从文在家庭中并不需拘着，事事都得受到约束，他才有机会去日光底下认识大千世界里微妙的光和稀奇的色，有机会去感受新鲜声音、新鲜颜色、新鲜气味，有机会去认识学校围墙以外的生活，有机会在琐碎又充满未知的生活中消化、吸收智慧，从而将对生活的感悟播撒在心中，将对万物的感受倾注于字里行间。

说到学校围墙以外的生活，我认为这正是沈从文创造灵感的发源地。

无论在学塾还是新式学堂，沈从文总在想着法子逃课，他去城外庙里看人绞绳子、织竹簟、做香，连看不相识的人打架和对骂，他都乐在其中。有人可能会想，这只是一种不好好学习喜欢凑热闹的性子罢了，有什么稀奇。但这其实是一种主观色彩浓厚的狭隘思想，知识，就一定得在课本上学吗？对于孩子而言，实实在在摸索出的经验难道不比从课本上学来得更为直接明了吗？倘若当时尚且年幼的沈从文只是规规矩矩去上学，去读课本，去背课文，而没有翻到外面的世界看一看的心思，那他就不会有一天，能凭着丰富的生活经验和瑰丽的想象力创造出让无数读者心向往之的古城。

逃学的经验和经历在《从文自传》里也占了不小的篇幅，当读到他儿时逃课去街上四处游历时，总禁不住感慨沈从文先生实在记性极好，对镇里大街小巷昔日的光景，他都能描摹得事无巨细，大到每一处街景的布局，小到他经过时每一户人家正发生着怎样的故事，他都能坦然自在地——道来，仿佛他又快快地泅着水，越过河岸，回到了当初那个承载着好些故事的时空。

想起我幼年时，也曾有过许多富有乐趣的事，大多就如浮光掠影一样隐去了，残留的那些片段，也总耐不下性子提笔去把他们写出来。上高中的时候，我的作文写得还算规整，在老师的夸奖下总以为自己是有几分灵性的，当时教我语文的是一位儒雅的男老师，他也常勉励我多感受、多写，我却权当耳旁风，不愿去触碰命题之外的东西，把逃避归为学业繁忙，却不想错失了很多磨砺的机会，后来得知很多同学在高中时就业已在语文报上刊登了自己的作品，忽然想起高中时老师曾给过我们试试投稿的建议，却被我忽略了，后知后觉间，已是无可挽回的缺憾了。由此看来，从文先生的睿智和高远的眼界，绝非常人可比。

出了学堂、离了家乡，沈从文便入了地方军队当兵，在这一阶段，他从单一的街景事物中暂时抽离，见识了市民之外，社会中那些形形色色的人群，他笔下的人物虽均着墨不多，却个个显示出鲜明的个性。

沈从文在新式军队训练时心里却一直惦记着隔壁旧式军队的那个滕师傅，滕师傅是个奇人，功夫厉害，且攀树泅水、养畜种花样样在行，可他最惹人爱戴的品质竟不是这些，而是他对教育手下这群孩子的方法和态度。与新式教官的刻板严厉不同，他教孩子们打球，鼓励孩子们打架，谁犯了事，就罚他去泅水，这在孩子们看来，甚至算得上一桩奖励了，于是，孩子们便爱戴他们的师傅，学着骑马射箭，过得恣意快活。如我所见，这"新式"学堂显得迂腐陈旧，而这被称之为"旧式"的学堂却显得这样"新"了，这新就新在滕师傅真正把孩子当成孩子，充分释放孩子们的天性，而不是矫枉过正，让天真活泼的孩子们最终长成呆板无趣的大人。

书中还记了一则篇幅极其简短的故事，给我留了很深的印象。讲的是商会会长的女儿病死之后，被一个卖豆腐的年轻男子从墓里挖了去，背到山洞睡了三天，方送回墓里。这事后来被人察觉，这年轻男子就被处以死刑。这本是件称得上变态的猎奇事件，不值得费笔墨一谈，但它后来的情节却远在人的意料之外，男人被抓后，只是沉默。他与沈从文有一段短短的对话，沈从文问他为什么做这种事，他微笑，不为自己辩解，也无意向"我"解释缘由，只是自顾自地说，美得很，美得很。"不知道谁是癫子"，这是沈从文对于男人微笑的解读，他并未带上任何主观色彩，反而像一位"局外人"，站在一架天平的正中央，任由着天平两端剧烈地摇摆，却不去刻意平衡它，只是默不作声地记下此情此景，此人此事。

当沈从文以一个成年人的视角回溯过往，他记得的却不全是那些童稚时期那些美好欢畅的际遇，还有一个少年人过早看到的成人世界的残酷和扭曲。

沈从文在芷江的乡下四个月便看了杀人一千，而在怀化镇的一年多里又看了杀人四百，在这些被杀的人中，大多并非穷凶极恶的罪人，而是清白无辜的平民，他们被任意拷打，被以抽签的方式决定生死，很多临死之前都不知自己究竟犯了什么，甚至觉得自己中签了就去死是件十分自然的事情，毕竟官大人已经网开一面了，抽到这四分之一只得怪自己时运不济。这样一种扭曲的社会现象在我们如今看来不可理喻，我们会毫不犹豫地唾弃凶残的刽子手，会用鲁迅先生经典的那句"哀其不幸，怒其不争"来评论走上断头台的无辜平民。实际上，作为现代人，我们无法穿越回那个时代，亲眼去见识这样的事件是在什么背景下发生的，于是我们的看法多少都带有浓重的主观色彩且有失偏颇。而沈从文先生则不同，他是在乱世之中长大，年少便游历四方，看惯了各种迫害和杀戮的残酷，看惯了周遭的种种愚昧，他太熟悉这些"人"的事情了，因此他得以从这黑暗之中抽身，把目光放向更远处。

沈从文的少年时期，就看遍了各类光怪陆离的社会现象，而他乘着小船在各地奔走之间也渐渐读熟了社会这本厚书，他的所感所想所思也皆是从具象的生活中取证而来的，这便杜绝了他之后在行文中夸耀的可能，他实在看惯了苦难，在周围人的境遇之中也看透了生死，使得他形成了健康完善的品格，形成了追求人与自然和谐共生、关切俗世情趣的文学理想，于是他决心走得更远些，走到一个陌生的世界，去追寻那充沛着无尽可能的新的人生了。

合上书页，已是傍晚时分，窗外的大型机器仍在耳边止不住地轰鸣，过去所读的东西都逐渐消散，只余这一篇，文字之清丽，之纯粹，把我从机器的轰鸣声中裹挟而去，立在那个只存在于文学理想中的边城。

《从文自传》虽称不上沈从文先生最得意的作品，但透过这薄薄的纸页，我便如同叩开了一扇已掩了许久的门，也许这不是我第一次来到这扇门前了，但这次，我不再踟蹰不前，不再无故担忧美的破碎，而是伸出手，将那扇虚掩着的门轻轻推开，光从门缝里斜射出来，恰好落在我肩上，于是我迈开步子，由着这艺术的美带我走进一个崭新的世界。

《哈姆雷特》读书感悟

2021 级楚才计划 1 班　会计学　黎宇欣

　　《哈姆雷特》是威廉·莎士比亚的戏剧中篇幅最长的一部，是"四大悲剧"之一，也是莎士比亚名声最显著的剧本，具有深刻的悲剧意义。

　　《哈姆雷特》用戏剧的形式向我们展现了一段以主角为父复仇为线索的故事，承载了作者对人性的善恶、生死的抉择等方面的思考。哈姆雷特的犹豫纠结，克劳狄斯的阴谋诡计，格特鲁德的背叛以及奥菲利亚的死亡都造就了这一跌宕起伏的历史巨作，使读者有深刻的感触。

　　全书中的主要矛盾在于哈姆雷特对于复仇的思考与行动，我们可以看出他在下定决心刺杀国王之前内心是十分挣扎的，而这种的复杂的情感绝不是一种因素可以概括的，有众多评论家把哈姆雷特迟迟下不了决心为父雪仇归咎于他天性的软弱、忧郁或所谓的"恋母情结"，而这些最终成为酿成他个人悲剧的主要因素。这样的观点在某种程度上也许削弱了这部作品的思想性。

一、理性的束缚

　　首先，我认为其根本原因在于哈姆雷特内心的道德标准，这让他需要寻找充分的证据与理由进行复仇，所以在与鬼魂交谈后，他即使十分憎恨与愤怒，还是决定用一场戏剧来试探国王，并且借告诫伶人之口告诫自己："因为就是在洪水暴风一样的感情激发之中，你也必须取得一种节制，免得流于过火。"同时，他也会纠结于自己对一个人的生死如此随意地评判，跟新上任的国王又有什么区别呢？然而若是不复仇，又怎么对得起死去的父亲，又怎么能够忍受自己的母亲嫁给一个那样肮脏龌龊的人？他无法忽视道德的准则，所以其跌宕和犹豫也是必然出现的。

二、本性的懦弱

　　哈姆雷特隐藏在这一道德标准背后的懦弱也是他迟迟不动手的主要原因。在寻找有关资料时，我看到了许多人如此评价哈姆雷特：他大部分时间不能用思想指导自己果断行动，并不能算是一个真正意义上的英雄，甚至可以称得上是优柔寡断的懦夫。即使他明白"真正的伟大不是轻举妄动，而是在荣誉遭遇危险时，即使为了一根稻秆之危，也要慷慨力争"，即使他在情感爆发之时也会发出"从这一刻起，让我摒除一切的疑虑妄念，把流血的思想充满在我的脑际"这样的怒吼，但实际上他内心深处的"一切的疑虑杂念"并没有被摒除，反而在很多关键时刻不经意地指导着他的行动，这就好比我们在决定努力学习后还是忍不住偷懒玩耍。但从另一方面看，他虽然不是一个完全的英雄，但却可以称得上是凡人中的英雄。

三、"恋母情结"

另外，我认为对于哈姆雷特来说，比"为父复仇"更重要的一个任务是"让母亲清醒过来"。我们可以看到，当他劝说完母亲之后，认为幕帐里藏着的是他的叔父，便毫不犹豫地刺杀下去，这与他在叔父的祈祷之后还是以他不能到达天堂为借口不动手形成了鲜明的对比，而在哈姆雷特离开丹麦去英格兰前，他与国王的道别，以"再见，我的母亲"象征了与母亲的决裂都是他情感的重要转折点。

由此可以引申出，"母亲"这一角色本身是具有象征意义的，对于哈姆雷特来说，这一场复仇，不是个人的复仇，而是一种责任，正是这种责任使他在做出选择之前不得不进行比平常人更多的思考与纠结。他认为社会需要这样的判决，将世间的阴暗绳之以法，于是他把自己看作上帝正义在人间代理，站在制高点上对此事进行审判，以维护世界正常运行的秩序。他是为了"母亲"所代表的人们复仇，希望他们找回曾经的美好，而不是在堕落中耽于享乐，他希望能够扭转和重建一切，所以在死前他才会交代霍拉旭一定要让真相大白于天下。

但他所看见的一切却让他对这人间充满了失望，同时引发了他对于人的生死的思考，使他迟迟没有动手。母亲的背叛与无知让他认为"美丽可以使贞洁变成淫荡，贞洁却未必能使美丽受它自己感化"，面对助纣为虐的罗森格兰兹，他会说"一块海绵也敢问起我来"，在混沌伪善的世道下，以及"压迫者的凌辱，傲慢者的冷眼"等都使他认为一切是那么虚伪阴暗、乏味无趣，这便进一步引发他对于生死的思考。他曾感慨"生存还是毁灭，这是一个值得考虑的问题"，也曾想过"要是他只要用一柄小小的刀子，就可以清算他自己的一生，谁愿意负着这样的重担，在烦劳的生命的迫压下呻吟流汗"，在墓地中，他想到自己死后也只能是骷髅中塞满了黄土，"将来不知道会变成什么下贱东西"，便惆怅不已。这一切的顾虑都成了他亲手复仇的阻碍。

四、与古希腊复仇的对比

哈姆雷特的复仇与古希腊复仇之间的异同向来为评家所热议。

我认为哈姆雷特的复仇与古希腊的复仇本质上都是正义且合理的，但其目的、过程以及复仇的方法却有着极大的不同。

哈姆雷特在复仇的过程当中有过挣扎，在理性与感性之间徘徊，并且心中有对伦理的认知、对人间百态的思考与抉择，给我的感觉更加接近于现代社会；而古希腊的复仇往往与暴力相联系，无论是阿基里斯的愤怒，还是美狄亚杀子、俄瑞斯忒斯弑亲，都可以看出他们对于决定的果断、手段的残忍以及对伦理的忽视。同时，哈姆雷特的复仇更偏向于对自我以及对整个社会的救赎，而古希腊的复仇绝大部分的动机是为了荣誉——个人英雄主义与城邦的利益。相较于《哈姆雷特》，古希腊神话里善恶的界限显得不太明显，同时对于个人道德所花笔墨也较少，而更侧重于事件的描述与英雄的作为，这与《哈姆雷特》中绝大部分篇幅在写主角的挣扎、矛盾是有很大区别的。

追本溯源，种种差异的根本原因还是在于时代的变迁与社会的主流思想观念不同。古希腊神话算得上是半个原始社会的产物，那是一个以城邦为主要活动单位，实行奴隶制的时代，同时也没有十分健全且真正民主、平等的法律法规，所以人们会将故事的焦点集中在个人的荣耀、城邦的利益当中，在英雄们复仇中不会受到太多的道德约束，只要有一个足够让他愤怒的理由，便可以果断地复仇。但莎士比亚生活在 16 世纪末和 17 世纪初的英国社会，这是一个文艺复兴的时期，人们的思想渐渐觉醒，他们对"上帝"的信仰开始动摇，意识到了自由的意义，这也是一个英国在封建向资本主义的过渡时期，社会矛盾尖锐，私欲的泛滥与封建秩序的瓦解所带来的恐慌弥漫整个社会。激情与混乱的凌乱交错引发了莎士比亚对理想与进步背后的隐患的深入思考，哈姆雷特复仇中内心的挣扎也折射出了莎士比亚对此时英国社会的审美观照，可以说全书的精华就在于哈姆雷特复仇前的种种思考与行动。

总而言之，《哈姆雷特》无疑是世界文学史上最经典的作品之一，其中对于社会种种不堪的描写以及对于人性与生死的思考，都对我们当今的生活具有借鉴意义，同时对于我们探索人性具有很深的研究价值。

当我醒来的时候，我只是孤身一人

——《挪威的森林》读后感

天问分会成员　2022 级法语　蒋浩

　　《挪威的森林》是甲壳虫乐队的一首著名歌曲。这首歌曲非常符合村上所写的这本书的特质就像是它的精神图腾。作为村上春树最广为人知的、最为畅销的作品，《挪威的森林》被译介至全球 30 多个国家和地区，在全球范围内都引起了巨大的反响，是其众多作品中举足轻重的一本。自 2006 年春上的代表作，《海边的卡夫卡》获得弗朗茨卡夫卡奖以来，已经过去了逾 15 年，该奖项当时被普遍视作"诺贝尔文学奖的风向标"，有"诺贝尔文学奖前奏"之称，获得此奖意味着村上已经有半只脚迈进了斯德哥尔摩市政厅，众多读者和日本民众也都希望村上能够一鼓作气夺得"诺奖"。事与愿违，直到 2020 年，就当众人以为村上能够成为自川端康成、大江健三郎之后，第 3 位取得诺贝尔文学奖的日本作家时，村上果然"不负众望"，延续了他的"诺奖背景板"的历史。当然其个人也坦言给予其创作力量的是读者的喜爱，而非他所获得的众多奖项，至于为何他未能获得诺奖，组委会给出的理由是他的作品太过于流行、通俗、小资化，不符合诺奖严肃纯文学的品位。抛开批评，这确乎点到了《挪威的森林》，那不同于村上以往作品的特质，正像开头所提到的那首歌，所具有的神韵，便是"想用现实主义来一场与以往不同的'正面突破'"，这也便是《挪威的森林》的创作动机。打造"一本 100% 恋爱小说"也是村上在"怀有青春危机感"之下，"想对青春时代包括自己在内的一代人的青春，做一个总结性交代"的美好愿望。使用通俗的语言讲述的故事，体现出村上不仅会讲故事且是十分擅长的。

　　同《挪威的森林》这首歌所讲述的故事一般，《挪威的森林》是一个爱情故事，也许称之为青春小说更为合适，爱与成长算是青春的主旋律，因为每个人的青春是脱离不开爱与成长的，不必将两者割裂开来，在其间画一条非此即彼的界限，仿佛势不两立。好像《挪威的森林》这首歌的曲调虽是平淡，但明显知道那是成长后不得不做的伪装，明明是苦涩的，却还要装作若无其事的样子。直子、绿子和初美三位女生与"我"的爱慕，"我"同时是否没有爱慕她们？如果说是友情，那显然是不合理的。因为我不可能没有对直子动情，那是明显超越友情的，只是那呈现为非同一般的爱的特殊形式。虽然讲述的是所谓的"三角恋情"却丝毫不同于一般的言情小说所展现的那种争风吃醋的内容以及互相争斗的强烈的冲突。而是一种光滑如镜面的关系。在这里村上如同木匠一般每一个棱角打磨得圆滑，让读者阅读的时候感觉到顺畅。以至于整本书下来读者仿佛切身地代入其中。情与爱的纠葛缠绵，友情与爱情的模糊渗透，最终向一种更高的程度进化。在彼此相处之中所留下的正面的形象，所难以忘却的共同的经历都一点一点地化作了最终刺痛心灵的荆棘。当身边的人一个个离我而去，"我"明白了，原来死并非生的对立面，而是作为生的一部分永存。渡边这么想的时候。他可能是在抚摸着自己伤口。逝者以另一种无声无味无息的形式存于渡边的生活之中，乘舟泛漾青春记忆经历的长河之中。但是仿佛周身的一切又留有他们的声音，有他们的吐息和他们的味道。"我"也明白了，任何所谓的哲理都不能治愈失去所爱之人的痛苦，只有从痛苦与悲哀的泥沼中挣脱出来。在失去了一切之后是无尽的孤独，而这孤独是成长的重要的一部分。然则事实上渡边也最终穿越了那片无边的泥沼和阴暗的森林与现实世界接轨，摸索新的人生，借用村上的话说，"所谓成长恰恰是这么回事"，因而《挪威的森林》既是逝者的安魂曲，更是青春的墓志铭。

有人说《挪威的森林》是一本需要在你过了30岁以后再回来看时才能看得懂的一本小说，因为他是抓住青春尾巴和记忆碎片的回忆。我读它的时候，恰恰是我刚刚步入高中的时候，我开始寻找人类内心中一种抽象、难以言表却可意会的东西。于是在周遭的人的感染之下，我走进了渡边的世界。我仿佛把渡边的青春经历了一遍。我没有得到直白如水的答案，也许也永远不会有所谓的参考答案。但是它成为了我精神的一部分，成为了我可以解读和认知的一个案例。村上和那一代人对青春的回忆也成为了别人的青春的回忆。所以当我30岁、40岁时，也会怀念我心中的那个渡边，那也是一种成长。从结果来说，渡边的经历就是孤独故事，众多的人只是你生命中过客，无论你们曾经是如何要好、亲密的关系，你与他们本来就是相交的直线，相交又马上远离。假使你的人生是一辆有终点站的车，他或她和你只是同乘一辆车的乘客。在这一程他与你同行，下一程她与你同行，但是他们都会下车，又会有新的人上车而唯一一直在这辆车上的人只有你。除了你以外的所有人只是路途的一部分，他们不经历路途的全部，你只是得到然后失去。当你醒来时，你只是孤身一人。

《你当像鸟飞往你的山》读后感

天问分会成员　2022 级教育技术学　肖金秋

父亲的那个形象我将永远铭记：他脸上的表情充满爱意、恐惧和失落。我知道他为什么害怕。……他无意中吐露过。"如果你在美国，"他低声说，"无论你在哪个角落，我们都可以去找你。我在地下埋了一千加仑汽油。世界末日来临时我可以去接你，带你回家，让你平平安安地。但要是你去了大洋彼岸……"

在读完这本书后，这段话依然让我久久难以忘怀。不知怎的，"平平安安"四个字，从塔拉的父亲嘴里说出来时，我感受到的并不是对孩子的关心爱护，而是强烈的控制与征服。这或许就是整本书的可悲之处吧。

这是一本自传小说，作者塔拉的父母是摩门教教徒，她的父亲更是一名比普通教徒还要传统的教徒，他坚持 2 个原则：不去看医生，不让孩子去上学。他们一家人出了车祸从不去医院；他的孩子，还有他自己，被火烧伤，他们只在家用母亲的草药治疗；他们不去医院生孩子；他们的 7 个孩子从不去上学，没有出生证明，也没有入学证明，就是这样一个家庭，一个 21 世纪的美国家庭。

她的父亲有双相情感障碍，性格暴躁，偏执狂热，男权至上；她的母亲善良、坚强，却又很懦弱；她的一个哥哥——肖恩有严重的暴力倾向和控制欲，曾多次对塔拉施暴。塔拉 17 岁之前没有上过学，在父亲的废料厂工作，在工作之余自学，通过她自己的努力和泰勒哥哥的帮助，她考上了杨百翰大学，然后开启了另一段人生。

但是即使上了大学，她还是与这个世界格格不入，她从小受到的教育和她周围的同学受到的教育是不一样的，她和他们不是一个世界的人。在读大学的这个过程中，塔拉的自我意识慢慢觉醒，她不再完全听任父亲的话，她开始重塑自己，她开始接触新的朋友，学习新的知识。终于，凭借自己的毅力和努力，从不及格到全优生，获得去剑桥大学交换的机会，继而在那里攻读硕士，又成为哈佛大学访学者，最后获得了剑桥大学博士学位。

读完这本书，我们似乎从塔拉的经历中，找到了一些归属感。当一个人能真实地面对自己时，她才能找回爱与被爱的力量，才可能过得更幸福。塔拉逃离了原生家庭，在极度的矛盾和痛苦中，逐渐找回丢失的自己。

每个人都会有自己的过去，也许心底深藏伤痛，也许有着各种不可与人言的瞬间。有这些都不可怕，可怕的是心底有伤痛而听之任之，最后让我们这一生受尽伤痛折磨。直面自我，也许一时之间会很痛苦，就如当初的塔拉一样，但这却是最有效的做法，它会让我们从创伤中重生，完成自我救赎，找到幸福的路。

在作者的经历中，我看到的是一个不断探寻自我的过程。首先"找出自己的能力所在，再决定自己是谁"。就像豆豆在《遥远的救世主》中所说："你不知道你是你，所以你是你；如果你知道你是你，你就不是你。"在你未看清自己的能力边界，或者全方面了解自己后，你根本不知道你适合的方向是什么，你也不知道你应该坚定去做什么，所以你只是原来的那个你；但是一旦你认清自己后，你的视角将开始转变，你知道适合你的路是什么，你开始义无反顾地走下去，这个时候你便在不断地提升和改变自己，这个时候你的能力、眼界、信念等所有对人有积极影响的词语都将提升一个等级，你开始与原来不一样了，你成为了那个更优秀的自己，所以你就不是你。同时，在这个不断找寻自己的路上一定会遭遇到许多苦难，作者写道："当生活本身已经如此荒唐，谁知道什么才能算疯狂。"本就破烂不堪的原生家庭，让作者喘不过气来，对学习而言还有什么能承受不了的呢？所以，一旦真正开始接受教育的时候，我想作者也应该是超乎寻常地努力。

教育不仅教会我们技能，更是一个自我发现、了解并激发真实想法的过程。在和同类人的接触中，教育就成了交流沟通的媒介，思想也会在讨论中更加深化拓展。教育使人们的关系更近一步，充满差异、激情的讨论，会让人们更加热爱那些不同的看法，得到更加深刻的体会。积极的自由就是控制自己理性的思想，从偏激宗教性质的恐惧中解脱。勇敢地觉醒往往伴随着超越甚至是放弃。坚信自己的能力，即使历经痛苦和波折，最终会达成生活的和解，以及思想的交融。这是成长的必修课：独立思考，确立目标，勇敢生活。

最后，愿我们都会成为那只鸟，最终飞往憧憬的那座山。

《月亮与六便士》读书报告

2020 级编辑出版学　王雪瑶

满地都是六便士，他却抬头看见了月亮。

这是我第十二次从头到尾再好好去看这本《月亮与六便士》，不得不说不同的年龄去读同一部作品，感想确实不一样，从前自己标注在书上的疑问，我现在似乎都能给出一个解答。

书中的那个斯特里克兰，他叼着烟斗，戴着一顶帽子，帽檐下面有着一双深邃的双眸，缓缓从书中走来。

从前我都觉得他是个可怜人，到最后都几乎是一无所有，月光清清冷冷地照着人世间，从不会为某个人炽热地追逐而柔和，但现在慢慢成长的我似乎觉得，对于斯特里克兰而言，能够有月光让他双眸闪烁并为此追逐余生，是万分幸福的。地面泥泞，满目所及皆是争先捡起六便士的人群：月光朗照，这明晃晃的月亮却只是他斯特里克兰一个人的。

他找到那个可以放弃所有六便士的月亮了。从那个酒馆的流氓、奔波的乞丐到那个被人称之为天才的画家，从那个欺辱自己恩人妻子到最后在一个土著女子的陪伴下走到生命的尽头，从那个厌恶女人、厌恶妻子的证券经纪人到那个为理想舍弃一切的画家，斯特里克兰让人捉摸不透，但卑鄙与伟大，恶毒与善良，仇恨与热爱是可以互补排斥并存在于同一颗心里的。

月亮这东西永远高高挂着，仿佛遥不可及，而六便士，混在泥泞里，也能轻易捞起。

最先出场的是斯克里克兰太太，一个虚荣无趣的女人，起初毛姆对他的大致描写，我觉得这两人是非常搭的一对，一个中上游的经纪人配一个可以伪装出优雅生活的小女人本就合适，虽然和这种女子的相处并不会特别快乐，因为她满心想的全都是宴会、装饰品等，但是人嘛，活在世上，为了使灵魂宁静，每天总会做两件他不喜欢的事情，正如书中毛姆所写，自己每天都会吃饭和睡觉。斯特里克兰大可以忍受这种不快，和自己的妻子、孩子那样衣食无忧地在一起，一起应酬似地请名家来喝茶，一举一动保持着自身优雅的气质，在假期就那样消遣地打高尔夫，晚上去小酒馆打打桥牌，自在清闲的生活如同一曲悠扬的牧歌，就这样平淡地游转下去，但是最后却是没想到的结果，这个狂热的艺术者愿意放弃这一切的一切，来追求他的梦。

他为了画画，索性直接抛妻弃子，一个人孤身来到了巴黎，想拼尽剩余的生命实现自己的理想，在追逐途中，他住过脏乱的阁楼，害死过恩人的爱妻，流浪过异地，最后，为了更好地作画，他笑笑，向那个对他有意思的土著女子道："爱塔，你愿意我做你的丈夫吗？"

不得不说，对于斯特里克兰这些行为，我觉得那和流氓无赖没什么差别，他不尊重女人，不懂得感恩，更不知道除了他所追求的月亮之外，那些六便士根本不值得驻足，他满心都是自己的理想，为了它可以抛弃一切，可以不管自己，不顾别人。这也是他最具魅力的一个地方，每个人都是孤独的，唯有坚守你的梦想、你的孤岛，才不会显得那么空虚，那么寂寞。"回来吧，艾美说他可以既往不咎，你可以回到伦敦作画，她不介意做一个画家的妻子"，斯特里克兰笑了下，我可以想象那是种极其轻蔑地撇撇嘴，"让她滚吧"；"斯特洛夫找过我了，那个可笑的小矮子居然想让我去他那里画画"；"爱塔很好，她不会影响我画画，给我做饭，照顾她自己的孩子"，斯特里克兰追逐梦想，也是追逐自己的厄运，在满是六便士的街上，他抬起头看见了月光。

我欣赏这个人物，是因为他愿意穷其所有来完成自己的梦想，但他无论做什么，都是为了他的月亮，从未后悔，从未放弃。

我也羡慕这个人物，因为绝大多数人都没见过月亮。我们碌碌活于世，早已忘却这一趟到底是为了什么，我们被现实、被许多许多东西牵绊着，安于现状，随波逐流，为了那地上的六便士，你争我抢，却从未抬头。我们一生追求的到底是什么，我们看不到，也理解不了斯特里克兰。

大多数我们所成为的并非我们想成为的人，而是不得不成为的人。其实大多数的我们面对生活，面对自己的梦想，放不下泥泞的六便士，放不下自己所拥有的，理想就高高悬挂着，如一盘清冷的月亮，我们面对它也不过是轻轻叹口气，随后无奈地摇摇头，终究是败给了现实。

《月亮与六便士》是一部现实主义小说，但是不可否认的是，在那跌宕的情节中，斯特里克兰的行为又不失浪漫色彩，每个人都期望，同斯特里克兰那样为自己爱的，永不悔地来一次轰轰隆隆的追求，最后跑了地球的大半，拖着大病的身子，最后在那个画着我了却毕生愿望的房子中逝去，不乏是一种浪漫的故事。

在斯特里克兰的故事主线中，毛姆用短短一章交代了另一个医生的故事，对那个机缘巧合获取蝇头小利的人来说，医生拱手让出自己的大好前途，去一个荒凉的地方，娶一个丑陋的女人简直是个笑话，然而手里捏着六便士的人又怎么会理解月光满撒心中的情感呢。

满地泥泞的六便士，天上清冷的月亮，哪一个是你用尽一生追求的呢？

蓝色、黄色与八角星

——从女性主义视角看《戴珍珠耳环的少女》中的表述与被表述

2020 级楚才计划文科班　文物与博物馆学　刘浩乐

像是傍晚柔和的霞光，又像是沉静无风的海面，画上的少女侧身回眸，眼神无邪澄澈，却又柔和安定，白皙的脸庞散发着光晕，微微张开的嘴唇似乎在低声诉说未尽之言。蓝黄的头巾富于技巧的服帖而挺拓地将秀发束起，珍珠莹润而柔和地耀亮着，轻轻坠在她小小的、粉红色的耳垂上。这幅《戴珍珠耳环的少女》是 17 世纪荷兰画家约翰尼斯·维米尔的代表作，素有"北方蒙娜·丽莎"之美誉，同样美好而神秘。

站在一幅几世纪前的著名画作之前，凝视着画中那个被永久定格的鲜活女子，此刻的观赏者能想到什么？是人云亦云的崇拜？是如瓦尔特·本雅明（Walter Benjamin）所说的"在机械复制时代人们面对真迹的朝圣"？还是动用自己的全部感官与心灵去感觉这幅画里的生命与情感？美国作家特蕾西·雪佛兰（Tracy Chevalier）给出了自己的答案。这位当代畅销书女作家的作品多以古典时期女子试图突破出身与环境局限，改变自身命运为主题，文风细腻缠绵。在遍览了 17 世纪荷兰著名风俗画画家维梅尔的画作真迹后，她以在《戴珍珠耳环的少女》画作中捕捉到的细腻而微妙的情愫为灵感，结合画家的生平事迹创作了同名小说《戴珍珠耳环的少女》。

一、表述：她久久伫立在黑暗大陆的边缘

小说开篇，少女葛丽叶与前来挑选打扫画室女仆的维梅尔第一次相见，她正在厨房里切洋葱、紫甘蓝、土豆、胡萝卜、芜菁、卷心菜，凭借直觉调整各种不同颜色的蔬菜的摆放位置，享受色彩的和谐与统一。画家注意到她对色彩的敏感与天分而最终选中了她，由此开始了他们定格于画布的爱情。

葛丽叶对于食物色彩的敏感正如弗吉尼亚·伍尔夫（Virginia Woolf）在《一间自己的屋子》中对于餐桌上各色食物的敏锐感知一般，似乎这些直接诉诸身体感官的物体特质更容易为女性所感知、把握，恰如女性主义批评家西苏所说的"那片一切关于女性的黑暗大陆"，她们更容易感受到自我"身体中某一微小而又巨大区域的突然骚动"，（埃莱

娜·西苏著：《美杜莎的笑声》，载张京媛主编：《当代女性主义文学批评》，北京大学出版社 1992 年版，第 202 页）尽管她们对这一切难以言说，甚至懵懂不知，葛丽叶也正是如此。

她与维梅尔之间的爱情触动与互相倾心，始自二人沉浸于艺术世界里相通的艺术领悟与生命感受。在维梅尔引导下，缓步踏入艺术广阔天地的葛丽叶，重新发现了自己长久以来生存的新天地。他教会了她如何利用暗箱去捕捉被忽视的光线，如何去观察云朵变幻莫测的颜色，如何认识、调制颜料色彩，如何去感受艺术等。葛丽叶与生俱来的艺术天分在此被完全激发，她进入了一个自己从前难以表达的广阔领域与不可言喻的"黑暗大陆"，拥有兴趣与理想更使得她对于人生的追求有了明晰的认识，不甘与成百上千个拥有美貌却贫穷的少女一样沦为上层人士的玩物，不愿陷入与维梅尔之间没有结果的爱情而难以自拔，为了追求婚姻双方的平等而嫁给无爱的婚姻。

她拥有艺术才华，她学习到观察世界的新视角，她帮助维梅尔调制颜料，她凭借艺术敏感给予画家改动布景的建议……这些都被认为是逾矩的，是要私下进行的，是为世人甚至同性所狠狠斥责的。在那样一个完全为男性话语所左右、垄断的时代中，一个拥有艺术才能且出身贫穷的女性是绝对难以实践其理想而成为一个为世人所接受、赞赏的女性艺术家的。正如诺克林在《为什么没有伟大的女性艺术家?》一文里所假设的："如果毕加索是个女孩呢？鲁伊斯先生还会付出同样多的关切，对小毕加索的成就还会具有同样大的雄心吗？"（琳达·诺克林著，游惠贞译：《女性：艺术与权力》，广西师范大学出版社 2005 年版，第 189 页）不难看出，哪怕在艺术的世界里，天分与才华的展露能否被欣赏与栽培，与其身份、地位以及性别也是有着绝对联系的。

葛丽叶在踏入艺术殿堂的第一步便被牢牢地挡在了这个绚烂的世界之外，和众多拥有艺术天分的女性一起，站在门槛之外，透过一扇小窗迫切而渴望地注视着那个由男性话语所掌控的广阔世界。而对于那些能够迈着怯怯的步伐进入这个殿堂的女性来说，成为一位为世人所接受的艺术家的道路也是漫长而艰辛的。即便如同《法国中尉的女人》中的莎拉或是但丁·罗塞蒂的妻子西达尔一般，能够"与一个比较居于主宰地位的男性艺术界人士有密切的私人关系"（《女性：艺术与权力》，第 204 页），从而有可能学习绘画技艺并从事艺术创作，但在成为一个"伟大艺术家"的漫长道路上，她们必须要"采取'男性化的态度'，如专心、集中精神、坚持到底，并且全力吸收观念和技艺，女性在艺术的世界里才有成功的机会，并且继续成功下去"。（《女性：艺术与权力》，第 205 页）她们首先必须要反叛社会加诸女性身上的贤妻良母这一天然角色，要放弃男性艺术家所不需要放弃的自然性欲或人生伴侣的乐趣，要牺牲她们的性别角色把自己变成一个

"男性"，要与男性话语所构建的艺术世界中的生存规则去抗争，要付出长期不懈的努力去掌握艺术的一整套形式语言，要付出比男性艺术家多千百倍的牺牲与努力，才有获得成功的可能。然而，最令人恐惧与气馁的并不是这些来自外部世界的挫折与阻碍，"伟大的成就已经稀有而又十分难以取得了，而当你（女性）在工作时，同时还要奋战内心的自我怀疑和罪恶感的魔鬼……情况就更为艰难了，这些内外交迫的东西与艺术作品的品质实在并无特定关联"（《女性：艺术与权力》，第 204 页）。

在小说所写到的时间维度中，葛丽叶并没有获得迈入艺术殿堂的资格，不入门径，便也不受约束，仍蒙昧而灵性地感悟着世界与自我。她久久伫立在黑暗大陆的边缘，站立在天光明暗的分界线上，身影模糊而混沌，自由地感知着所能感知的。

二、被表述：失语者的沉默与反抗

叶舒宪先生曾说："把爱欲和美的主题对象化到女性身上，构想成主管爱和美的女神，这绝不只是个别文化中的个别现象，而是一个相当普遍的人类现象，大凡站到父权制，文明早期阶段的国家，都在不同程度上具有产生类似观念与信仰的现实条件。"（叶舒宪著：《高唐神女与维纳斯：中西文化中的爱与美主题》，中国社会科学出版社 1997 年版，第 312 页）男性将爱欲与美的对象化标准作用到女性的身体上，对女性身体起到"规训"作用，从而与其他"规训"手段一起达到对女性话语的压制以及男性权力扩张的目的。甚至"这种对象化也被女性自身所接受，女性同样也是男权文化的消费者和实践者"（刘慧英著：《走出男权传统的藩篱——文学中男权意识的批判》，三联书店 1996 年版，第 41 页），将这种由男性目光构建起来的"规训"逐渐内化为女性自我的终极追求，享受目光、渴望凝视的女性便在追逐终身美丽与青春不老的神话中彻底丧失了话语的权力、丧失了生命的个体意识，丧失了对于自己身体的控制。这正是对约翰·伯格（John Berger）著名观点的绝佳印证："男人观看女人，女人观看自己被观看"（约翰·伯格著，戴行钺译：《观看之道》，广西师范大学出版社 2005 年版）。男人以观赏客体的目光凝视着女人，女人则在这种对象化的视线中深深陶醉，失去自我。

与许多故事中最终命运悲惨的少女们一样，葛丽叶出身贫穷且年轻美丽，但她却能够正视自己的贫穷，始终表现出强烈的主体意识以及对于自由与个体尊严的追求，努力抗拒着被凝视、被玩弄的命运，她那始终不肯摘下的头巾正是对自己身体的隐藏与保护，是逃避被凝视的庇护之所。"我喜欢戴一顶白色的头巾，把它对折，让宽阔的边缘笼罩我的脸，完全包覆着我的头发，头巾的左右两边垂在脸颊旁，从侧面，别人看不见我的表情。"(特蕾西·雪佛兰著,李佳珊译:《戴珍珠耳环的少女》,南海出版公司2009年版,第9页)相对于凡路易文的那位经常作为模特,接受男性凝视目光的妻子,葛丽叶在初次见到她时,所想的正是"想到她身穿黄绸缎佩戴珍珠项链,她一定习惯于接触男士的目光。"(《戴珍珠耳环的少女》,第38页)之所以选择将头发包裹起来,是因为葛丽叶清楚地知道自己这一头长发会给她带来怎样的视线与厄运。"我有一头长而狂野的头发,拿下头巾后它们看起来像属于另一个葛丽叶——一个会和男人单独站在暗巷的葛丽叶、一个不是这么安静乖巧而干净的葛丽叶。这个葛丽叶就像那些敢展示头发的女人一样,这就是我始终把我的头发严密地藏起的原因——不让那一个葛丽叶露出痕迹。"(《戴珍珠耳环的少女》,第114页)对头发的隐藏与束缚是葛丽叶对于漂亮少女悲惨命运的逃避,始终避免头发被男性看到是葛丽叶对于自己身体的珍惜,是对男性规训"女性形象"的颠覆与反抗。

与其有意识地反抗男性话语对于女性身体的"规训"相同,葛丽叶最终的人生道路也是根据个人意愿所做出的自由选择,同样有着颠覆男性强权的反抗意识。小说与电影在故事的镜头和结尾部分都强调了小镇上那个有着八角星的广场,八角星的每一个角都指向台夫特的不同角落,也正象征着葛丽叶不同的人生方向。自始至终,葛丽叶都冷静而清醒地明白自己的选择,正如最后被凯萨琳娜赶出家门的葛丽叶站在广场中央,环视四周之时,她也清楚自己应该要前往的方向并坚定地走下去:

"我来到广场中央,停在用瓷砖铺成八角星形状的圆圈里,每一个星角都指向一个我可以选择的方向。

我可以去找我的父母。

我可以去肉市找彼特,然后同意嫁给他。

我可以走向凡路易文的房子——他会带着微笑迎接我。

我可以去找凡李维欧,恳求他可怜我。

我可以到鹿特丹寻找法兰。

我可以自己流浪到遥远的地方。

我可以回到天主教区。

我可以走进新教教堂,祈求上帝的指引。

我站在圆圈中央,随着思绪转了一圈又一圈。"

"等到我作出心里早已知道的抉择,我小心地踩着星芒的尖角,朝着它所指示的方向坚定地走下去。"(《戴珍珠耳环的少女》,第198—199页)尽管葛丽叶最终选择了嫁给自己不爱的小彼特,这种未来最符合葛丽叶追求平等、自由以及人格尊严的选择。她不愿意重复美丽少女的悲惨命运而沦为上层男性的玩物，也不愿意同一个比自己的贫穷出身还更不自由的灵魂——杨·维梅尔一起在禁锢中沉沦。尽管葛丽叶始终恐惧厌恶着屠夫围裙上、指甲缝中的斑斑血迹，然而她最终还是选择走向这种生活。因为对葛丽叶而言，精神上的污秽与不自由比身体的污秽更令她难以忍受。小说的最后，去世前的维梅尔将那对曾经激起过少女心中强烈情感的珍珠耳环送给了已为人妇的她，然而拿到耳环的葛丽叶却最终选择把它们当掉来偿还自己欠下丈夫的债，因为只有这样，葛丽叶才能不再是女佣，才能在婚姻中拥有人格上的平等与尊严，才能获得她一生所孜孜追求的精神上的独立与自由。在那样一个女性失语、被表述的时代，葛丽叶以自己的行动表明了女性沉默的反抗。

一切静止于此刻，一切终止于此时，不动声色但足可令人黯然神伤，在时代的碎光中表述与伫立，在时代的背影中沉默与坚定。

思想杂谈　我站在绝望之巅，长命百岁

——读《在绝望之巅》有感

天问分会成员　2022 级哲学　陈涵英

　　"在绝望之巅，年轻的某某结束了他的生命……"在 22 岁齐奥朗生活的那个年代，报纸上的讣告总是以这样的格式开的头，于是这本书便拥有了它的名字，好像从一开始就已经注定了这本书撕心裂肺的沉重感。我曾深陷博尔赫斯的丧系浪漫文字中无法自拔，直到我读到这本《在绝望之巅》，我开始用理性的眼光去审视丧系的浪漫，有关苦难、抑郁、失眠、死亡的种种。

　　我与齐奥朗在深夜里等月亮自觉退场，等星子隐入云层，等万物都寂静，等周遭的一切都恰到好处，他在等一个和他一同失眠灵魂契合的人互诉衷肠，我在等也在迎接他用低沉到绝望的声音给予我一场粉身碎骨的对撞。当他启唇的那一刻，我便已经觉得这个世界是愧对于他的，绝望的声音在低沉的音域里振聋发聩。

　　我向来不理解失眠的人，因为我失眠的日子屈指可数，相反我总是睡不够，我戏谑自己的终极梦想是在未来能够靠自己的能力自然醒。深受失眠折磨的齐奥朗用极其平静的语气告诉我"在清醒的夜晚，一个想法或者感觉的存在是至高无上的"，我不得不承认，失眠确实能够平等地毫不吝啬地馈赠给每一个人喘息的机会、思考虚无的时间、与自我对话的权利。这样看来，很多时候我们或许是能够在失眠中获得白日里无法获得的难以捉摸的、透明的，仔细想想，也算是失眠带来的莫大补偿。失眠就是一次"于无人区打捞自己落水的灵魂"的经历，在这个过程中我们的思想是溺了水的，不需要承担现实带来的负荷重量。

　　这个世界上应该是很少有人是不害怕死亡的吧，至少我是害怕死亡的，我害怕意外引发的不告而别，害怕生活里无懈可击的焦虑随意为我的生命下死亡的判决书，害怕直到死亡那天都还没有人告诉我要勇敢，更害怕死亡后我的墓碑前没有我爱的花。怎么能不害怕死亡呢？凭什么这个世界要以死亡的方式逼迫所有的人释怀呢？这个时候，齐奥朗的话让我的灵魂为之颤抖，"假如你把死亡宣之于口，那你就拯救了一部分自我"，倘若我把死亡宣之于口，那么也就说明我在一定程度上是解除了对"死亡"的害怕了的，我有以沉默的存在面对死亡的坦然。齐奥朗愤怒地对我吼叫道："那些要求在死亡时亲朋围绕的人，是出于恐惧和无法最后单独度过最后时刻的无能，他们想在临死之际忘记死亡，他们缺乏无尽的勇气。"这样的想法放到现在的中国人的认知层面上自然是荒诞的，甚至是对中国社会的家庭结构的冲击。活着的人希望与临死的人见上一面，临死的人想要再看看亲朋最后一面。

"痛苦"是我们生而为人所要经历的必修课，有人也说经历痛苦是人存在的一种意义。而齐奥朗的说法再次让我长时间缄默，我不得不用长久的缄默去回应他，这是一种不带有任何准备的本能反应，他说"痛苦的真情流露是用血肉和神经唱出来的歌，真正的痛苦始于疾病，几乎所有的疾病都有表露性情的品格"。那几年，我的亲人被好几种疾病折磨着，体形是随着时间流逝肉眼可见的瘦。尽管如此，纤长的针头还是要无情地穿透那层薄薄的已经布满老人斑的皙白皮肤进入细得不能再细的血管，常常是在扎了四五次后冰冷的药水才得以输进身体里。我不知道从针头中出来的药水是以何种机理挽救着亲人的生命的，但是我知道的是每一次针头对血肉的蹂躏，都是亲人偷偷抹眼泪的原因。后来，亲人走了，带着对针头药水的厌恶。走之前眼角的泪是她对这个世界的真情流露，她或许还有想见的人，或许还有遗憾的事，或许还有对痛苦的控诉未说出口，或许，还有对死亡的恐惧。真情流露的价值在于它粗野的品格：它不过是血、真情与火而已。

我用了一天的时间读完这本书，我被齐奥朗荒诞无比的想法折服，他浪漫的文字在我的心脏跳动的频率里无法无天，他的"丧"在我的大动脉中随着血液汩汩流淌，侵袭着我的身体系统，与此同时，他用近乎嘶吼的声音教会我的脑子，理性对待他所说的一切。

没有谁是一座孤岛

——读《岛上书店》有感

天问分会成员　2022级公共管理类　付子真

初见这本书，是被腰封上"每个人的生命中，都有最艰难的那一年，将人生变得美好而辽阔"这句话所吸引，于是我给它标上"阳光治愈小说"的标签开始阅读，却发现它从一种出乎意料的角度治愈人心。

小说的主角是一位男性书店老板 A. J. 费克里、一个遭遗弃的小女孩玛雅以及一位女性出版社推销者阿米莉娅·洛曼，讲述了费克里经历一系列人生打击后内心似书店所在的艾丽丝岛般近乎成为荒岛，后遇见被遗弃的小女孩玛雅，人生发生转变，在爱与被爱中逃离孤独绝境，小岛上的几个生命紧紧相依走出人生的困境的故事。小说中故事发展的过程确实阳光治愈，众人都在爱与被爱、付出与接受中得到人生的救赎，实现生活的转化，但结尾却出乎意料地并非完全意义上的圆满：主人公之一的书店老板费克里确诊一种罕见的肿瘤最终离世。一个曾经陷入人生绝境的人在交流与爱中逃出困境，享受美好生活却最终因为突然的绝症去世，这种可以说是悲剧的结尾让我感到感伤与遗憾，向来喜欢美好结局的我看完后缓了很久，几度怀疑阳光治愈的含义。但后来再品味结尾，发现实际上故事中所有人最终对书和生活的热爱仍在继续，愈加汹涌地在小岛上、在读者心中翻涌。费克里虽然最终病逝，但他也确实在生命中体会到了由阅读与爱带来的生活的乐趣。想明白这点以后我感觉浑身轻松了不少。书的内容写的是书店老板费克里的一生，也写的是全人类都应注重的阅读、生活和爱。之前纠结于费克里病逝的我显然是钻了牛角尖，尚未领悟真正的阅读与爱带来的救赎。

小说的主角们都具有极其鲜明生动的性格特点，其中费克里这个角色给我的感触最深，他的生活态度的转变也最能体现小说的主题。费克里因为书店生意不景气、爱妻车祸去世、珍藏的价值连城的书籍被窃而精神低迷，他本就是个固执而冷漠的人，对书籍也极为挑剔，虽是书店老板却讨厌很多种类的书籍。爱妻去世，他可以说失去了一部分的精神寄托，愈发冷漠地对待周围的世界，直到玛雅出现。这个可爱的小女孩用善良真诚的爱感化了费克里，给费克里的生活重新带来了希望。玛雅成了连接费克里与小岛上其他人的纽带，费克里不再冷漠，愿意与他人沟通交流、分享好书，学会了付出爱与接受爱。

　　小说的内容设计得十分巧妙，每篇的章节均为短篇小说的题目，开篇首先是书店老板费克里对题目所示短篇小说的书评，不长不短的篇幅却为费克里的人物形象塑造起到了不小的作用，书评内容所反映的费克里抱有的人生态度及思考方式的变化也能体现他个人受到爱的影响而发生了巨大的变化。一篇篇短小精悍的书评很好地激发了人的阅读兴趣，第一人称的书评以及正文中第三人称的描写相互照应，一个立体生动的人物形象就此成功地被塑造出来。作为一篇幽默、浪漫，略带些悬疑的长篇小说，《岛上书店》以各种短篇小说的题目直接作为篇章的题目，让人耳目一新的同时我认为更主要的作用是与结尾费克里的话呼应：我们并不完全是长篇小说，我们并不完全是短篇小说，到了最后，我们是作品全集。这是费克里思索很久的对于人生的比喻，"我们"不只是费克里，不只是小岛上的居民，"我们"是指的每个人，每个人都是一部自己的人生作品集，每个人的作品集中都离不开爱，无论是对阅读的、对生活的，还是对人的、来自他人的，这些永远给人以希望，给人以治愈，给人以救赎。

　　没有谁是一座孤岛，每个人都是一部作品集，包含着爱与被爱的故事。

读《西窗法雨》有感

2020级编辑出版学 王雪瑶

一、介绍与总述

透过"西窗"去观看一场"法雨"——刘星教授在整本书中用便于理解的故事引导着读者对法律有更深一步的思考。以苏格拉底开始，再以苏格拉底结束，从西方司法中的具体案例或法律思想、民众意识等角度切入进去，深入浅出，将看似复杂高深、晦涩难懂的法律道理以清晰明了、简明易懂的评论呈现给读者。

全文字数不多，篇目较独立，文学和法律巧妙兼顾，关于"法"的思考，从西方的案例启蒙中国人的法律意识和法制观念，即使成书到现在已经过了十多年，但在我们阅读过程中还是会不自觉地将目光转向中国法律的现实问题。各类章节较为独立，对于非法学专业的我来说，就几篇入手来细细陈述自己在阅读中的体会。

《女人和男人一样?》和《俄勒冈州女工的胜利》是我反复阅读的，我认为两篇文章都倾向于对男女权利问题的思考。《女人和男人一样?》《俄勒冈州女工的胜利》引导我们去关注西方法律历程中在男女权利平等上的斗争，再结合中国当下的现状加以思考。

法律固然会因为国家而有所不同，历史文化等因素固然有差异，但像男女平等这一世界性的问题，还是有很大共通性的。表面上，中西方在法律上都标注男女在很多方面是平等的，但事实上即使是到了现在，男女平等还是中西方都在争论的社会问题。实现真正的法律平等确实不易，刘星教授在对比中西男女权利问题上还谈到关于西方女权主义者值得思考的驳斥理由——即男性偏见与社会意识对女性权利影响方面——可以"拿来"用一下支撑中国男女平等观念，而最后的结尾也是思考性的，正如题目所发问的，女人和男人一样?

再回看法律本身，它的意义变化等都是值得我们思考的。

二、思　考

(一) 法律的意义是什么

这个问题的答案随着我们对法律认识的逐步全面而有所变化。最开始我认为法律代表的是绝对的正义与正确，后来我觉得这样想不够准确。法律起到的是一种平衡作用，毕竟"无规矩不成方圆"，人类社会发展到今天，选择法治而不是人治，就是因为同人治相比法治更可靠些。人的自觉自律是不恒定的，而法律就是起到一个天平作用，尽量让社会处于稳定且和谐的状态。

反观一直备受争议的男女问题，在我看来，世界上没有任何一个地方敢说真正做到男女平等，不论中西，这个问题一直都备受争议。虽然在法律条文上，明确地表示男女享有同样的权利，甚至对于女性有法律上的照顾，但是既然这样，为什么从 20 世纪 60—70 年代各个西方国家就开展的男女权利平等的法律改革运动到现在，人们对男女平等的争论还是普遍存在呢？大部分女权主义者争论不休，为女性发声，呼吁女权就说明法律在男女权利上的问题仍然存在。哪怕是一直号称代表着自由的美国，男女权利的相对平等至少是 20 世纪后的事情，俄勒冈州女工的起诉一事就可以充分说明。这是一个西方法律界需要思考面对，我们国家也需要去思考面对的事情。

可是法律已经明文表示男女平权，但是现实反映，以及法律上的规定并没有平息这一场又一场的平权风波，它存在的意义又是什么呢？

法律本身就存在缺陷，而且是固有的、无法消除的。它很难做到让所有人都满意，只能尽量维护最大的公平。有学者曾经把社会中的人比喻为"胶囊人"，人本身就像胶囊里无秩序的液体，社会中的人在没有任何规范约束时，整个社会将会失去秩序，变得混乱。而法律和道德就是约束着人的那层胶囊皮，让整个社会处于相对的和谐和稳定之中，束缚着社会上每个人内心的恶念，规范着每个人的行为，这样整个社会才会有秩序，社会整体的效率才会提升。

在男女问题上，法律不是男人的法律，也不是女人的法律，它不会去偏袒哪一方，它是整个社会的法律，起到整体的平衡作用。

(二) 法律是否会变化

结合前不久的例子，随着未成年犯罪年龄不断降低，再考虑到当下时代未成年"早熟"的普遍现象，法定最低刑事责任年龄下调；再回看最近几年各类社会事件，如"正当防卫""高空抛物"等，考虑到社会新变化也对法律法规进行了相关调整；再看以"电影救国"著称的韩国，像《素媛》《熔炉》等这类反映社会问题的影片，也用直观的方式指出韩国当下存在的法律不足，引导韩国民众去关注这类社会问题，进而推动法律更好地去维护社会的平衡。

结合刚刚提到的"胶囊人"学说，如果把社会中的人当作被道德法律规范行为意识的个体，随着时代变化，"胶囊"里的人也是在变化着的，那么这个起约束作用的"胶囊皮"也应该发生变化。

就以今年最受关注的问题谈，娱乐圈"顶流"艺人在德行上的问题令人咋舌，大到违反法律的代孕弃养、逃税漏税，再到艺人不注重个人影响参观"靖国神社"，以及各类不端言行造成恶劣的社会影响，再加上现在大众对娱乐圈的高度关注，使这场影响恶劣的风波一直持续。因为明星顶流的粉丝是青少年群体居多，而且在这些案件中，出现了不少失去基本国家法律观念的狂热"粉丝"，在言论上、行为上起了非常不好的影响，带坏社会风气，带坏青年价值观。整个事件造成如此强烈的恶劣影响后，国家加强了对公众人物"艺德"的法律要求，引领公众人物为粉丝、为社会传递正能量，在思想上加强公众人物的法律意识，从而更好规范"饭圈"文化，维护社会秩序。

由此观之，法律会根据社会的需要来改变。

再回到最初讨论的男女权利问题，在今年"三胎"政策出台后，大众最关心的莫过于此背景下女性更艰难的就业问题，随后在国务院出台的后期政策中就有着重保障女性员工的福利待遇的条文，以此应对这场变化。再回看新中国成立以来法律的补充与修改，"妇女能顶半边天""姐姐妹妹站起来"等种种变化表示，我国法律在保护女性方面是逐渐完善的，是逐渐让男女双方之间的问题趋于平衡。虽然在短期内未必能让每一个人满意，但随着时代的发展，法律会渐渐顺着时代的趋势，服务社会，维护公平与正义。

(三)法律未来应该是怎么样的

《西窗法雨》讲到西方女权主义者驳斥男权的理由，认为社会对女性的刻板印象离不开男权意识形态的诱导，再从这个角度联想到中国当下仍然存在的女性常遭到歧视（如就业），就可以从法律的文化背景上来反思。

如果我们在价值上认同法律大书的男女平等，就应该找到有力的学理营造相应的文化背景。所以说，法律很需要大众对它发自内心地认同和支持，这样的合理性有利于更好地维持社会秩序。

男女在现实中的不平等更多是因为我国重男轻女的传统价值观。观念根深蒂固，改变它还需要时间，但是我们要相信，随着时代的发展，法律制度会不断健全完善，这些落后的价值观念终究会被慢慢扳正。

总 结

总之，刘星教授这本书中每一个案件都短小精悍、入木三分，以西方法律文化作为参照，反观中国法治的现在与未来，非常具有启发性。

法律是一种人的智慧，社会需要方圆，在不同的时代不同的社会，需要怎样的法和怎样的方圆，思考这些的的确确需要大智慧。

幽灵与逻辑：大学生不应受限于专业与学科

——《共产党宣言》《简单逻辑学》读书总结

2020级楚才计划文科班　编辑出版学　潘星宇

　　我们对于共产主义产生与发展的深层原因是否有必要究其根本地了解？文科生是否有学习逻辑学的必要？原先，仅仅局限在专业学习的我，对上面两个问题的回答是"或许没有太大的必要"。而在参加了几次读书会后，我对上面的两个问题重新进行了审视与反思，也对大学学习与专业学习的认识产生了天翻地覆的变化。如果现在用上面两个问题向我提问，我会毫不犹豫地回答：有必要，而且十分有必要。

　　为什么要究其根本地了解共产主义产生发展的深层原因？我想，这是当代中国有志青年都应思考的问题。"一个幽灵，共产主义的幽灵"，从欧洲诞生，在欧洲游荡，随后传入中国，成为我们国家的执政党所追求的最高理想，其中所蕴含着的是全世界无产者的共同努力。一个让全世界无产者为之努力甚至不惜牺牲生命代价支持的主义，一个追求集体利益同时也关注集体内部个体发展的主义，一个以全人类的解放和共同富裕为最高追求的主义，是人类未来前途命运的指路明灯。了解与学习这个幽灵及其政党，不仅是国家的事情，还是人民的事情，更是青年大学生的事情。

　　从个人角度看，对《共产党宣言》的研读能够提升我们的精神境界，开阔思维与眼界；从国家角度看，对《共产党宣言》的研读能够帮助我们了解国情、了解世界发展局势，为我们青年大学生的毕业去向指明方向，为国家的建设添砖加瓦；从全人类角度看，对《共产党宣言》的研读能够让全人类了解更加优越的发展理念与模式，推动人类社会高效运行，减少物资的消耗，实现永续发展。如果青年大学生只局限于自己的专业学习，不去了解共产主义，不去了解社会与国情，不去观察世界，那么大学的学习或许算是只学了些技能，只知道如何使用工具而不明白该同工具一起投入什么事业。共产主义教给大学生的不仅仅是一系列知识性内容，还是如何认识这个世界、适应这个世界的方法论。大学生只有在充分了解高等教育目标的基础上，全面发展自身的综合素养，才能够适应社会、国家乃至世界对于人才发展的需求，而越充分发展就越需要坚实的基础支撑，研读《共产党宣言》能够带来的便是这些。即使我们不能具体描绘未来的共产主义社会是什么样的一个形态，但我们有坚定的理想信念为之奋斗，这便足以成为我们精神世界的支柱，支撑着我们不断前进与发展。

为什么文科生有学习逻辑学的必要？逻辑学对于说理与论证来说是不可或缺的理论支撑。无论文科理科都需要论证说理，或许在大众传统的观念里，文科往往可以通过华丽的辞藻与各种奇技淫巧来对付某些困难论证或逻辑错误，以达到"避重就轻"的效果；而理科则必须踏踏实实理清逻辑关系，做到一丝不苟，滴水不漏。但在学科交叉融合的现代，文理科边界被逐渐突破，人才素养不断提升，对于说理论证的逻辑严谨性和合理性要求也更加严格，以往文科用花言巧语蒙混过关的小把戏也成了历史。

在时代对青年大学生发出了新考卷的条件下，如何答好题则是青年大学生应该关注了解的。就像理科生再也不能借着科研的名义过度轻视表达能力一样，文科生也不能借着华丽的语言来对不严谨的逻辑避而不谈。拿一个似乎看起来没毛病的例子来讲，文科生很容易犯的错误——拿结论来论证结论，比如"所有读过《朝花夕拾》的人都了解过鲁迅，小王读过《朝花夕拾》，那么小王也了解过鲁迅"这样的论证看起来似乎没有特别大的问题，实则不然。这段论证将本就有待证明的观点当作了不证自明的前提条件，在逻辑上犯了"窃取论题"的错误。而这种错误往往在不经意间就会发生，"他在撒谎，所以他是个撒谎者"也同理。很多看起来只是换了个说法、没有什么问题的语言表述，或许会潜藏着逻辑上的硬伤。那么文科生是否能打着文科专业的理由避开逻辑的学习呢？我想结论已经不言而喻了。

作为新时代的青年大学生，既要有过硬的思想政治素养，又要有全面的综合专业素养，不能为自己设限，不应让自己受限，要突破学科与专业的壁障，一手抓"幽灵"，一手抓"逻辑"，实现自我的全面发展，成为有用、有才、有为的人才。

家国情怀编

2022 年，为迎接中国共青团成立 100 周年、第 27 个"世界读书日"以及天问成立十周年庆典，天问学术中心牵头举办了"身边事 家国情"主题创作活动、《习近平与大学生朋友们》读书会以及天问荐书等系列活动，共精选 30 余篇优秀作品收录在册，留存纪念。

"身边事　家国情"主题创作活动

　　为激发学生爱家爱党爱国热情，鼓励他们通过身边小事创造性诠释民族精神、中国精神，天问学术中心通过湖北大学楚才学院与湖北大学通识教育学院联合举办了"身边事 家国情"主题创作活动。活动发布不到两个月就先后得到了近百名学生的积极参与。16篇优秀作品，彰显天问精神，展示楚才风貌，助力湖大传承。

抗美援越老兵赵方钊事迹

2021 级思想政治教育　孙宁晨

当我在大学的第一个假期回到我的家乡丹东之后，我亲爱的身为社区党员骨干的姥姥在拉着我闲聊时，说起了她在前两天社区访问时去看望的一个老党员赵奎先生的家庭，这深深地勾起了我的兴趣，之后我便希望，姥姥可以在赵老先生及其妻子同意的前提下去采访一下他们老两口，了解下他们的故事。没过多久，我就得到了他们的同意，并在第二天上午前往了他们的家中。

在一阵敲门声过后，门被缓缓打开，门后的是一对年老的夫妻，也就是赵方钊夫妻。和我想象中不同的是，赵老先生并不是我印象中高大威武的战士形象，相反，他的个头不高，是一个瘦小的爷爷。他们很热情地邀请我们进去，这是一个面积很小的房子，只有四十多平方米，而且能看出已经住了很久，各种设施不算破但也算不上好。

在我们都坐下后，爷爷开始讲述他的故事，但是他的妻子连忙提醒我说她老伴儿年龄大了，记忆有点不好了，希望我们担待。但是爷爷自己却十分兴奋地讲起了他在战场上的故事。他是山东人，当兵之后来到了辽宁丹东，在 1964 年前往的援越战场。他所在的队伍是高炮营，主要任务是打击美军的巡视与轰炸机。由于当时中国通往越南的主要公路被毁，所以一直在紧急修缮，美军也深知如此，为了延缓中国援越抗美的进程，便不时地对公路进行轰炸，所以赵爷爷也经历了很多次的轰炸，并在长期爆炸声的刺激下，一只耳朵变得听力不佳，之后慢慢变聋了。这也使他在和我们的交谈中更加费力。作为高炮营的一员，他们也一直在与美军战机作斗争。他说在经历了多次失败后，在 8 月 13 日，他们终于抓住时机，在那一天击落了第一架飞机，并在之后的几天又击落了三架战机。由于年龄大了，他的思路不太灵敏，记忆也有些混乱，他将 8 月 13 日的事迹重复了好几遍，我并没有打断他，因为这一天对他来说真的很重要，他在那天为中国人民和越南人民作出了贡献。

在战争结束后，他回到了丹东，他说回来时人们的夹道欢迎让他永生难忘。他归来后遵循着组织的安排，去了皮革厂工作，一直努力劳动直到退休。退休后他也一直和老伴儿积极参与社区的各种党员活动，一直对党保持的高度的忠诚。在退休金之外，他和老伴儿也一直在以最原始的方式制作鞋垫，并且自己去卖。新冠疫情出现时，他跟随内心的呼唤，在并不富裕的状态下给困境中的武汉捐赠了 2000 多元钱。他说，为人民奉献是幸福且满足的，只要他还有能力，他和老伴儿两个人会一直努力为社会做些力所能及的贡献。

家 国

2021 级楚才计划 1 班　思想政治教育　武子昂

寒假到家的第二天，对门家的阿姨又给我们家拿来了她家的特产梨子，母亲稍稍推脱便大大方方收下，又将姥姥从山东寄来的特产塞回了阿姨手里。

我在母亲身后偷偷发笑，这样的场景实在太过熟悉，每次逢年过节，我们这两道门之间总少不了这样的经典场景，结局也总是相似地以"哎哟你看看你这是干什么呀"结尾。

关上了门，我凑上去帮忙搬那箱分量不轻的梨子，随口问道：

"跟阿姨认识得好几年了吧？"

那一年杏花刚开的时候，我家的门被敲响了，是个看起来不到五岁的小妹妹，怯生生地想提醒我们好像忘记摇上车窗了。

我记得是母亲开的门，她啊哟一声，回头去拿钥匙，作势要出门，末了，又像是想起什么："谢谢你啊小朋友……你妈妈呢？"

"妈妈……她在外面……车子那里。"

"啊……"

于是母亲俯身抱起小朋友，沿着孩子指的方向出了单元门。

缘分就是在这里奇妙地展开了。母亲意外地发现这对母女是刚搬来不久的对门邻居，小女孩的爸爸是现役军人，平日在部队营地，不常回家。时间长了，两家便有了互相帮助来往的交情，平日里买多了的水果，难得做一次的拿手菜，家里寄来的土特产，总要相互敲门送去。阿姨也常来我们家里拉着我母亲说话聊天，一聊起来，便又是一两个小时。

今年暑假，省里遭遇了大暴雨，天灾人祸，郑州瞬时溃了防线，抗洪急需支援，叔叔只来得及给家里打电话说了一声便出发了，于是我们看到的就只是不停刷新抗洪现场消息的阿姨，她用手遮住自己的半边脸，只是抿着嘴坐在那里，长长的黑发轻轻滑下肩膀，于是我到现在都记得，她伸手去拢头发时，掌心里滴滴晶莹反射的亮光。

回家后，看着微博热搜上那些报道，大医院突然停电，分诊台被水淹没，我心里直堵。只有当身边切切实实有了前仆后继挽救他人性命的人，才会发现灾难其实离自己并不远。而在那里的每一位官兵背后，也都像叔叔这样，是一大群人的牵挂忧心吧？

叔叔平安归来后又很快归队，有一次她和母亲聊天时，曾笑笑感叹："有什么办法呢，爱上了这么一个属于国家的人，成了军嫂，"末了又拱拱鼻子，"谁让我就遇见他了呢。"

因为遇见了这样一个人，四季三餐两人一屋都成了茕茕孑立、形影相吊，怀孕时自己煮鱼汤再自己默默喝掉，自己慢慢收拾，孩子生病只能自己一手抱着，一手交费。

可也因为遇见了这样一个人，阿姨嫁给了爱情，嫁给了忠贞不渝的家国情怀。

寒假结束的那天，我提着行李箱下楼，回头看看我家的门，又看看阿姨家的门，那两块"光荣之家"的牌子在阳光下散出亮晶晶的金色。我恍惚间又想起阿姨那条朋友圈：

"当国与家撞个满怀，我永远在这等你归来。"

俦要去戏台

2021 级楚才计划 2 班　金融学　蔡益凯

"妈妈，俦要去看芳剧！"

"爸爸，带俦到戏台那儿去吧！"

孩童天性顽皮。彬子如是。

腊月，闽村一年一度的芳剧巡演。彬子吵着要去看，其实谁都知道，儿童哪听得懂那咿咿呀呀的唱念之词，更看不明白那戏剧演员的黑脸红脸——为了那戏台旁的花生米、葵花籽、大豌豆罢了，噢，还要算上几个小小玩伴儿。

一遍又一遍，一声又一声。彬子反复对爸妈提出这样的要求，若两人尚闲还好，恰撞上这月老爸忙于打鱼，老妈急于收谷，彬子少不了一顿打骂。

"不是不带你去，是我真没有时间……"

"你骗人你骗人，俦不管俦不管……"

短竹竿、响哭声、大泪珠——一遍又一遍，一声又一声……

孩童调皮反复，却往往短暂。但彬子不是。

除夕，吃罢团圆饭。这是他今年最后的机会了："带俦去看剧！"

老爸把彬子拉到小房间："你闹够了没有?! 初一到三十，每天都吵着要去戏台——你看得懂嘛你！罢了，明年再说吧！"彬子狠狠地皱起了小平眉，两只肥嘟嘟的小手叉在腰间，红又嫩的小嘴撅起。是的，他是生气，可也委屈伤心，不觉从眼眶中掉落些晶莹的小东西。

能怎么办呢? 爸妈都不带俦去戏台，可俦不想、不想再等一年了！

彬子站在家门口，一眼往外望。乌漆墨黑的一片让他害怕，但热闹非凡的戏台令他兴奋。攥着拳头的彬子一闭眼、一跺脚、一冲动，他决定自己去戏台。

孩童怎会不害怕黑夜? 彬子也是。

他是咬着牙走路的。他害怕路边的狗、街旁的灯，害怕飞过的落叶、走过的行人，害怕被家里的爸妈发现，但更害怕没看到芳剧的自己失望。于是他更快地走，更快地走，像跑起来一样。拐过小路，转过街道口，穿过巷道，彬子惴惴不安：戏台离家也不远，我应该不会迷路，我应该走得回去，我应该……"砰!"这是锣的声音! 锣声让彬子兴奋不已，他知道离戏台不远了，他快步奔向昏暗的街转角，他瞄见了亮黄亮红的灯光，他知道离戏台更近了，他愈发快地冲向转弯处。他到了。芗剧戏台。

但大失所望。

花生米、葵花籽、大豌豆呢? 亮子、明子、丽子呢? 他们跑哪去了?

愣愣地，彬子抬腿、放下，抬腿、放下，挪到了戏台前的木凳上。

彬子痴痴地盯着舞台，他不愿相信: 台上，芗剧演员们和往日一样，形态动作精练到难以形容，刚劲有如百炼钢，也可柔软得像条绸带; 快起来如飞燕掠波，舒缓之处似春风拂柳; 动起来如珠走玉盘，戛然静止又似奇蜂迎面。而那位台旁拉二胡的大爷，微合双目，一笑一颦，一叹一吟，二胡一拉，或悠扬，或苍劲，或婉转，或华丽，或流畅，或节点声声，意韵悠悠，好似拉的不是二胡，而是人的心坎。

台下，只有彬子一人。

原来，这场在除夕夜举行的芗剧演出受到了人们的冷落。花生米、葵花籽的小贩不在戏台旁，往日看戏听戏的戏迷不在戏台旁，酷爱打闹的孩童不在戏台旁。芗剧艺术家们尽管还在，但他们知道，除夕夜的芗剧饕餮近年来愈发受到人们的冷落。而今年，甚至在演出前空无一人……

月光甩下洁白的水袖，朦胧间淡出了最后一曲摇篮。

平日只知芗剧是黑脸红脸和古怪音符的彬子，今夜竟痴痴看完了一整出《铡美案》。

闭幕。

艺术家们向台下鞠躬致意。彬子似一位资深戏迷般向台上呼喊: "好，好!"

一遍又一遍，一声又一声。

彬子忽地被抱起，那是他爸爸一双粗糙的大手。

彬子忽地被摸摸脑瓜，那是他妈妈一只质朴的老手。

老爸老妈学着彬子那样，他们学着彬子那样，向台上的芗剧艺术家们呼喊:

"好，好，好啊!"

一遍又一遍，一声又一声……

不 避 雪

2021 级国际经济与贸易　兰心妍

此篇落笔于元宵节。

原本我是不知道肉馅汤圆的存在的，直到今天电视台播着为远赴彼洋的中国留学生准备一甜一肉的虎皮汤圆。其实今日本身的意义也就是平平无奇的一天，只是因为亲人团聚、举国欢庆而格外温暖。人与人之间因为互相碰撞，才得以摩擦出这世上诸多喜怒哀乐。我们在此间，通过微小绵密的脉络，在太阳未能普照到的地方努力挣出一些星芒。

吃粗粮吃了八十年，此后白米饭都算得上新鲜。岁月荏苒更迭，我们在米饭外又有了新的饮食追求。曾几何时，在电线牵不到、信号覆盖不上的地方的孩子，汲取知识的能力和条件何其有限。现在通过义务教育和支教政策的推行，情况已然有所改善。与此同时，各种各样新的问题摆在我们面前：当更发达的城市的孩子能利用线上教学资源时，山村的孩子做得到吗？在铁路越来越发达的时候，留守儿童平日里的关怀谁来完成呢？问题接踵而至，我若说义不容辞实在言重，但是仍然有人愿意为此奉献绵薄。前段时间晚上约宋打游戏，未果。理由是她的大学组织志愿活动进行线上支教，赶着做PPT。带动我参与其中的是初中不咸不淡的一个同学。是时他发了一条朋友圈，说自己获得了成为大学生后的第一个志愿活动，配图是通过蓝信封审核的截图。我稍微在公众号里了解了一下，志愿内容是和留守儿童进行一对一邮件通信，需要手写信件但扫描上传即可。可以接受，但对我而言也不算那么有吸引力。我报名成为月捐人后，在负责与我沟通的客服的朋友圈里看到许多通信记录的片段。稚嫩到歪歪扭扭的字体（也不尽然），直白却动人的字字句句，印证着我所言人类通过联结换取情绪的话。"奶奶今年67 岁了，小时候还老怕她离开我，躲在被子里哭"，"姐姐我最怕这样机器人占领地球"……天马行空的幻想包围着我，我也愿投身其中，让自己的思想同孩子的思想碰撞，聆听她，牵引她，帮助她。

然而真正申请成为通信大使后才知道要越的山还有许多许多。我很快面对着我的理想主义：我在此要做的远远不是我所谓思想碰撞，尚不提牵引，在小朋友遇到伤心事，钻牛角尖时，我的语言疏导说不定就做不好。但是我并未就此退缩，毕竟人类是在学习中成长，平台为我们提供了许多视频课，报名参与时第三阶段情景模拟，我既过了人工审核就证明我的措辞并无不妥。参与后专业线上视频课不仅教会我如何引导孩子，对我自己的心理疏导也起到帮助。与我匹配的孩子是魏，我即将陪伴她三个学期。我最最秉记的一条便是要区分同情心和同理心，要更多用同理心去帮助她。

《给未出生孩子的一封信》里有这样一段话："唯有那些哭过许多的人才能理解生活所有的美，也才能够发出这样一种美好的笑声。哭泣是容易的，而笑则很难。你遭遇的世界将是一种令人绝望的恸哭，你一开始唯一可做的就是哭泣。世界上的一切都会使你流泪：光线、饥饿和愤怒。还得有好几个星期，好几个月，你才能张嘴微笑，你的喉头才能发出咯咯的笑声。只是你决不应该丧失信心。当微笑出现、笑声出现时，你一定要把这微笑、这笑声带给我。"当我的眼泪未必为他人而流，可我却希望能替他人而流。你我同局时，我把我的眼泪讲给你听，你回避可能会伤害你的剑盾，因此展露笑容，那我走过那么一遭也算不虚此行。

致蓝信封，致给予我灵感的初中同学，致熬夜备课的宋，致敢于吐露心事交付信任的魏，致所有前赴后继的捍卫者，致所有剔透的心。

平　衡

2021 级物理学　夏娜

已是深冬，冬雪滚滚，树木萧瑟，一路行来，街上卖挂历的多了，红色的小礼品也多了，性子急的甚至贴上了对联。人们喜气洋洋地互拜早年，老人整理好房间，坐在家门口，等待儿女归家。

但这一切与老李无关，即使春节逼近，他还是和往常一样，骑着自行车赶往实验室。

"老李，今年还是不回家吗？"路过饺子铺时，老板老陈叫住老李，端出一碗饺子，打包，塞到老李手里。

"不回，天天蹭你饺子吃。"老李笑呵呵地接过饺子，他和老陈已经有多年的交情了，平常我给你看个病，你给我送个饺子，开个无伤大雅的玩笑，这都成了日常。

"不是一直念叨着今年非得见一面吗？怎么又说话不算话了？"老陈半是调侃半是心疼。他知道，老李不是不想回家过年，实验室那边催得急，实在是离不得。

"我什么情况你不知道吗？"老李一挥手，跨上车，"行了，走了！"到实验室，老李换好衣服，询问学生："情况怎么样了？"

"好消息，老师，第 12138 号药剂抗病性良好！"

"我看看！"老李一听就乐了，急忙上去查看，确认无误后，拍手称赞，"好，好啊！这下咱们也有自己的抗癌药！"

"去算算，成果多少钱，老百姓支不支付得起？"老李也没有被喜悦冲昏了头脑，实验成功并不代表一切。在老李眼里，一个好的抗癌药，不仅要效果好，价格也要低，这样这药，才能真真正正地用到地方！

结果出来了，价格闻者落泪，听者伤心。老李眉头紧锁，嘴角下耷，最后深深地叹了一口气："就着这个方案，继续实验吧，争取把价格降到最低，给国家谈判人员留点余地。"

"可是我们已经成功了呀。虽然价格昂贵，但已经实验了 12138 次了，很难再有突破了。"一位年轻的学生不解，他是今年才加入老李实验室的，不懂老李的规矩，"国家谈判人员向来厉害，我们可以把价格问题交给他们，这并无不妥。"

"孩子，我得纠正你两点。第一，不是已经实验了 12138 次，而是仅仅实验了 12138 次；第二，我们的职责不是研究药品，而是为老百姓分忧。"老李神情严肃，如是说道，"药品的生产价格太高，即使国家能强制降价，企业也不愿生产，老百姓还是无法得到救治。这样我们的研究就白费了，徒得了一个名头罢了。"

"明白了，老师。"学生听完老师的话，欲言又止，心情复杂，最后还是坚定地点头，跟着老李继续实验了。

中午休息，年轻学生激动地和师兄说道："难怪那么多人抢着进李老师的团队，这么好的老师，可遇不可求。这才是真正做研究的人！"

"你小子好好学吧，李老师能耐可大了。"师兄比较淡定，他在这工作几年了，一开始的毛躁褪去不少，现在已经非常沉稳了。

"知道啦。"学生点头，转向另一个话题，"师兄，实验室过年也开放吗？我没有收到放假消息耶。今年我可是想和爸妈好好炫耀一番呢。"

"你想得可真美，告诉你，进了李老师的实验室，就别想着放假休息了。咱们李老师，一年不管 361 天还是 362 天，加班工作无休止。"

"啊？中秋、端午、元宵、春节、国庆，这么多节日，都不休息？老师家人又不在这边，他不想他们吗？"

"不休息啊，老师说了，他多做一点，团圆节就会有更多的人团圆。"师兄很是自豪地说道，可一会儿就泄气了，"老师他啊，很想他的家人，他的家人也很想他。可是，科研和亲情无法平衡，老师为了救更多的人，只能暂时忽略了自己了。"

"不过你想放假也可以，跟老师说一声就行，老师很通融的。"

听罢，学生陷入沉思，他觉得他该做点什么。

……

"成了！"老李长舒一口气，今天是吃年夜饭的日子，他可算是赶在明年之前把这药研制出来了，整个人都放松了不少。

"辛苦大家了，大过年陪着我在这搞研究。"

"不辛苦，老师要来我家吃年夜饭吗？我家就在本地。"

"年夜饭自家人热热闹闹地吃一顿，我个外人掺和什么。"老李挥挥手，有些羡慕自己的学生，有家人陪伴。

"回去了！"自己的选择，后果自己扛，就是苦了家人，女儿前天还在视频通话里诉说思念之情，老李听后只能做一个鬼脸，打个哈哈过去。

黄昏已至，寒风呼啸，冰冷刺骨。老李紧紧衣服，骑着自行车急匆匆地赶回来。不知道为什么，自从离开了家来到这里，每年春节就格外冷。还是早点回家吧，家里虽然没有什么烟火气息，但总比外面热乎一些。

老李住在胡同里，和其他人合租了一个四合院。回到院子里，属于老李的房子灯火通明，热热闹闹的。老李很是纳闷，再一拍脑门子。想起来了，老陈之前说过，今年看到老李忙得前脚不着地的样子，估计是没心情准备年夜饭了，回头过年他亲自过来给老李准备饺子。这个老陈，这个点还不回家吃饭，也不怕媳妇埋怨。老李乐呵呵地打开了门，回头就把人赶回家去，饺子留下。

可是，此时此刻，老陈正在自己家里和亲人庆祝春节。而且老李家的灯是全部打开了的，要是老陈一个人，无需开这么多灯。

"今天饺子是什么馅的？"老李大声喊一声，然后就愣了。

女儿，父亲母亲，岳父岳母全在客厅等着他回来，妻子听见老李声音，端着饺子从厨房里出来："猪肉韭菜馅，你的最爱。"

"你懂得享受生活了嘛，还特意托人送饺子回家。"好像多年的分离不存在一样，妻子随意说道。

"嗨，那是朋友自作主张送的。"

"挺不错，有朋友不孤单。"母亲为儿子由衷高兴，"你学生也不错啊，挺年轻的一个小伙子，特地打电话，说你好想我们，还打钱过来，一直劝我们来北京过年。"

年轻小伙？老李想起那个年轻的学生，不由笑骂，瞎操心。但是老李今天的确很开心，好久没和家人一起吃饭了。说来也怪，家人一来，这冬天都不冷了。

"工作如何？"父亲问道。

"成功了！特效药成了！这些年没白努力。"说起这个老李就来劲了，"我这个项目完成，就去挑战另一种特效药。"

"所以以后过年爸爸还是不回家？"女儿问道。童言无忌，大人们都沉默了。

"不能回家啊，爸爸得救人。"老李苦笑，闷了一杯酒。家庭与科研，他终究无法平衡。为了不辜负那些病人，他只能选择成为一个不称职的父亲、儿子、丈夫。

"沉默什么？吃菜！这是好事啊！咱们家出了一个活菩萨。"岳父瞪着眼，他也是一个医生，知道一个特效药意味着什么，所以他最为老李感到高兴。

"女婿啊，我就这么跟你说吧：要是你没研制出特效药，又让我女儿一个人担下一个家，你就看我揍不揍你。但是既然你研制出来了，过去的一切我不追究。"岳父干了一杯酒，豪迈说道。

"孩子有爸妈呢，你兼顾不了没关系。事业和家人平衡不了，我帮你平衡。"妻子善解人意，给老李夹了一个饺子，"你好好工作就行。"

"好，好，好……"老李再次一口闷了一杯酒，眼里含泪，"吃吃吃，大年夜的，说这些干什么！"

"平常也没时间说……"

屋外天色已经漆黑如墨，但是万家灯火分布世间，光明未曾离去，春节是一个阖家欢乐的节日，红纸写福，对联美意，家人相聚，欢声笑语，烟火人生，尽在其中。可是，老李家里那座天平，不知道是在称量什么，旁人也看不到有什么东西在上面，天平倾斜无比。不过比起平时，现在这天平还是稍稍平衡了。

门　卫

2021 级小学教育　郑静怡

北上求学半学期，一回来便是连天的雨。好容易在家待到个好天气，约上好友，去到心心念念已久的母校。

一进门，便被门卫大叔拦住："哪里来的？"回到曾经学习生活六年的地方，被这样问道，一时感慨万千。我们说明来意和原来的班级，门卫大叔一时笑开了："回来看看好，回来看看好。"

顺利进了学校，这是放寒假的第二天，校园里冷冷清清，偶有拿行李的学生走过，不似记忆中的热闹。和同学一起漫步校园，一草一木还是记忆中的模样，当新学期再来临时，又是一群稚气未脱的少年，肩负梦想走在路上。

一脚跨出校门，正准备离开，一辆小电车载着两个打扮时尚的年轻人从我们身边飞过。只听一声喝止："停下来！"小电车刹住开进校园的脚步。门卫大叔从凳子上站起身来，威严的目光上下扫射这辆电动车和两个"来路不明"的年轻人："干嘛的？"

驾驶位的小伙子两只脚撑在地上，大刺刺地说道："来打球啊。"

"你是我们学校的学生吗？怎么随便进来？"大叔继续追问，丝毫不肯放松。

小伙子目光闪躲，有些嗫嚅："我，我怎么不是你们学校的学生了……"

听到这，大叔眼色一正，手扬起来摆了摆："出去出去，你们根本不是学校的学生，不要进来！"

两个年轻人看到门卫严厉的态度，只能作罢，嘟嘟囔囔地掉头走人了。看着小电车开远了，门卫大叔气定神闲，回到自己的位置，两手放膝，在凳子上坐得笔直。

高中三年的回忆里，门卫在不经意间留下了许多剪影。从每个周末拿请假本时的签名到学习到教学楼熄灯时巡查的手电筒，他们是我们通往"自由"的最后一道防线，我们也经常在门卫室拿放物品。门卫在我们眼中有着"好坏之分"，哪个哪个门卫好，哪个哪个门卫很凶，有时门卫也是我们课余聊天的主题。

我们问门卫大叔咋不给人家进来呢？"不是学校的学生，怎么随便放进来呢？"大叔正了正神色，操着一口南普，"再说，现在疫情，这两个人口罩都不戴个……"

"现在放假了还站岗，辛苦你了。""这有什么，我们门卫的责任就是要保护好学校里师生安全呀。"我问能不能给他拍张照片，大叔看看我，笑得有点不好意思："哪有人拍门卫的呀……"

此时进来两个女孩子，热情地打招呼："门卫叔叔好！"大叔也笑着挥手示意。

说到门卫，有些人会想：不就是一些看门的、一些保安吗？是的，他们很平凡简单，看不出有什么本事，但他们是我们出入校门的把关者，甚至是防疫一线的值守者。他们有时还带着不近人情的刻板、固执，但其实他们有着丰富的情感，坚忍的意志，有着淳朴的态度，宽容的胸怀。天色蒙蒙，当我们在宿舍酣睡时，他们早已起床，奔赴安保一线；夜色已深，当我们都离开时，他们要提着手电筒巡逻，保证师生安全；冬风凛凛，当我们在温暖的教室里学习时，他们却冒着严寒，始终坚守在岗位。

我们谢谢门卫叔叔，挥手跟他告别，他也挥手笑着："以后多回来看看啊……"

盛世·幸福

2021 级新闻传播学类　李嫣

2021 年倏然而逝，2022 年悄然而至。空气中似乎还弥漫着淡淡的年味，混杂着润湿泥土的芳香。盛世宏图，我们搭乘时代快车，眼前的风景转瞬即逝，我们在前行，时代在进步。不知何时，触目所及，皆是幸福。

携手·笑颜

润物细无声般，在不知名的角落，一栋又一栋的高楼耸然而立，为一众人群遮挡了"风雨"。2021 年，极其不凡，脱贫攻坚的胜利目标近在眼前。不知何时动土，不知何时竣工，大抵是万千人员勤勤恳恳，一砖一瓦，当我们回望时，高楼已然筑成。在我们小小的县城里，这一片新筑的地方，是贫困人员的福地，让贫困者有了安居之所。多年以前，怎敢想象；放眼当下，已成现实。没错，这不是一个普通的小区，是国家出资，政府相助，特意为了广大贫困人员建造的地方，脱贫攻坚从来不是口号，而是一个又一个具体的行动。在这片小小的住宅区内，有着人民所需的获得感和幸福感。

我家就在这一地带，似乎总能听见这小区里无数老人的欢声笑语。小区里老人居多，或闲话家常，或下棋博弈，或两两相约，成群结队，在小区下的道路上携手散步。其中，一对老年夫妻格外引人注目。每当清晨，楼下的细长的道路上总能看到他们携手同行的背影，老人皆是花白的头发，步伐很慢，但他们总是并肩而行，一条短短的小道，仿佛走完的是他们的半生。大抵，他们已经这样携手走了大半辈子，剩下的时光皆是相守的幸福吧。偶尔，在小道旁的椅子上，能看见一位老人戴着眼镜，一手放大镜，一手报纸，读给坐在旁边的老人听。不变的是，他们脸上洋溢的灿烂的笑容，比冬日暖阳更温暖。他们让我真正感受到了国家情。

守望·童真

随着教育逐渐普及，学业压力也在随之增长。课内作业，课外辅导，补习班，加强班……如同洪水泛滥，将一众孩童淹没其中，无法自拔。似乎现在已经很少能看见在郊外或公园放飞自我的孩子。这时，国家又一次为广大孩童带来福音——双减政策。孩子的课业压力减少，也多了时间享受属于自己该有的欢乐。

邻居家的小孩，活泼可爱，很讨人喜欢。在双减政策发布后，她又变回了那个活蹦乱跳的小女孩。课业压力减少，她有了更多时间亲近自然，户外活动。每当看到她在外和朋友打闹玩耍，听着一众孩童如银铃般的天真笑声，我们似乎也会有一种淡淡的幸福感。我想，双减政策下，受益的不仅仅是孩童吧，除了守望孩童的纯真，大抵也为一众父母带来了幸福。

坚守·曙光

2021年也好，2022年也罢，疫情从未远离。街上依旧是随处可见的口罩，商场是随处可见的检查人员，消毒水、消毒液的味道弥漫着……犹记当初疫情初现，病毒肆虐，人心惶惶，无尽的黑暗裹挟而来，这时，一众人员选择迎战，志愿者、医护人员、检查者……终是他们，在国家的带领指引下，让我们看到了胜利的曙光，冲破了黑暗。如今，看到熟悉的一切，疫情已然得到有效控制，不禁有感而发。

经过漫长的旅途，看着窗外转瞬即逝的风景，终于我从武汉回到了熟悉的故土。出站时的层层检查，街上人们自觉戴起的口罩，进出商场随时弥漫的淡淡的消毒水的味道，让我真真切切地感受到疫情还未远离。然而，当我回到熟悉的村镇，村委会的详细记录，让这一群群人员在我的心里依然留下了不可磨灭的神圣形象。不是每个人都能像他们一样，顶着风雪，坚守在自己的岗位上，为来来往往的回乡人员做好调查服务。我的家乡海拔高，气温极低。外面是白雪皑皑一片，室内微弱的火光，热气还没留住，给人带来一丝丝温暖，就又顺着缝隙溜走了。在村外小小的路口，积雪已经很深了，路面还残留着人为清扫的痕迹。就一间小屋，检查人员轮流值守，微弱的小火苗陪伴着他们。点燃的似乎不是那微弱的温度，而是他们坚守岗位，为疫情防控做出自己努力的热情。火光映照着他们的面庞，那一刻，我看到了曙光……

盛世宏图，你我皆处其中，触目所及，身边人，身边事，或是携手前行的背影，或是天真无邪的笑颜，抑或是坚守挺拔的身影……不知不觉，幸福已然相伴。

冬日友情剧场

2021 级教育学　黄玉玲

今天这场雪似乎比预料中来得早了些，晶莹的雪花如柳絮般洋洋洒洒飘落在路上，被大雪覆盖的路面由于车轮行走过的两行空雪地，道路横截面呈现出凹凸状。

我出生于一座四面环山的小山村，家门前的这条水泥路连通着去往城里的交通要道。一个礼拜前的那场雪来势汹汹，如铺盖般将这条路严严实实地包裹住。被雪深深掩埋的大路上，许多天不见行人的足迹。大雪对于我们来说是堆雪人、打雪仗的趣味来源，对于在外游子来说就是岁月积攒的归家夙愿。

就在这个名不见经传的小村庄，上个礼拜初演了一部暖心的"友情剧场"。

推开门，雪停了，氤氲的冷空气充斥着门外的世界，我偶尔还能听到山上的树枝被雪压断发出的"吱嘎"一声脆响。"一路去铲雪啦！"一阵吆喝打破了玻璃似的寒冷。只见邻里的几位叔叔和爷爷们戴着手套，裹着大衣，扛着铁锹，看样子是要去铲雪。我下意识地缩了缩颈，搓了搓手。我当初心想着，这么大冷天，这么陡的坡度，这么长的距离，要把所有的雪都铲完得花多少天哪！

他们从陡坡开始铲雪，在路的两边各铲出一条车轮宽度的无雪地。他们一路上有说有笑，欢乐祥和的气氛透过层层冰冷的气温传到了火炉屋里。他们进展迅速，成效显著，一会儿不见就铲到了离我家门口不远处。冬日铲雪人的乐趣，又岂是我们能懂哩。

他们每天上午都会去铲雪，直到路上的两条无雪线被铲得干干净净。每次被问到为什么要这么不停地铲雪的时候，他们总是戏谑着说："铲雪暖和身子，况且把雪铲了方便走路，也好跑车，我们自己不也要经常在这条路上走的嘛！哈哈。"他们把铲雪看作一件乐事，而不是一件辛苦活，他们乐此不疲。他们或许不接受被冠以奉献之名，但他们的行动却在无言中惠及了所有人。每次走在被他们铲完雪的水泥路上，不免有一些思考。

冬日严寒，气温在零度左右徘徊。冬日里的铲雪者亦是平凡人，亦非钢铁之躯，但内心的火热早已为身体筑起了金刚罩。

一种莫名的心理作用驱使我加入铲雪行列，我们都是与雪共舞的欢乐人，体验着不为其他人所找寻的乐趣，以后走在这条路上，总会勾起一些奇妙的特殊回忆。

　　大雪连续下了好几场，每一场都像是与前一场的终极较量。纵使冬日铲雪分队的道路劳动成果被雪再次淹没而呈现出隐隐约约的凹凸状横截面，我们都会把锹扛，在铲雪的路上越走越远。这也渐渐地成为了这个小村庄冬天里最靓的风景，也成了街坊话家常的一件暖心趣事。

　　这部友情剧场取材于生活点滴，展现了街坊邻里的团结友爱，我相信，这部友情剧不只是初演，后续还会有更多的友情剧场。在这个寒冬里，总有一些美好的事物温暖严寒，传递温情，我要用手中的笔定格下这份风景。

　　看着窗外漫天飞舞的雪花，我心里喃喃道：我们冬日铲雪小分队马上又有新任务啦！

我的高中班主任

2021 级教育学　黄玉玲

　　我来自湖北的一个小城市——鄂州市。很多第一次来到鄂州的游客会疑惑为什么这座城市比很多县城还要小，但是湖北的简称"鄂"却是来自它。这座城市不像大武汉，重点高中有许多，学校与学校之间的竞争十分激烈，我们这里只有一所重点高中——鄂州高中，这便是我的母校。在鄂东南联盟里它可谓最不起眼的存在，我们学校的存在感几乎没有，很多大型联考甚至连参加的资格都没有，同学们还互相调侃道鄂州高中可能马上就要被重点除名了。但就是这样一个不起眼的小城市里的不起眼的高中里却有一位了不起的老师，他就是我的班主任——程老师。

　　他当年上学时成绩是十分优异的，他已经 53 岁了，在他那个时代里读书都是一种奢侈，但是他所就读的高中正是他现在任职的高中，也就是我的母校，那个时候的鄂州高中还是辉煌的。他说到他当初的高考分数是可以上复旦大学的，但是他却因为某些原因甘心读师范专业，在这个学校担任一名地理老师，我们班的同学都很崇拜他，他说过海军辽宁舰舰长是他的高中同学，当初两人在班上不相上下，现在人家当上了舰长，他在这个小城市教书，但是他也说他是不后悔的。很有缘分的是他当初就读的大学也是湖北大学，那个时候的中国教育还比较落后，当初是湖北大学的一位老师去鄂州高中"选人"来继承教育事业时选中了他，他也说那个时候年轻气盛，他志向并不在教书育人，那位"选人"的老教师在选中他们后，对他们说："你们都是这个时代最优秀的年轻人，我选择你们，你们也许会怪我，甚至恨我，但是中国以后的教育事业需要你们，我便不会后悔今天的选择。"

　　他是一位十分感性的人，班会上时常聊起自己的过去，比如在提到他的女儿时，他说到以前他和女儿之间的关系十分亲昵，大概是女儿都十分依赖自己的父亲，高一高二时他们在校园里走，他的女儿都要拉紧他的手，但是到了高三以后，女儿和他走路都要隔着一段距离走，也许是感叹女儿长大了，也许是唏嘘自己变老了，我只知道他低着头红了眼。他说现在工作不好找，他的女儿也是师范专业出来的，今年刚毕业找工作，工作一个星期就辞职了，把他气得不轻，他告诉我们他给女儿打电话，说要过去看她，顺便给她带点衣服,她却说,如果是因为工作的事情就别来了,这句话把他伤得不轻,提到这件事,他又红了眼眶。还有一次是因为班上一群男生总是偷偷打篮球,他便告诉我们他读高中的时候也是个调皮蛋,也喜欢打篮球,那个时候他的班主任拿着斧头逮他们,逮住了就拿斧头想把篮球也劈掉,却因为弹性被斧头打伤了头,最后在提到他的老班主任现在已经不在的时候,一个50多岁的大丈夫坐在讲台上"嚎啕大哭",在那一刻,他也只是一位想念自己班主任的学生而已,所有的真情流露都在触动着我们。

他还是一个注重感恩的人,他无时无刻不在向我们强调感恩,正因为他是一个懂得感恩的人,他才会回到母校任教,吃苦耐劳半辈子。都说老师是轻松的职业,我想这里面一定不包括高中老师,尤其是高中班主任,我的班主任是一位地理老师,我们每天六点半的早自习,他每天六点就到了,但他没有怨言,勤勤恳恳地做好本职工作。在临近高考的那两天,他没有让我们不要忘记他,不要忘记各科老师,他只说了不要忘记鄂高,要感恩鄂高给我们的一切。到现在,我已经离开鄂高半年多了,我依旧记得他的教诲,往后也会坚持着感恩鄂高的信念。

不仅如此,他还是一位优秀的共产党员。作为党员,他充分发挥先锋模范作用,发扬"吃苦在前、享乐在后"的精神,兢兢业业、尽职尽责地做好本职工作;刻苦钻研业务、紧密团结同事,努力做到"干一行爱一行,干一行专一行",不辜负上级领导的嘱托,不辜负广大群众的期望,努力在平凡的工作岗位上做出不平凡的贡献。

在距离高考还剩五十天的时候,他消失了,这是高中以来从未有过的情况,后来我们才从其他老师的口中得知他消失的原因是他的老母亲去世了。他请了一个星期的假来处理这一切,一个星期对于那个时候的我们来说,是很多时间,我们可以刷很多套卷子,复习很多知识,但是对于一个失去母亲的孩子来说一个星期可能只够他处理母亲的后事。他没有给自己一点的缓冲时间,继续回到学校投身工作。一个一直在向我们强调感恩的如此感性的人,仿佛在那一刻,他才是那个忘了难过的人。可事实上,他承受的痛苦比我们想象的多得多,只是因为他的身份不只有儿子,还有师长,他为了我们的复习备考,为了我们的未来,强忍住内心的悲痛依旧坚持陪伴我们最后那段时光。

在2020年疫情中,钟南山院士为了抗疫"逆行"的那段时间,他在我们班级群里发了一篇关于钟南山院士的光荣事迹的文章,下面配了一句话:各位家长,请告诉你们的孩子,读书就是为了成为像钟南山院士那样的人。但是事实上——于我而言,成为他那样的人便是我毕生所求。

不蒂微芒，造炬成阳

2021 级播音与主持艺术　叶诗韵

一粒粒闪着赤色微光的火星在一片广袤的黑暗中，伴着风的旋律随性飞舞，似是整个平原都氤氲在细小火光散出的温热里。渐渐地，零星似的散在平原各处的火星向一处汇集，缓缓地，原是仅有几粒的微芒聚成了皎如日星的光。

透过冉冉靠近中间的火粒，我窥见了一个个匿于微芒之中的故事。

三尺讲台上，伫立着一位老先生，这位先生两鬓虽早已斑白，但身躯倒颇为挺拔。这位手在黑板上挥斥方遒的老者是我的外公。似乎教书育人以外的事情都吸引不到外公，以至于领导几次劝说他做校长都被老人家婉言拒绝了。在他几十年教书生涯里遇到了几次调动，但他仍守着最初的岗位，原因是他所在的中学仅三名物理老师。从翩翩少年至垂垂老矣桃李天下，外公将一生学识与精力皆尽数献给学生、献给教育，亦是献给了国家，而我的外公仅是那个时代为祖国发展去拼搏奉献的一批批中共党员中的一份子。无数能人志士将涓滴之力汇聚成磅礴伟力，在党的带领下，使中国从风雨飘摇中站起来、从百废待兴中富起来……

"放心吧爸妈，等防疫这场仗打赢了我就回家！"一个拖着行李箱、竖着干净利落的单马尾、口罩与面部严丝合缝贴着，站在电梯里向父母挥手作别的女孩大声喊道。这个女孩的面容我甚是熟悉，她是我隔壁邻居家的姐姐，她是位共青团员，准备入党。或许这就是少年吧，看春风不喜、看夏蝉不烦、看秋风不悲、看冬雪不叹，看满身荣誉懒察觉，看前方荆棘敢面对，仅因少年是少年。这便是世人所谓"岁月因青春慨然以赴而更加静好，世间因少年挺身向前而更加瑰丽"。这一时期也有与她一样在父母眼中的小孩如今穿上防护服一丝不苟地奋战在抗疫前线，任汗水浸湿衣物，数天不休连轴超负荷工作，只因他们是奋进的青年、是有信仰的团员、是中国共产党的后备军。

这些微茫中的故事无一不惹人动容，当代青年致敬这些平凡英雄的最好方式是将他们身上体现出来的可贵的中国精神内化于心外化于行，做一个不驰于空想不骛于虚声，对国家对社会对人民有贡献的好青年。

类似的无数个故事皆悄然匿于你我身边，藏于微芒之后，最终汇聚一起，以刻在每个中华儿女心底"以国为国，以国为家"的信仰，铸就了辉同日月的中国精神与中国梦。

烟火人间

2021 级制药工程　熊萌萌

　　前几天还看见贴在隔壁陕西肉夹馍门旁的招兼职白单,这几天就了无痕迹了。

　　听说薛叔叔对招的打杂大姐很满意,虽然听说她有只眼睛看不清,但以前是干过苦力的,人老实勤快,对工资也没什么要求。整条街都说肉夹馍家找了个好帮工。

　　年前,父亲炸了春卷,我给薛叔叔家端了一碗。还没到饭点,店里橙黄的灯光落在深棕色的大木桌上,外面刮着冷冷的风,屋里感觉温暖如春。一个身挂着墨绿色围裙的大姐接过我冰冷的瓷盘,我礼貌地笑笑,跟叔叔打了声招呼就走了。

　　母亲说那帮忙大姐真幸运,遇见薛叔叔这种好人家。听说薛叔叔非但没嫌弃人家眼睛的毛病,还管面食管饱,不仅她一个人,带儿子女儿来都行。每次听到这种故事,冬天似乎就短了几分。那句话说得真对,"人情啊,真好。"

　　小小的街道有一棵高大的枫树,今年冬天格外冷,风也格外大,但那棵枫树上还有些许叶子,或蜷曲,或褶皱,或被虫蛀了之后留下孔洞斑斑,但都倔强地挂在枝头。

　　元宵节快到了,春节也悄悄到了要藏起来的时候。

　　那天我被薛叔叔喊去拿小零食,有事耽搁了,就去晚了一点。去的时候他们已经开始吃饭,一大桌子人,有一些不熟悉的面孔。薛叔叔将旁边桌上炸的热气腾腾的小鸡柳递给我,说这是弟弟过年要吃,没炸完给我留的一份。我摸了摸旁边薛小朋友的脑袋,爽朗地笑着。连声的"谢谢"流淌出,空气中弥漫着舒悦。

　　走的时候薛叔叔说让我回去早点准备,晚上一起去看烟花。他说大姐昨天去踩点的时候看到交警已经开始拉警戒线了。我高兴地应了应,然后端着有温度的白瓷盘,跑回家了。

　　这条小吃街也就几百米,小时候跟着小伙伴们疯跑,觉得这条街好短,短到我和小伙伴们一阵风就跑到了头,长大了,小伙伴儿都藏起来了,这条街也慢慢变长了。

　　转眼,我也和许许多多的小朋友一样藏起来了,藏到了天涯海角。每次听父母说着街上的杂事,什么跨年每家做一个菜,在一起聚餐,或者约着一起去爬哪一座山,去唱哪一支歌。我就觉得自己仿佛没离开一样,我的灵魂被这样的烟火所洗礼着,没有那些电视剧中的俗烂套路，有的只是说不尽的喜悦与人情。

那天，阿姨带着我，薛叔叔带着小薛，我们骑着小电驴奔赴着那一场浪漫。那晚，江边人山人海，千千万万人都期待着烟花的绽放。如瀑般的火星砸向江面，浓浓的希望砸向我们。

我想，这真才称得上烟火人间。

我生活在朝阳的光里

2021 级新闻传播学类　何楚樱

我生活在朝阳的光里，
飞机隐入朝阳的光里。
朝阳托着朝阳，
走近日暮的红光。
垂暮的老妪，
融进朝阳的光里。
"儿啊，你终于回来了。"
"孩子，孩子!"
"可是你为何盖着红旗?"
迦梨，迦梨，
你尽管盗取朝阳做祭!
朝阳的火终将焚了你!
我也融进朝阳的光里，
我就是朝阳!

一群人的朝圣

2020 级楚才计划文科班　教育学　徐忠圻

农历腊月三十日早上五点，天将明未明，是个月朗星稀的好日子。在这座不大的城市里，生活着无数平凡的人，过的大多也是平凡的生活，尽管明明是过年的喜庆日子，街上也省去了大城市的无数喧嚣，更不必说这晓鸡未名的清晨时分。

小区里的街灯还未打亮，在天地间的一片混沌下，揉着朦胧的睡眼，晃晃悠悠地走出街道。有些神志不清地四下张望，先是打了一个寒战。尽管黑暗吞噬了周边的一切光景，却仍旧不能不让人联想到，此时街边耐寒树木的枝叶上，必然是结了一层寒霜，想到昨日飘洒的零星小雪也在屋檐上结成了冰挂，在路上冻成了冰面，看来今日出行是要当心些。深冬的风，在北方一冬的干冷气候下早已磨砺得似利刃般尖锐，就像个高明的刺客般，总能找到你的破绽钻进去，人们只能将自己裹得尽可能的严实，尽可能的再严实一点，想来，人与冬风的这种竞争也是持续了千百年的吧，先人是怎么抵御这种无孔不入的进攻的呢？

好在至少现在不用担心这个问题了，坐上汽车的副驾驶，尽管汽车也不能抵住寒风的侵袭，座位上也是冰冰凉凉的。可人的智慧发挥了作用，空调打开，暖风一吹，这密闭的小空间里就暖和了起来，窗外的天寒地冻此时便与车内无关，人们享受着这种甜蜜和幸福。

无论是要做什么事情，早起总归是一件让人很不爽的事。车上只有两个人，兴致也都不是很高，有一搭没一搭地聊着无关痛痒的话，交流着一年来来去去的变化、见闻。猛然想起，似乎一年来聊得最多的还是在车上的时候，就像是人要一直在前行的道路上不断延展一样，好像只有在这时这样的漫谈才不显得奇怪。就像是只有在车上，我们在不断前进中才能赶得上时间一样，或许只有因此这样的闲谈才不显得奢侈。在封闭空间里的此刻，此时，此地，像是侦探小说里营造出来的密室，像是古时仙家营造出的洞天，像是古人口中的两人版的"慎独"，这时的国人才能部分放下自己的内敛，放下一些自己的羞涩与不安，放下外面的时间和空间，放下与外面的冰天雪地斗争的心思，在这样一个小方块里聊聊自己，或者侃侃天，吹吹牛。

驱车百余里，仿佛也没过多久的样子，目的地已经在眼前了，来时一片暗淡的天色，到这时已经是蒙蒙亮了。几个本家的叔兄弟早在路上就约好了，先在山下见，等一起上过山再各自去忙各家的事情，大家年节期间都很忙，凑个时间不容易。推门下车，尽管打早就出发了，反而是到得最晚的一家，看一眼车牌，有济宁的，有济南的，还有北京的。打个照面，没有想象中的多日不见热情的寒暄，交流很简单。"来了？""来了。""路上怎么样？""还好，赶得早，没什么车。""走，拿上东西，我们上山。"

打开后备箱，一片亮闪闪的什么都有，"你拿着这个"，"哦"一声，上前接过。一叠厚厚的黄纸，用红绳扎着。纸张质量算不得好，甚至可以说是粗糙，一张纸上面打着无数铜币样式的圆孔。我依稀记得，这样子的纸币叫"印子钱"，这可不是说古时商行放的高利贷，而是切切实实是人工一张张印出来的。"打"钱的过程是亲眼见过的，一条圆孔底的模具式的楔子，一把铁锤，对准位置一锤锤地砸下去，印子也就一下下地清晰起来。现在城里卖的这种约莫都是机器做的了，又快量又多，价格也便宜，看起来似乎是没什么必要再自己忙上忙下了。但执拗的乡下人是不接受的，就算买了路上叠的"金元宝"、纸钱，也要坚持每年自己手打一部分，说这样是留个"念想"。打纸钱打熟了的老师傅手上的活是很巧的，手上的动作是有节奏的，声音也就有了节奏感。清脆、利落，却又在深巷院子里悠悠回荡，像是提灯挈鼓、"天干物燥，小心火烛"的守夜人，像是深寺里和尚的木鱼声，也像是这深冬时分风雨打在窗户上的凄苦声。

上山的路近年来整修过了，不像印象中十年前的那么荒芜。但路旁多多少少还是堆积着长年生长起来的各种各样的杂草，草叶上挂着露珠，一步步要小心些，不致弄得身上湿漉漉的。清早时淡淡的一层薄雾此时已尽数散去了，寒风不知是不是被山体遮住了，反正也都消失不见。冬日的暖阳不似夏日的骄阳一般炽烈、热情，更添了一份金色的光辉，温柔，真挚。"真是个好天气。"

突然想问，一代代的国人是怎么走过来的？他们也像这一天一样吗？像这样一遍又一遍地走着这样的路，一遍又一遍地重复着这样的情绪和行为吗？他们有遇到像这样的好天气吗？不知道。想来也永远不会知道。典籍上记载的、史书上记载的，是往昔无数场景和时间的复刻，但又不完全是。他们的心情是怎么样的？他们的感受是怎么样的？可能得不到答案了。

但转念一想，怎么会得不到答案呢。突然觉得自己很傻，傻到自己忍不住笑出声来。这片生养人的风水没变，这片"与天斗、与地斗"的土地没变，就连烧的纸钱都没变，你怎么能说什么变了呢？那么彼时彼刻，正如此时此刻。忽地又发现，自己好像又遗漏了些什么，是有"一方水土养一方人"，可是也有"龙生九子，各有不同"的说法，我突然觉得想的东西太多，又很乱，我实在不能确定人的想法，人类这种生物实在衡量不来。我干脆什么也不想，就简简单单的。事实上，人们也愿意这样想，就当这是国人的智慧吧。一个国家最重要的法律既不是刻在大理石也不是刻在铜表上，一个国家文化的传承也不是写在典籍或挂在遗迹上。这是这片土地的魔力——会让人莫名其妙地把一些莫名其妙的事情传承下去，就像一代又一代的人走上山又走下山，我们的神藏在这里。

《习近平与大学生朋友们》读书会

  为迎接中国共青团成立 100 周年和第 27 个"世界读书日",在湖北大学"第十届大学生创意读书节"期间,天问学术中心通过湖北大学楚才学院,与湖北大学图书馆以"形显思想伟力,闪耀智慧火花"为主题,联合主办了《习近平与大学生朋友们》读书会活动,为期 12 天的线上读书活动,共吸引全校 240 余名学生参加,累计线上打卡 1176 人次,征集到读书感悟等优秀作品 30 余份,部分优秀作品选入本书,以供诸君品读。

读《习近平与大学生朋友们》有感

2020 级体育教育　琚泳智

　　读了习近平总书记提倡年轻人要"自找苦吃"的采访实录，我感触良多。采访实录中，厦门大学 1982 级校友张宏樑回忆了大学期间习近平总书记与他的书信往来、探讨《资本论》学习、指导社会实践和毕业论文等往事。其中，习近平总书记提倡年轻人要"自找苦吃""不要把基层当大车店"等谆谆教诲，寄托了对当代青年的殷切嘱托。一方面，我深刻感受到了习近平总书记对青年大学生的期望，另一方面，我也感受到了习近平总书记的平易近人。作为新时代的大学生，我们遇到的困难、吃过的苦比上一辈人少了许多，但新时代青年作为党和国家事业的新生力量，理应涵养"自找苦吃"的精神，不贪图安逸，不回避困难，主动在艰难困苦中砥砺初心、苦壮成长。

　　士贵立志，志不立则无成。涵养"自找苦吃"的精神，要求我们有坚定的理想信念。一方面，我们要有远大的理想抱负。青年一代有理想、有本领、有担当，国家就有前途，民族就有希望。作为新时代的青年人，我们应当树立远大理想，勇担时代责任。在祖国和人民需要的时候，青年人应该敢于吃苦，扛起重担，以自身本领为国家献出力量。另一方面，我们要坚定信仰。当今社会，各种思想纷繁复杂，往往影响着我们的价值判断。我们要涵养"自找苦吃"的精神，首先是确定正确的政治立场、政治观点和政治方向，树牢"四个意识"，坚定"四个自信"，坚决做到"两个维护"。不忘初心、牢记使命，在大是大非面前站得住脚跟，稳得住心神，始终与党中央保持高度一致，忠诚于党、忠诚于人民、忠诚于马克思主义。

　　宝剑锋从磨砺出，梅花香自苦寒来。涵养"自找苦吃"精神，要勇于不断奋斗，不畏挑战。幸福都是奋斗出来的，但奋斗的路上必定会有很多困难。面对这些人生之路的"拦路虎"，我们要经得住考验，要能够真正地苦心志，劳筋骨，才能"吹尽黄沙始见金"。在实现我们人生目标的路上会荆棘丛生，只有培养了吃苦精神，我们才能更加坚定地向着目标前行。

　　知责任者，大丈夫之始也；行责任者，大丈夫之终也。涵养"自找苦吃"精神，要勇于担当，扛起时代重任。新时代青年要时刻把实现中华民族伟大复兴中国梦的责任扛在肩上，勇于挑最重的担子，敢于啃最硬的骨头，善于接最烫手的山芋，在艰苦磨炼中脱胎换骨，百炼成钢。

"少年兴则国兴，少年强则国强"，新时代中国青年作为祖国实现伟大复兴中国梦的坚实力量，应学习"自找苦吃"的精神，主动在艰难困苦中磨炼意志，提升能力。青春不息，奋斗不止，敢于直面困境，勇于迎难而上。我们当代青年应怀爱国之心、报国之志，在为人民服务中茁壮成长，在艰苦奋斗中砥砺意志品质，在实践中增长工作本领，不惧风雨、勇挑重担，让青春在党和人民最需要的地方绽放绚丽之花。

薪火传承，砥砺前行

2020 级历史学师范类　廖一薪

　　《习近平与大学生朋友们》记录了学生时期曾接受过习近平总书记指引，并以此为激励对祖国建设作出贡献的同志的访谈。习近平总书记对中国未来发展的远见体现在他与青年学生对话的字里行间，他对于青年如何担当建设祖国的大任的诸多观点，对青年学生都颇具启发意义。

　　在农村调研专题中，记录了习近平与返乡大学生的交流。其中，习近平总书记实事求是，关心并指引学生们进行乡村调研的内容让我深受启发。

　　习近平总书记富有智慧，善于启发青年学生，比如"怎么让农民喜欢并配合你的调研就看自己本事"，深知农村情况复杂，知道不能简单地下定论，而需要基于具体实践，充分调动了学生的主观能动性，给予他们自主发挥、锤炼能力的机会。

　　习近平总书记教导我们，处理问题应当脚踏实地；处理乡村发展问题，应当充分进行实地考察调研，了解所需解决的问题；过程中遇到的一系列问题，应当作锤炼自己能力的机会。

　　进入新时代，社会发展程度、所处的矛盾环境都发生了很大变化。我们应当牢记初心使命，发扬习近平总书记为代表的优秀党员的优良作风，将个人理想与祖国发展需要紧密结合，脚踏实地，砥砺前行。

　　在"未来做传播中华优秀传统文化的好老师"专题中，记录了习近平总书记对教育与文化事业的重要观点。2007 年 5 月，在上海市第九次党代会上，时任上海市委书记的习近平总书记在代表市委所作的报告中提出要大力塑造"海纳百川、追求卓越、开明睿智、大气谦和"的上海城市精神。当年他到上海师范大学视察时，提到要弘扬中华优秀传统文化，重视海派文化。

　　他说："人民教师是人类灵魂的工程师，是最崇高、最有意义的职业。作为培养人民教师的摇篮，上海师范大学要以对党的事业高度负责的精神去培养未来的教师。""中华传统文化博大精深，要学好学扎实这些文化知识，未来做传播中华优秀传统文化的好老师！"

我认为，作为新时代的青年学生，应当努力学习文化知识，提升知识储备；学习并发扬中华优秀传统文化。作为师范专业的学生，我也会积极提升自己上台演讲、传达观点的能力，认真了解中国众多优秀文化遗产，承担传播文化的责任。

习近平总书记还指出："艺术的最高境界就是让人动心，让人们的灵魂经受洗礼，让人们发现自然的美、生活的美、心灵的美。"

文学艺术是表达与传播文化的重要载体，中国文化的复兴也离不开文艺事业的复兴。文创工作者应积极承担社会责任，创作优秀的文艺作品。

综上，习近平总书记在经济建设、文化建设等诸多领域的洞见，如今正是我们青年学生努力的方向。应当积极进取，勇于探索，不断锤炼自身能力，努力闯出一片天地，并在自己的领域内，为祖国的发展贡献自己的力量。

让我们传承薪火，砥砺前行！

青春韶华，踔厉笃行

——读《习近平与大学生朋友们》

2020 级思想政治教育　陈晨

《习近平与大学生朋友们》以"当事人讲当年事"的形式，全景展现了习近平总书记在从政不同时期与大学生们交往交流交心的故事。这一个个具体生动的故事、一次次亲切友好的交流，全面呈现了习近平总书记知青年爱青年懂青年之情以及对青年大学生的关心和爱护。通过阅读这本书，我由衷地感受到习近平总书记是青年大学生的好朋友、好导师，并为自己是受到关怀的青年大学生而感到温暖。虽是阅读书籍，却仿佛是与习近平总书记面对面交流，感受到了领袖的平易近人与他卓绝的智慧思想，使我全身心受到了洗礼。

身为新时代的大学生，要坚定信念、志存高远，胸怀家国天下之志。当今社会日新月异，在充满机遇的同时，我们也面临着形形色色的诱惑，也会有消磨斗志腐化思想的"毒药"。青年大学生们更要保持清醒的头脑，坚定为国为民的理想信念，努力学习先进的理论知识，以正确的理论武装自己的头脑以抵御各种"毒药"。习近平总书记在北京大学考察时嘱咐同学们"人生的扣子从一开始就要扣好"，勉励青年学生"勤学、修德、明辨、笃实"，使社会主义核心价值观成为自己的基本遵循，并身体力行将其推广到全社会去，努力在实现中国梦的伟大实践中创造自己的精彩人生。牢记习近平总书记的嘱托，系好人生的第一粒扣子，就是要树立正确的价值观念、拥有正确的理想信念，并矢志不渝为之奋斗。

身为新时代的大学生，要脚踏实地、艰苦奋斗，勇担时代之责任。1985 年习近平总书记到厦门大学经济系座谈，提倡青年人要"自找苦吃"。今天，我们大学生的学习生活条件都比较优越，没怎么吃过苦，而且常常只停留在课本知识学习上，缺少实践锻炼，所以我们更要"自找苦吃"，在劳动和奉献中实现人生价值，就如习近平总书记所说的"要给书本上的知识'挤挤水'，才能得到知识'干货'"，而"只有和群众实践结合，才能把'水分'挤掉"。对于青年大学生而言，和群众实践相结合的好方法，莫过于到基层去，在社会的广阔天地里大显身手。要"立志要高、起步要低"，在全面建设社会主义现代化国家新征程中，乡村振兴的意义尤为重要，青年大学生要勇担时代之责任，投入农村基层这个大有可为的广阔天地之中，脚踏实地艰苦奋斗。

身为新时代的大学生，要开拓创新、锐意进取，争做时代之先锋。2019 年习近平总书记在内蒙古大学考察时说："我看到你们这样的年轻人，健康、聪明，朝气蓬勃、奋发向上、充满正能量，我就高兴。长江后浪推前浪，青出于蓝而胜于蓝。未来是属于青年人的。"科技在综合国力竞争中的作用越来越重要，而"核心技术是买不来的"，科技创新必须依靠我们自己，青年大学生尤要树立创新意识，开拓创新、锐意进取，积极争取走在时代前列。担当大任、做时代先锋，注定不会一帆风顺，掌握核心技术的过程很艰难，但这条道路必须要走。创新永无止境、历史不会停止，要做时代之先锋，青年大学生必须是主力军，要奉献自己的青春为理想铺路。

领袖对青年大学生的深切关怀、谆谆教诲和殷殷嘱托在《习近平与大学生朋友们》一书中体现得淋漓尽致，实在是令人动容。我们要不负青春韶华、不负领袖期望，志存高远，脚踏实地，踔厉奋进，为实现中华民族伟大复兴的中国梦奉献自己的青春伟力。

点燃信仰之明灯　不待扬鞭自奋蹄

——我读《习近平与大学生朋友们》有感

2021级汉语言文学　张丝雨

《习近平与大学生朋友们》这本书历史跨度大，见证和记录了习近平总书记从20世纪80年代到如今与大学生朋友们的交流过程。不论是梁家河大队知青、党支部书记的习近平，还是中共中央总书记的习近平，变的是岁月容颜和职务，不变的是对于大学生朋友们真挚的情感和亲切的心灵交流。我从一篇篇文、一行行字的构图中，仿佛感受到习近平总书记坐在我面前，向我指明新青年该如何走向光明处。

在书中的第一篇——《习近平邀请我们返家乡搞农村调研》的导言中这样写道："他告诉同学们，学习的同时要想办法应用，在应用中再总结，再用于学习。"这与哲学中的实践是检验真理的唯一标准的观点不谋而合。光有想法和计划是远远不够的，绝不能做思想上的巨人、行动上的矮子。作为大学生，我们应拒绝"躺平""摆烂"等行为，要积极参与社会实践活动，将所学所思所想运用到实践中。做一个于己于社会都有用的人。习近平总书记还说："调研不要只看表面的东西，要通过表面的东西，发现背后的机理。"这让我想到了学习中常犯的一个错误——"假努力"。这种"假努力"的危害在于：你会在潜移默化中习惯这种被称赞的虚荣感，用靠嘴说的努力换取称赞，满足一时的快感，沉迷其中，从学生时代到职场环境，都只热爱漂亮的口号，不关注事情的本质。作为大学生的我们，要区分"目标性"和"目的性"。你要做一个有强烈目标性的人，不能做一个强烈目的性的人，只有目标会让你坚持不懈，如果一开始只是为了目的，你的动机就不纯粹，也更容易放弃。因此只有踏踏实实做事，才会有果实的丰收。

当我在读习近平总书记当年对闽东大学生的回信时，有一股暖流涌入我心中。他如同朋友，与你侃侃而谈，与你志趣相投；如同老师，在错综复杂的世界中，为你点亮明灯，指明方向；如同旗手，高举社会主义旗帜，鼓励青年朋友共建中国未来伟大蓝图。他的话总是生动形象又不失力量。他用"弱鸟先飞"和"滴水穿石"来回答当时的宁德应以怎样的理念、方式和精神状态推动发展的重要问题。为宁德经济社会发展明确了"任务书"，绘制了"路线图"。

"青年兴则国家兴，青年强则国家强。青年一代有理想、有本领、有担当，国家就有前途，民族就有希望。中国梦是历史的、现实的，也是未来的；是我们这一代的，更是青年一代的。"一代人有一代人的使命。1981 年北大学子在燕园一起喊出"团结起来，振兴中华"的响亮口号。如今我们也应赓续这份不息精神，当然实践证明我们也是这样做了。"在这次抗疫斗争中，青年一代的突出表现令人欣慰、令人感动。参加抗疫的医务人员中有近一半是'90 后''00 后'，他们有一句话感动了中国：2003 年非典的时候你们保护了我们，今天轮到我们来保护你们了。"我坚信吾辈青年定不会辜负习近平总书记的殷殷教诲，我们会用满腔的热血去构建中国梦的绚丽蓝图，在实现民族伟大复兴的道路上留下属于我们的印记。

读《习近平与大学生朋友们》有感

2021 级经济学类　汤乐

2019 年，习近平总书记看望内蒙古大学留校学生时，再次寄语青年大学生，"要志存高远、脚踏实地、行循自然，学好知识，打好基础，增长才干，将来为中华民族伟大复兴贡献自己的智慧和力量"。习近平总书记对青年的殷殷嘱托中始终不变的核心"关键词"，是总书记送给不同时代青年的具有持久生命力的成长箴言与人生信条，对青年大学生的成长具有重要指导意义。循何自然？如何循自然？《习近平与大学生朋友们》的故事在大量真实而生动的细节中给了我们答案。"行循自然"，要在汲取中华优秀传统文化与马克思主义科学理论中把握事物发展的自然规律，我们要"行"，要积极投身实践，这也是习近平总书记在同大学生朋友们交流时一直倡导的：扎根基层，深入实践。另一层含义是提醒我们"循自然而行"，"行"固然重要，但是要找到正确的方法，即循"自然"，如何"循自然而行"？必须要对"自然"的含义有一个准确深刻的理解。"自然"可以从中国传统哲学中找到脉络。在传统思想中，"自然"一词源自《道德经》中的"人法地，地法天，天法自然"，代表了一种天然的，自由发展的状态。"行循自然"恰恰契合、接续了中国传统的道家思想，表达出了"道常无为而无不为"的内涵。道家所讲的"无为"并不代表行事无所作为，而是应当遵循自然之理，顺应自然之道。正如习近平总书记在河北正定主政时所告诫大学生的话：千里之行，始于足下。那么，我们一开步是迈左脚还是迈右脚？

不知道现状，不掌握实际，就没有办法迈。迈步前进是必要的，但并不是盲目的，而是在了解现状、顺应自然后的"谋定而后动"，这就是"行循自然"的生动体现。"自然"，与马克思主义中的"规律"相呼应，即物质运动中固定的、本质的、稳定的、必然的联系。马克思主义强调"将发挥主观能动性与尊重客观规律相结合"。"行循自然"正是尊重客观规律的体现。只有对客观规律认识足够深刻，才能更好地发挥主观能动性。只有深刻地感知自然，理解自然之道，才能在实践中如鱼得水。要做到这一点，必须在"读原著、学原文、悟原理"中系统学习感受马克思主义的科学性与真理性，认识"自然"，把握"自然"；在"真学、真懂、真信、真用"中将马克思主义理论与实际相联系，感受"自然"，理解"自然"，方能"行循自然"。

《习近平与大学生朋友们》读书心得

2021 级马克思主义理论专业研究生　熊春艳

《习近平与大学生朋友们》一书生动地记述了习近平总书记在正定、福建、浙江、上海和中央工作时，与大学生们交流交往的诸多故事。其中记述的与大学生们交往的点点滴滴，无不反映出习近平总书记对大学生的关心和关爱，无不透露出对大学生的美好期待。读这本书，我了解到一个形象鲜明的习近平总书记，我从习近平总书记以及书中的其他主人公那里学到了很多。以下是我在读此书过程中的一些心得体会。

读《习近平总书记邀请我们返家乡搞农村调研》

从曹兵海口中，我了解到这样的习近平总书记：

一是心怀理想，心怀人民。在给曹兵海等人的信中，习近平总书记写道："古人十年寒窗，是为金榜题名，功成名就，衣锦还乡，光宗耀祖。这一套陈腐的观念，当然为我们社会主义新时代的大学生所不齿。相信同学们都有着明确的学习目的，都有着奋发图强，献身四化的远大志向，一定是不会辜负这'黄金时代'的宝贵时光的。"古人学习之目的多在于个人之荣辱，至多为一家一族之盛衰。而习近平总书记提出的新时代大学生学习之目的是为祖国繁荣、人民幸福。这既是对大学生的期望，也是习近平总书记自己的信念体现。此外，他还告诉大学生们吃村里人的饭要给钱，不能嫌弃饭不好吃。"他们家的饭好坏，实际上与他们家养的鸡、兔是密切相关的，与他们家的收入是关联的，饭不好吃肯定收入少。"这体现出习近平总书记是真正将人民放在心中。

二是为人谦虚，待人和善。习近平总书记在给曹兵海等人的信中，对大学生们先提出了亲切的问候，落款是"你们的同志——习近平"；在和曹兵海等人的见面时，是和大家一起坐在大树下；在请大学生吃饭时，注意到害羞的同学，幽默风趣地说："曹兵海，多吃点儿，包子随便吃。吃完后，我们数一数看总共吃了多少笼屉。"这些都透露出习近平总书记是一位没有"官架子"、待人友善的领导人。

三是求真务实，注重实践。习近平总书记要求曹兵海等大学生做细致的调研，小到兔子出洞的时候有多大、长多长,都要调研得清清楚楚。习近平总书记说:"学习的同时要想办法应用,在应用中再总结,再用于学习。"这正是将学习应用于实践。习近平总书记不仅要求他人,自己也真正做到了,他曾在街头亲自发放民意调查表,去摆桌子听取群众意见……这不正是"在战争中学习战争"的生动体现吗?

四是高瞻远瞩,富有发展大视野。习近平总书记当年谈到的正定县未来要走的发展路子,现在都慢慢地落实到了中国许多地方的发展中,实实在在地促进了地方的经济发展,改善了许多人的生活。此外,他还看到了科学技术和人才对地方发展的突出作用。

我们作为新时代的大学生,不仅需要去了解习近平总书记的所为,还要时时刻刻做好批评与自我批评。

读《习近平总书记与我们聊如何做好基层工作》

作为一名终将走出学校、走进社会的大学生,我认为很有必要学习习近平总书记有关做好基层工作的经验,无论将来在哪一个岗位,都会有所益处。以下简单记录一下习近平总书记有关基层工作的经验:

一、要实现由大学生到基层行政干部的转变,需具备三个素质:忍耐力、直觉力、行政力。作为基层干部,需要具备三种精神:牺牲精神、奉献精神、创造精神。

二、大学生为什么要到基层工作:从基层干起,可以充实生活,实现价值。

三、干好基层工作做到:第一,要有兴趣、有热情(基础);第二,要有韧性、有耐力,要做好长期艰苦奋斗的准备;第三,要有一定的组织能力(需要后天锻炼);第四,要有豁出去的干劲。

四、怎样打开工作局面:首先对一般性的问题不要随意表态,而是多听多看。办一件事要看准。不要瞎指挥,要多学、多看、多想。

五、如何从学生转变为称职的基础机关干部:第一,要有忍耐力。第二,要有直觉力。这种直觉力有先天的成分,更需要后天培养。第三,要有行政力。要有敢于牺牲、不畏艰险、不怕犯错的冒险精神。

读《习近平同志提倡年轻人要"自找苦吃"》

我们要做怎样的年轻人?读了对张宏樑的采访,我心中也有一些思考:

一、我们要做"自找苦吃"的年轻人。我们是幸福的一代人,但安乐窝里最易让人松懈，怕吃苦是多数年轻人的心态：反内卷，要躺平……"要利用一切机会锻炼自己，要艰苦朴素，要自找苦吃。"习近平总书记的话启示年轻人要不惧吃苦，要主动吃苦，锻炼自己。

二、要参与社会实践，在社会中成长。习近平总书记说："年轻人不能认为进了大学就进了保险箱，就等着将来直接分配到机关。一定要多接触社会，补上社会实践这一课。你们虽然读了很多书，但书里有很多'水分'，只有和群众实践结合，才能把'水分'挤掉。要给书本上的知识'挤挤水'，才能得到'干货'。"重理论、轻实践，是当代大学生的常态，长此以往，必然有脱离实践、脱离群众的危险。大学生应牢记自己是属于社会的，是属于实践的，应该到社会上去！

三、要做"学马用马"的年轻人。"中国共产党为什么能，中国特色社会主义为什么好，归根到底是因为马克思主义行！"马克思主义的科学力量，已经是事实证明的。作为新时代青年，作为一名马克思主义理论专业的学生，必须学好马克思主义理论，学好马克思主义方法，争做一名"学马用马"的年轻人！

四、做一名心怀人民的年轻人。习近平总书记在青年时就时时关注人民疾苦，"我们国家扶贫的任务还很艰巨，一定要关心群众疾苦。扶贫工作要因地制宜，靠山吃山，靠海吃海，靠岛吃岛。"在担任国家领导人后，习近平总书记实实在在地为人民办了许多好事。作为来自一个落后山区的大学生，我对习近平总书记为人民所做的一切深有感触，家乡的各个方面正在日益改善。我认为，年轻人应该明确自己是属于人民，应该为了人民，在各自的领域尽自己的努力造福人民。"自找苦吃"的最终落脚点就是到人民中去！

五、做"高调"做事、"低调"做人的年轻人。从张宏樑口中，我了解到了习近平总书记"勤俭持家，低调做人"的家风，身居高位，但为人低调；做事认真，注重细节。我看到很多年轻人把很多精力都放在了外在，比谁的鞋子好，比谁的衣服贵，高调在外在，却忽略了自身的本职。时时反思，低调做人！高调应在做事！

读《习近平总书记 180 余字寄闽东大学生》

习近平总书记对闽东大学生的殷切期望，也是对全国所有大学生的期望。当代的大学生，无论出生何地、身居何处，都应明白自己肩负着振兴家乡、振兴中华的重任，都应该"珍惜美好时光，安心学习，学有所成，早日参加建设，造福桑梓，为社会主义祖国的繁荣昌盛做出应有的贡献"。

在《习近平总书记 180 余字寄闽东大学生》这一篇文章中，还记述了习近平总书记1989 年 10 月给宁德师范学院做的报告，我认为报告的内容对大学生学习成才很有指导意义："习近平总书记在报告中谈到青年学生要注意从历史中汲取营养，树立民族自尊心，增强历史责任感和使命感，树立正确的政治观点，把握正确的政治方向，培养正确的人生观、价值观和世界观。要正确认识我们的国情和面临的困难，积极投身到改革、建设的洪流中，在实践中施展自己的才华，实现自己的人生价值。"

该篇文章还记述了习近平总书记几个感人的故事，其中我最感动的是习近平总书记"三进下党"的故事。书中写道到，那是 1989 年的一个夏日，他们清晨 6 时从县城出发，约上午 9 时车开到乡下就没路了，然后步行十几里山路，11 点多走到下党乡。一路老杨拿着一把菜刀在前面开路，大家手持竹竿沿着荆棘丛生的山脊小道而行。走在前面戴着草帽、肩搭毛巾、汗透衣背的高个子就是习近平总书记。下党之行，习近平总书记来回步行四个半小时，听说脚底都磨出了血泡。我作为一个成长在农村、自诩"吃过苦"的人，看到书中的描述，也不禁敬佩。我看到了这样的习近平总书记：身居高位，但心系人民、心在基层；前路困难，但一往无前。

读《我们的好校长 习近平同志》

习近平总书记接手闽东大学时，闽东大学"没有校舍、没有师资、没有设备"，还是 1988 年办学条件不达标的大学之一。而习近平总书记接手之后，在"艰苦奋斗、勤俭办学"的思想下，在"马上就办、真抓实干"的精神下，闽东大学采取一系列正确措施，在 1993 年被评为"首届'支部节'最佳组织单位""1992—1993 年学雷锋先进集体"，"培养的学生就业去向都很好，接近 100% 就业"。这一巨大转变，体现了习近平总书记的卓越才能和实干精神！

读《习校长破格录取身体残疾的我》

黄道亮艰辛的求学经历让我深受感动，他"用残缺的身体创造了一个完整的人生"。作为身体健全的人，又怎能贪图享乐、浪费青春呢？

此外，我还想到了一点，黄道亮能够创造完整的人生是离不开一个良好的大环境的，而这个环境就是党带领人民创造出来的。我常常在想，像我这样的家庭，如果没有党和国家的帮扶，我是走不到这里的。中国有千千万万个像我一样的学子，"吃水不忘挖井人"，我们应该铭记于心，回报于行！

读《习近平总书记给我们讲述"浙江精神"》

初读之时，我对此篇是不甚重视的——因为我不是浙江人，将来也没有去浙江发展的打算。但待我静心看完，却受益颇多，以下浅谈一点自己的感悟。

为何要了解浙江和"浙江精神"？习近平总书记以毛泽东主席对南阳书记言："你不知今不知古，只知自己五十五"为引，指出"即使作为一个普通的求学者，因为有过在浙江上学的经历，或许将来还有在浙江创业和生活，对浙江的文化传统一定要有所了解"。联系实际，我认为往小了说，每一个人都应该了解与自己密切相关的地方的历史，比如自己的家乡、生活过的城市；往大了说，每一个人都应该了解中华乃至世界的历史。了解的历史越多越广，人的眼界更高，人生之路更加光明广阔！

读《习近平总书记鼓励我争做自主创新的"排头兵"》

"青年者，人生之王，人生之春，人生之华也"，我们应做怎样的青年？习近平总书记已经给了我们最好的答案。

首先，应做厚德载物、砥砺品行的青年。"无论做什么事，首先是做人，要厚德载物。这关系到能不能走得远、立得高、成其大。"最根本的是要树立符合社会主义核心价值体系的原则和操守。

其次，要做练就本领、积累才干的年轻人。习近平总书记在与大学生交流交心时，多次传授好本领、增长才干的有效方法，有几个例子让我印象深刻，其中一个例子是："一个举重运动员破世界纪录，不是他'天生丽质'，一下就举起200公斤，而是一点儿一点儿加起来的，干大事都要一点儿一点儿地积累。"这启示我们从小处踏实积累才干。反思现在，生活在这个快节奏的时代，大学生很容易单纯追求速度和高度，因此，更应牢记习近平总书记的嘱托！

再次，要"自找苦吃"，做吃苦为人民的青年。习近平总书记说："要利用一切机会锻炼自己，要艰苦朴素，要自找苦吃"；"只有跨过了劳动关，树立'自找苦吃'的想法，才能砥砺思想，让你的思想更加靠近百姓，也让百姓更加信赖你。""自找苦吃"是为了锻炼提高自己，提高自己终究是为了靠近百姓。

复次，要做"服水土"、知国情的青年。"服水土"就是要了解中国国情，不盲目认为国外的月亮更圆。我儿时就有一段时间盲目地崇拜国外的事物，而现在树立正确的观点态度要归因于祖国的快速发展和自身学得更多、看得更多了。

最后，要做志存高远、将个人理想与国家的前途命运联系起来的青年。习近平总书记指出："新时代中国青年处在中华民族发展的最好时期，既面临着难得的建功立业的人生际遇，也面临着'天将降大任于斯人'的时代使命。"大学生应在时代洪流中，志存高远，努力奋斗。

读《习主席嘱咐我们"在社会主义的广阔天地大显身手"》

在这一篇中，我认为习近平总书记在重庆师范大学的讲话对我很有启发意义。以下记录一下习近平总书记这次讲话的要点以及自己的感悟：

一、珍惜机遇，好好学习。"一年之计在于春，一日之计在于晨。人生一年之春、一日之晨就是我们的大学时代，这是一个黄金的时期。"青春只有一次，我们应把握住美好的大学时期，切莫等垂垂老矣再捶胸兴叹！

二、打下基础需要扩展知识面。"大学阶段是一个不断充实自己基础知识的阶段。"我们应该牢记总书记嘱托，不仅要学精专业知识，也要对专业外的领域有所涉猎。最重要的是，树立终生学习的理念，落实终生学习的行动。我们处在一个不断变化的世界，退乃是退，静也是退。唯有不断学习，紧跟时代发展需要，才能找准自己的定位，更好地实现自己的价值。

三、重视实践，知行合一。重视实践、重视知行合一，是习近平总书记一贯的品格。在重庆师范大学的讲话中，习近平总书记再一次强调了这一点，并指出："在上学的时候，也要知行合一。"我认为，大学时期的知行合一需要与所学专业相结合。

四、立志高远，起步要低。仍记得儿时同学们（包括自己）的梦想是成为"科学家""画家""设计师"这类"高大上"的职业，但是我们中的大多数不愿意，甚至不屑于去写好那一次作业、上好一堂课，结果自然是我们中的大多数离儿时的梦想依然遥远。"前者已矣，今日为始"，就如今的梦想，"到基层去，到边远地区去，到社区去，到农村去，到军营去"！总之，到基层去，我们终会离梦想越来越近。

谆谆教诲指引前进方向

——读《习近平与大学生朋友们》有感

2021级小学教育　徐心怡

"从正定到厦门，从宁德到福州，从浙江、上海再到中央，不管在什么岗位上，不管工作多么忙碌，习近平总书记始终高度关心青年成长进步。""习近平总书记经常出席青年活动，与青年谈心，给青年回信，为青年鼓劲，真正成为了广大青年学习的榜样、人生的导师。"

《习近平与大学生朋友们》这本书里，回顾了习近平总书记多年来与大学生之间交往、交流、交心的互动场景，体现了他长期以来对大学生的关心、关爱和关怀。我们也能从总书记与大学生朋友们的生动故事中，汲取精神营养，凝聚前进力量。

我作为一名小学教育专业的大学生，在未来希望能成为一名优秀的人民教师，也正朝着这个目标努力奋斗，在读了《习近平总书记勉励我们做党和人民满意的"四有"好老师》这一节，我的感触非常深，对教师这个职业有了更深层次的认识。在第三十三个教师节到来之际，习近平总书记来到北京师范大学看望师生，亲切慰问，并给予鼓励和寄予。"教育是一门'仁而爱人'的事业，爱是教育的灵魂，没有爱就没有教育。"教师的工作是一项用心灵陪伴心灵、用青春点燃青春、用梦想照亮梦想的事业，用爱陪伴学生、感化学生，用爱塑造灵魂、塑造生命、塑造人，仁爱之露让教育绽放明艳的花朵。"学为人师，行为世范"，成为一名人民满意的教师，自身素质需要过硬，习近平总书记提出了"四有"建议，做"有理想信念、有道德情操、有扎实学识、有仁爱之心"的"四有"好老师。

一个人遇见好老师是人生的幸运，一个学校拥有好老师是学校的光荣，一个民族源源不断涌现出一批又一批好老师是民族的希望，从一个人到一所学校再到一个民族的高度，优秀的老师，应该是"经师"和"人师"的统一，既要精于"授业""解惑"，更要以"传道"为责任和使命，既授人以鱼，又授人以渔，能够在各方面给学生帮助和指导。好老师心中应有国家和民族，要明确意识到肩负的国家使命和社会责任。

听习近平总书记与大学生朋友们畅谈的肺腑之言，吾大学生之辈受益良多，愿以梦为马，不负韶华，直挂云帆，济度理想的彼岸，成为自己想成为的人，逐那点点星光，发一份热，为祖国的教育事业贡献自己的力量。

自找苦吃，用行动书写青年人的人生答卷

——读《习近平与大学生朋友们》有感

2021 级新闻与传播学类　王傲雪

已翻至书的最后一页，却久久不肯放下。好像刚打完一场精彩的球赛，酣畅淋漓，不肯离开这见证一切的球场。

我闭眼，一帧帧画面在脑海中浮现。总书记的手很厚，握完手后笑容可掬地望着我们，予青年人最真诚的期待。

总书记说，人生的扣子从一开始就要扣好；总书记说，生逢其时，要为之奋斗；总书记说，要志存高远行循自然；但心中最清晰的一道声音，是总书记铿锵的话语，年轻人就要"自找苦吃"！

时厦门大学数学系学生张宏樑因一封信之由，往习近平总书记当时的宿舍谈话学习。习近平总书记向来关心大学生、关心青年，张同学一去，总书记便亲切问起："你是哪里人？""父母是干什么的？""大学里都在做什么？"总书记用了一个极其巧趣的比喻：你们虽然读了很多书，但书里有很多"水分"，只有和群众实践结合，才能把"水分"挤掉。要给书本上的知识"挤挤水"，才能得到知识"干货"，要艰苦朴素，要"自找苦吃"。

这何尝不是总书记的人生观。无论身处何处，总能与群众打成一片。习近平总书记在梁家河插队时，在当地建起全省第一口沼气池，为民造福；走向基层，走进贫困村进行调研。他以自身丰富的实践经验，以"知行合一"的态度与行动，号召同学们到基层去，到边远地区去，到社区去，到农村去，到军营去。

信是沟通的桥梁。《习近平与大学生朋友们》全书数篇采访中，许多开篇便是习近平总书记给年轻人的回信，或是解答他们的问题，或是约他们见面相谈，或是给予他们期望。凡是青年们给他写信，他总是认真回复。冬奥会闭幕不久，刚步入十八岁的苏翊鸣在冬奥会上取得了优异的成绩，为祖国增光添彩，在他给习近平总书记写信汇报后不久，就收到了总书记给他的回信。习近平总书记勉励他："新时代是追梦者的时代，也是广大青少年成就梦想的时代。希望你们心系祖国，志存高远，脚踏实地，在奋斗中创造精彩人生，为祖国和人民贡献青春和力量。"

看到这篇报道时，我心中亦感慨万千。我们生在一个伟大的国家，成长在一个最好

的时代，我们生逢其时，如何在社会的广阔天地大显身手，又如何实现人生价值？那便是——"自找苦吃"。时代为青年出了一份问卷，空谈虚有其表，只深究于书本只会如管中窥豹。那就一定去拥抱实际、拥抱社会、拥抱群众吧，知行合一，为之奋斗，用行动书写青年一代的人生答卷。

读《习近平与大学生朋友们》有感

2021 级楚才计划 1 班　新闻与传播学类　张若琪

"青年兴则国家兴，青年强则国家强"。一直以来，习近平总书记高度重视青年大学生的成长、发展。《习近平与大学生朋友们》这本书以"当事人讲当年事"的形式生动讲述了习近平总书记在正定、厦门、宁德、福州、浙江等地从政时与青年大学生交流、交心、交友的故事。我读完后深受感动，现就书中的几个部分来谈谈自己的感受。

历经万难成伟业，人间万事出艰辛。

1985 年，习近平总书记在张宏樑的毕业纪念册上亲笔题写了"志存高远，行循自然"八个字，鼓励他一定要下基层，为老百姓做事，并提倡年轻人要"自找苦吃"。看了习近平总书记与张宏樑的交往经历和对青少年的谆谆教诲，我仿佛也经历了一场难得的心灵洗礼。正如古人所说："以身教者从，以言教者讼，坐而论道不如起而行之。"

在这本书中，习近平总书记多次提起自己在乡下的"过五关"，也回忆起自己冬天起粪时的艰苦经历。但是无论身处什么样的环境，习近平总书记的脸上总是挂着笑容，他不惧苦难，反而把苦难当作促进成长的宝贵财富。而这对处于人生黄金时期的青少年来说也正是重要的人生指引。任何成就都不是一朝一夕能够轻易获得的，每一次的吃苦和磨炼，都会带领我们走得更远，前面的道路从不会一帆风顺，实现中华民族伟大复兴的中国梦需要一代一代青年矢志奋斗，不畏艰难险阻，用我们的不懈奋斗来换取青春出彩的人生价值，捍卫来之不易的岁月静好，实现中华民族复兴的伟大梦想。

驾科技之轻舟，临万顷之茫然。

2007 年，在"五四"青年节来临之际，习近平总书记在上海各界优秀青年纪念建团 85 周年座谈会上勉励青年争做自主创新的"排头兵"。习近平总书记对教育改革十分重视，他说过："不仅要开发学生智力，而且要培养学生的创新和实践能力""不仅要'授之以鱼'，教授学生'学会'，而且要'授之以渔'，教授学生'会学'。"作为新时代青年，我们更要争做自主创新的排头兵，激发自身的创新热情和创造潜力，以敢为人先的勇气、革故鼎新的锐气．立足岗位，大胆创新，在各条战线上不断有所发现、有所创造、有所前进。

实践出真知，实践长才干。

2019 年，习近平总书记看望内蒙古大学留校学生，寄语青年大学生，要"志存高远、脚踏实地、行循自然，学好知识，打好基础，增长才干，将来为中华民族伟大复兴贡献自己的智慧和力量"。

"行循自然"是习近平总书记对青年的殷殷嘱托中始终不变的核心"关键词"，是总书记送给不同时代青年的具有持久生命力的成长箴言与人生信条，对我们的成长具有重要指导意义。在很多次与大学生的交谈中，习近平总书记时常强调实践和调研的重要性，这对我也很有启发。在知青岁月里，习近平总书记从生活的无字书中思悟了什么是真实的中国社会，明悟了关于群众、实际的"真知"。习近平总书记刚到河北正定任县委书记时，3 个月里跑遍各乡各村，进村入户进行调研，在调研过程中真正了解问题，然后再开会决策。同样的，对我们青少年来说，只有坚持在实践中检验真理才能实现理论与应用的相互促进，循环往复；只有坚持知行合一，以知促行，以行求知，不断提升自己的本领水平，才能成为可堪大用、能担大任的栋梁之材，才能在实践中收获成长、在辛勤中获得提升、在过程里寻觅青春无限可能，在全面建设社会主义现代化国家新征程中奋勇向前。

读完《习近平与大学生朋友们》，总书记对我们青年大学生的教导仿佛就在耳旁。窗前，是案前学习的你我，正刻苦书写与行行笔记；窗外，是蒸蒸日上的国势，等待我们每一个人将发展镌刻于世界舞台。生逢盛世，重任在身，于人生定向之时，定立鸿鹄之志，让青春之花绽放在祖国最需要的地方，在实现中华民族伟大复兴的接力跑中跑出属于我们青年人的精彩！

真学真懂真信真用马克思主义

——读《习近平与大学生朋友们》有感

2021 级马克思主义专业研究生　黄晨

《习近平与大学生朋友们》这本书主要讲述了习近平总书记在地方以及中央工作各个时期，与青年大学生交流交心交友的故事，真实记录了他对青年特别是大学生的重视关怀始终如一。在读过本书之后，我真切地感受到了人民领袖对青年一代的亲切关怀和殷切期望，为自己走好人生路指明了正确航向，树立青年志向，发扬青年精神，争做有志气、骨气、底气的新时代青年。书中让我印象最为深刻的就是"习近平总书记希望我们学习马克思主义时要做'四真'，即真学、真懂、真信、真用。他强调，要坚定马克思主义的理想信念，必须做到真学、真懂、真信、真用，不要像口号式的记忆背诵，要内化为真正的核心思想，通过长时间的社会实践来检验"。

真学，即我们要认真学习马克思列宁主义、毛泽东思想、邓小平理论、"三个代表"重要思想、科学发展观以及习近平新时代中国特色社会主义思想。俄国十月革命一声炮响为中国送来了马克思主义，而我们也在实践中证明，中国共产党为什么能，中国特色社会主义为什么好，归根到底，是因为马克思主义行！因此我们要把学习马克思主义作为一种精神追求、一种政治自觉，完成由"要我学"到"我要学"的转变，继续推进马克思主义中国化，以习近平新时代中国特色社会主义思想为指引，开启新征程。

真懂，即我们不仅要深刻理解马克思主义原理，还要深刻领悟马克思主义中国化的伟大成就。百年披荆斩棘，百年沧桑巨变。我们党的一百年，是矢志践行初心使命的一百年，是筚路蓝缕奠基立业的一百年，是创造辉煌开辟未来的一百年。一百年来，党领导人民浴血奋战、百折不挠，创造了新民主主义革命的伟大成就；自力更生、发愤图强，创造了社会主义革命和建设的伟大成就；解放思想、锐意进取，创造了改革开放和社会主义现代化建设的伟大成就；自信自强、守正创新，创造了新时代中国特色社会主义的伟大成就。党和人民百年奋斗，书写了中华民族几千年历史上最恢宏的史诗。

真信，即让马克思主义成为信仰的力量，马克思主义作为一种理论，揭示了剩余价值规律，提出了资本主义必然灭亡、社会主义必然胜利的社会发展规律，同时揭示了人的本质是自由而全面发展。我们如今的幸福生活也是由以马克思主义为理论指导的中国共产党领导人民进行革命、建设和改革而得来的，马克思主义的历史唯物论告诉我们，中国特色社会主义是人民的选择，是历史的必然，因此我们要始终不渝坚持和发展马克思主义，毫不动摇地坚持党的领导，坚定不移走中国特色社会主义道路。

真用，即将马克思主义理论学以致用，知行合一。习近平总书记向来重视"知行合一"，"知行合一"是由我国明朝思想家王阳明提出来的哲学理论，意思是认识事物的道理与实行其事，是密不可分的。实践是检验真理的唯一标准，只有真正用马克思主义理论来指导实践，才能在实践中不断地丰富和发展马克思主义。"纸上得来终觉浅，绝知此事要躬行"，习近平总书记也曾多次强调实践的重要性，鼓励大学生们放低身段，到基层去，到祖国需要的地方去，到工作需要的地方去，投身到中华民族伟大复兴的实践中去。

习近平总书记曾寄语青年大学生，"要志存高远、脚踏实地、行循自然，学好知识，打好基础，增长才干，将来为中华民族伟大复兴贡献自己的智慧和力量。"一代人有一代人的使命，一代人有一代人的担当。作为新时代青年应该严于律己，真学、真懂、真信、真用马克思主义，在实现中华伟大复兴的道路上，唯有以梦为马，以奋斗为伇，不负我中华，完成先驱未竟之大事，延续厚实百年之辉煌。

与祖国同行，担青春使命

——读《习近平与大学生朋友们》有感

2021级学科教学（思政）研究生　余芳琴

本书记录了习近平总书记多年来对大学生群体的关注，他积极调研，鼓励大学生们参与实践，告诫大学生们要有忍耐力，要有直觉力，要有行政力。通过激发青年的责任感和使命感，让每个青年加入祖国的建设，坚定理想信念，提升个人本领，嘱咐青年一代要做好充足准备在考验来临时能迎难而上，在机会来临时能及时抓住，为以后服务社会奠定坚实的基础。明确指出青年的使命担当，帮助青年大学生树立人生理想，助力青年的成长成才。

一、志存高远：做有理想的人

习近平总书记到内蒙古大学考察勉励同学们："要志存高远、脚踏实地、行循自然，学好知识，打好基础，增长才干，将来为中华民族伟大复兴贡献自己的智慧和力量。"总书记对青年寄予厚望，"青年一代是国家的希望，生逢其时，重任在肩"。习近平总书记一直以来非常关心青年成长。他指出："广大青年要坚定理想信念，志存高远，脚踏实地，勇做时代的弄潮儿，在实现中国梦的生动实践中放飞青春梦想，在为人民利益的不懈奋斗中书写人生华章。"习近平总书记指出，中国比较大，国情比较复杂，各个地方的情况可能都有差异，但是，如果我们要真正想为国家做一些事情、有报国理想的话，应该更多地深入基层，真正了解实际的国情是怎么样的。

从"五四运动"后先进知识分子创建中国共产党，到民族英雄浴血奋战创建中华人民共和国，到改革开放后有志之士投身现代化建设，到"汶川一代""奥运一代"彰显中国声音，再到今天扶贫干部深入基层一线脱贫攻坚，总有青年群体的身影屹立不倒、冲锋在前，每一代青年都留下了属于自己的青春答卷，但其中不变的关键词，就是"奋斗"，就是为党和人民奉献一切。担当就意味着必须脚踏实地、必须要不渝奋斗。青年群体要敢于担当时代赋予的使命，眺望星辰大海的征途，还要立足实际、艰苦奋斗，扎根中国大地成长成才。唯有经历过岁月的磨砺、实践的洗礼，才能成长为中国未来社会的中坚力量。奋斗是青春最厚重的底色，书写中华民族千秋伟业，实现中华民族伟大复兴就是青年一代的共同奋斗目标。

二、厚德载物：做有原则的人

习近平总书记在任正定县委书记时邀请河北农业大学正定籍大学生返家乡搞农村调研，他告诉同学们，学习的同时要想办法应用，在应用中再总结，再用于学习。他强调："调研报告要写得实实在在——不要写赞美的话，多写政府部门没掌握的情况和哪些方面需要改进。"习近平总书记在宁德师范学院作报告时谈到，青年学生要注意从历史中汲取营养，树立民族自尊心，增强历史责任感和使命感，树立正确的政治观点，把握正确的政治方向，培养正确的人生观、价值观和世界观。要正确认识我们的国情和面临的困难，积极投身到改革、建设的洪流中，在实践中施展自己的才华，实现自己的人生价值。

面对民族伟大复兴事业的新形势、新要求，青年一代应当以主人翁的姿态"亮剑"担当，坚定理想信念、练就过硬本领，努力实现时代责任和历史使命的有机统一。

三、自找"苦"吃：做有困难的事

习近平总书记鼓励同学们毕业后到基层一线去接受实践锻炼，并谈到，作为基层干部，要有忍耐力、直觉力和行政力，要有牺牲精神、奉献精神和创造精神；干好基层工作，要有兴趣、有热情，要有韧性、有耐力，要有一点儿组织能力，要有一股豁出去的干劲。习近平总书记说过，即使办一件小事，也要看准，办一件成一件。他提倡年轻人要"自找苦吃"，强调做人做事要"注重细节"，教导青年学生"要给书本上的知识挤挤水，才能得到知识的干货"。

《习近平和大学生朋友们》的文字是静止的、凝固的，但它所传递给读者的形象是生动的、鲜活的。从系列报道中我们能够切身感受到，习近平总书记关心、重视青年的成长与发展，也真正懂得青年的所思所想。他对青年的引导与启迪，只给方向、不给画框，只给提示、不给答案，结合不同群体的需求特点循循启发、"精准滴灌"。时代赋予中国青年的使命极其光荣，责任极为艰巨。新时代中国青年要听习近平总书记教导，在投身党和人民的共同奋斗中创造更加美好之青春人生；至为关键的，是要紧密团结在以习近平总书记为核心的党中央周围，同亿万人民一道，在矢志奋斗中创造更加富强之青春中国。

青年人，拥抱社会

2020级楚才计划文科班　教育学　徐忠圻

　　"孤芳绝代伤幽谷，待入尘寰，与众悲欢，始信丛中更有天"，这是胡乔木先生写的一句诗，也是《习近平与大学生朋友们》这本书中提到的习近平总书记很喜欢的一句诗。一切为了群众，一切依靠群众，从群众中来，到群众中去，把党的正确主张变为群众的自觉行动，是我们党一直以来坚持的群众路线。那青年如何走进群众，走进社会呢？我也在这本书里找到了我自己的答案，我们一起来看看。

　　青年要拥抱身边的一草一木。我们所在的身边，最多的就是我们的同学和校园。在去年参与学生校务助理竞聘的过程中，我有幸在大家的支持下，以"第二课堂"为主题，组织了一场全校范围内的实践调研。那次调研，我一共回收了一千三百多份调查问卷，完成了八万多字的调研材料。当我真正走到同学们当中去，跟大家一起开展采访、交流的时候，我才真正明白，摆在你面前的现实，和你所想象的可能并不相同。我们身上的问题，往往是想得太多，做得太少。所以，就像我在最后的总结大会上所说的那样，"没有调查研究就没有发言权"，我们一直把这句话挂在嘴边，可只有亲身体会过之后才能对它有真正的理解和感受。习近平总书记就是这样告诉我们的，"要通过表面的东西，发现背后的机理，找到解决问题的方法"，要"脚踏实地，实事求是"，要"重视实践"，要"知行合一"。

　　青年要拥抱乡村的青山绿水。《习近平与大学生朋友们》中的第一章，写的就是"习近平总书记邀请我们返家乡搞农村调研"。今年寒假，我报名参加了"青鸟计划"山东籍大学生返家乡实践活动。除了在政府机关部门跟岗实习的时间外，我去得最多的地方就是农村，交流最多的就是村子里的爷爷奶奶们。大家知道他们跟我说得最多的一句话是什么吗？"孩儿，现在是大学生啦，在外面好好学习，学了本事，以后可别回来种地，去大城市啊！"去大城市！我爸是最早回乡创业的一批人，工厂虽然不大，但他每天工作都很有成就感，每次我跟他都会聊上很久。他说，童年时的经历让他对这片土地、对农村有着莫名的亲切和熟悉感，可现在的青年大多不在这了。同学们，中国现在还有五亿九百多万人留在农村，我们经常说我们要改变社会，要为国家作贡献，可如果我们连这五亿多人的情况都不了解，那又谈何发展国家、贡献社会呢？我们在去年实现了全面脱贫，实现了全面建成小康社会，可如何从脱贫到致富，还是我们现在要继续考虑的问题，中国发展的未来在北京，在上海，在广州，在深圳，也在农村。我们要走进去，去看看我们真正的"三农"问题是什么样的，只有这样，我们才能贡献我们自己的智慧和方法。

青年人要拥抱民族和时代的呼吸。2021 年是中国共产党发展历史上一个重要的时间节点。中共中央在全党范围内开展党史学习教育的决定，在全国范围内掀起了一场党史学习的热潮，在去年，我也有幸参与其中。我们刚刚进入大学校园的二十多位大一新生，分成了七个小组，踏上了"重走百年路，逐梦新征程"的党史学习社会实践之旅。我们去了七座城市，也是党的七次重要会议的所在地，有上海，有北京，有广州，有遵义，有井冈山。我们在实践中一共录制了七期微团课，开展了一下午、长达三个小时的直播接力活动，讲了我们自己的收获。直到做完这些的时候我才发现，文字资料再翔实，只是学一学是不够的，一定要亲自去实地看一看，去感受一下那段历史，再结合我们的现实，去把它讲出来，这才是我们要做的事情，这才是青年人要做的实践。习近平总书记寄语我们"生逢其时，为之奋斗吧"，站在这样一个光辉的时间节点上，我们比历史上任何一个时期都更接近中华民族伟大复兴的目标。学习历史，不忘本来，更要展望未来，我们是时代的见证者，也是时代的创造者。

"雄关漫道真如铁，而今迈步从头越"，同学们，同志们，青年人们，每一代人都要走好自己的长征路，每一代人也都有着自己的使命和担当。一个国家最好看的风景，就是这个国家的年轻人，而当这些年轻人走进社会，贴近乡村的时候，将必然勾勒出这个时代最为动人的图景。拥抱社会，就是拥抱时代，同时拥抱和见证我们自己的成长。大鹏一日同风起，愿我们都能"在社会的广阔天地大显身手"，愿我们都能不负韶华，不负人民和国家的嘱托，让青春在为祖国、为民族、为人民、为人类的不懈奋斗中绽放绚丽之花。

青楚天下编

　　湖北大学楚才学院"青楚天下"社会实践团队是在楚才学院天问学术中心的倡导和组织下、在湖北大学楚才学院人才培养目标和方向的指导下，组建的一支组合佳、能力高、行动强、成绩优的"乡村振兴"主题实践团队。

　　成立以来，实践团队始终坚持实践性、传承性与育人性相结合的原则。积极响应时代号召，细致考察，因地制宜，鼓励团队成员把论文写在广袤的祖国大地上；努力发挥"传帮带"作用，在新旧队伍接替中稳步发力，接续发展，打造长期的社会实践特色品牌；注重实践育人的指导方针，着重培养青年个人自我教育、自我管理、自我提升的能力，培养综合素质优秀的时代新青年。

　　从2020年成立至今，已有"回嵌乡土（2021）"和"楚稻粮安（2022）"两支代表队伍，分别围绕"农村空心化"和"粮食安全"等内容进行专题社会实践和主题调研，获得省、市有关部门和学校上下的广泛认可，特别是调研成果得到湖北省农业农村厅首肯和批示，连续获得湖北大学"三下乡"校级答辩第一名（2021、2022）、湖北省级优秀团队（2022）、团中央青年发展部"全国优秀团队"（2021）等荣誉称号。

　　现在让我们一起走进这两支心怀热忱，用脚步丈量祖国大地，用实践助力乡村振兴的青年队伍。

青楚天下——"回嵌乡土"

一、团队介绍

湖北大学楚才学院赴江汉平原代表县域"探寻空村之谜，助力乡村振兴"实践团队以"农村空心化"为研究主题，是学院"十四五"期间"乡村振兴"主题系列实践活动的第一支代表队伍。

本团队由湖北省政协副主席王红玲教授担任顾问，楚才学院时任常务副院长朱小梅教授亲任带队教师，聘请湖北大学团委、资源环境学院、商学院的多名领导、老师进行指导。成员来自校内经济、地理信息等多个不同专业，用专业知识积极为乡村振兴建言献策，以实际行动向党的百年华诞献礼。

本项目以乡村人才振兴为调研主题，采用线上线下相结合的调研方法，以"农村空心化"为切入点，在实地调研基础上采用可量化指标进行时空分析与实证分析。团队成员在查阅大量资料、文献之后进行了多次交流与探讨，综合考虑实践意义与可行性，最终确定处于城乡转型快速发展阶段的"江汉平原"作为调研区域，并选取潜江、荆州、钟祥等地作为项目调研样本，从优化县域发展体系、拓宽学术交叉研究、创新时空演进分析等角度入手。在结合 GIS 时空数据量测以多元线性回归理论模型进行数据收集、指数测算、体系构建来探究"农村空心化"内因后，团队在"乡村振兴"背景下提出了应对农村空心化的新思路。

团队在实践过程中取得了多项成果，在湖大校级实践团队评比中获得了第一名的好成绩，具体成果如下：

（一）一手资料丰硕，项目价值获认可

本次实践活动选取的调研地区数量众多且各具特色，团队依据调研的实际情况，汇总录音和文字素材等一手资料，共撰写调研总结 4 篇，提交新闻报道 69 篇，调研报告

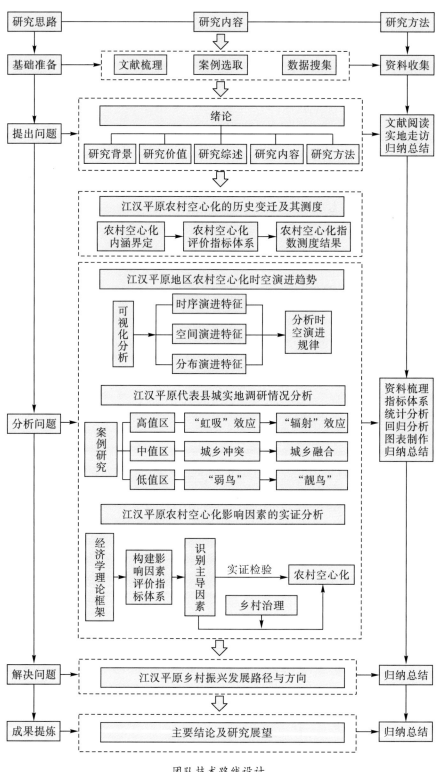

团队技术路线设计

近 10 万字，并获得国家级大学生创新创业训练计划项目立项和江汉平原数据可视化的软件著作权。全面细致的可视化数据积累、针对性强的实践报告获得了相关政府部门的高度认可。

（二）辐射校园内外，调研过程受关注

实践团队在调研过程中受到了广泛关注，在学校内外引起了较大的反响。共收到来自中国青年网、大楚网、湖北高校思政网等国家级省级媒体报道 20 篇，校院级媒体报道 49 篇，接受麻城市政府宣传部门独家专访 1 次。

（三）签订联建协议，对策建议被采纳

团队将本次社会实践调研成果汇总为《关于实施湖北省乡村人才振兴的建议：基于江汉平原的调查（择要）》，呈递给湖北省农村经济经营管理局，以期为湖北省乡村振兴战略实施提供决策参考。本项目撰写的《择要》，获湖北省农村经济经营管理局局长张清林同志充分认可，认为该项目"为做好农村劳动力和人才的储蓄工作、实施乡村振兴战略具有参考价值"。

实践队员在湖北省农业农村厅合影

二、调研过程

（一）实践前期准备：收集相关资料、规划调研路线

2021 年 6 月，团队开始规划此次社会实践活动，在带队老师的指导下，明确乡村人才振兴的调研方向。团队首先考虑多专业交叉融合的协调性，以此确定线上线下相结

合的调研路线，即为以经济学理论研究为基础，以"农村空心化"为切入点，以乡村人才振兴为目标，在实地调研基础上借用可量化指标进行时空分析与实证分析。团队成员在查阅大量资料、文献之后进行了多次的交流与探讨，综合考虑实践意义与可行度，最终确定选取"江汉平原"作为研究区域，2021 年 6 月至 8 月，在团队进行相关可行性分析之后，团队正式开始本次社会实践前期工作。

1. 数据收集

根据本文理论部分的模型设计，团队开始分工进行原始数据的收集和整合。原始数据质量决定了模型结果准确性以及本文理论部分的最终质量，所以团队十分注重原始数据的搜集。团队进行多渠道、多方位的数据收集，收集的原始数据主要可以分为两类，即社会经济数据和地理空间数据。

社会经济数据主要来源于 2015 年至 2019 年《湖北统计年鉴》。根据前期模型设计，结合大量文献分析和可行性分析，确定准则层和指标体系，进一步推导计算方法，根据计算方法中的变量确定数据需求。在本文中，采用了《湖北统计年鉴》中的国民经济数据、土地数据、人口数据、人力数据以及教育数据。主要用于农村空心化指数的测算和空心化体系构建等方面。地理空间数据主要来源于地理空间数据云以及地理数据生产工作室。由于在农村空心化体系构建的指标中包括区位因素，其中包括对距离、高程和植被指数等参数的测算，故通过以上三个渠道获取数据。地理空间数据云包含大量遥感产品，其中从 DEM、植被覆盖指数年合成产品可以获取高程和植被覆盖指数数据；Open Street Map 网站中包含大量矢量数据，经过进一步处理可以量测空间距离，然而其矢量数据具有部分遗失，故通过地理数据生产工作室进行数据采购，进一步完善矢量数据的收集。

2. 数据分析

农村空心化指数是本文的重要指标。通过上述社会经济数据的处理和指标测算，团队利用 SPSS、Stata 等软件计算出 2015 年至 2019 年江汉平原代表区县农村空心化指数，进而对该数据进行时空演进分析。本文时空演进分析主要利用 ArcMap、Coreldraw 等平台进行空间分析、地图制图和图片美化。在团队实践过程中，由于自然断点法、全局莫兰指数等方法存在规律不明显、显著性不强等问题，故进一步利用核密度指数、Dagum 基尼系数等方法进行分析，最终分析结果较为完善。

构建农村空心化体系并探究农村空心化内因是本文另外一大要点。在团队对大量经济学模型进行探讨后，利用 Stata 对社会经济数据及地理空间数据进行数学建模，随后进一步探讨模型显著性。由于部分模型存在不显著等问题，团队对数据进行优化、对模型进行改良、对指标进行筛选，最终理论分析部分较为完善。

3. 数据处理

本文中数据处理主要为利用 ArcMap 平台的地理空间数据处理。

地理空间数据处理主要包括数据粗加工、几何计算及数据计算三个层面。数据粗加工的目的为防止数据出现明显误差，具体指转换坐标系、裁剪、分割等基础处理；几何计算的目的为细化、可视化距离量测方法，如县域距各县城的距离，可以利用该地几何中心与各县城几何中心之和进行表示；数据计算指利用几何体计算几何距离、区域平均值，如利用"点与点之间的距离"工具计算距离数据，利用"区域统计"工具计算高程数据和植被覆盖指数数据，最终将以上数据以表格的形式呈现。

4. 前期宣传

宣传工作是本次社会实践中的一大核心。团队在 7 月初确定宣传计划，并建立团队官方微信公众号、官方微博宣传号以及官方 QQ 宣传号。三大宣传渠道与理论研究同步进行，主要推送团队介绍、项目介绍、研究进展等内容。

(二)实践中期过程：分队实地考察 访谈调研结合

1. 湖北省钟祥市

为贯彻落实习近平总书记关于青年工作的重要思想，引导和帮助广大青年学生上好与现实结合的"大思政课"，在社会课堂中受教育、长才干、作贡献、努力成为担当民族复兴大任的时代新人，以实际行动庆祝中国共产党成立 100 周年，湖北大学楚才学院计划在"十四五"时期以"乡村振兴"为主题展开为期五年的系列暑期社会实践活动。楚才学院"回嵌乡土"实践团队作为第一支代表队伍，以"农村空心化"问题为切入点，于 8 月中旬前往湖北省钟祥市进行实地考察，并对当地部分老人进行了访谈，探讨乡村人才流失原因，探索新时代中国特色社会主义乡村振兴道路，以期为乡村振兴战略实施提供

实践队员采访莫愁村村民　　　　　　　　团队在钟祥市莫愁村合影

决策参考。

7月4日，团队来到了调研地——莫愁村，实践队首先到达莫愁村，与当地村民进行了简单交流，了解到莫愁村已经成为了一个发展特色小镇经济的村落，这在乡村振兴发展道路上不可不谓一个重大创新。并且莫愁村结合了当地特色楚国文化，发展了一系列的特色产业。团队成员了解到乡村振兴给农民带来切实的福利，奠定了调研的基调。之后我们又陆续走访了周边几家村落，了解到实施乡村振兴战略后，农民生活的现实状况。

钟祥市莫愁村古建筑、村民自营的风筝铺

7月6日上午，实践队员就农村产业振兴合作社的相关问题与合作社的负责人进行了近三个小时的深入交谈。在双方的相互交流和沟通中，了解到了合作社发展过程中遇到的一些问题，以及政府在技术、资金等方面的一些扶持政策和实行情况。下午，尽管天气燥热，但队员们依然顶着烈日，进入田间地头，和正在劳作的农户进行交流。在这个过程中，队员们了解到了社员和非社员对于合作社的一些认知和看法，以及合作社内部社员能够享受到的种植成本优势、销售价格优势、利润最大优势。同时还在农户的眼中看到了他们对于合作社发展前景的期冀。

7月7日早上，全体队员对于昨天的工作进行讨论汇总，交流并记录了一天所调查到的现象和问题，结合课堂上所学到的知识进行对比和分析，并对团队接下来的入户调查的主题和注意事项进行了改进。

7月8日团队走访农户，与他们面对面交谈，更深一步地了解莫愁村的发展史、前景及发展存在的问题。并宣传湖北省惠农科教信息，希望能解决农户在种植上存在的技术问题，把科技知识传播到农村，为莫愁村转型升级的发展作铺垫。

7月9日团队胜利返回，将这几天调查到的情况做如实总结。通过这几天的调查，我们明白了新农村建设任重而道远，但是我们相信在党的领导下，一定能够取得新农村建设的伟大胜利。而作为我们当代大学生，应该努力学习科学知识，争取早日将其应用到新农村建设当中去。

钟祥市莫愁村"乡村振兴"战略实施后的实拍美景

总之，这次暑假社会实践收获了很多东西，能系统地学习有关农村空心化及乡村振兴的专业知识，还能聚焦于国家政策发展前沿，从宏观角度理解政策出台的背景、原因以及决策过程。

特别是实地调研时，在与当地村民和决策者的交流过程中，我们了解到，乡村振兴不仅仅是与国家有关，更关系到我们每个大学生的切身利益。从长远来看，我们必须要学好专业知识，用系统而正确的知识武装头脑，指导实践，推动工作。

2. 湖北省潜江市

2021 年 7 月，湖北大学楚才学院赴江汉平原代表县域实践团队在湖北省潜江市开展了为期三天的调研实践活动。

潜江市，是湖北省直辖县级市，地处湖北省中南部、江汉平原腹地，是武汉城市圈、鄂西生态文化旅游圈、长江经济带、汉江生态经济带等湖北"两圈两带"战略的重要节点城市。全市总人口 88.65 万，境内有全国十大油田之一的江汉油田，辖 1 个国家高新技术产业开发区、2 个省级经济开发区、6 个国有农场、16 个镇处，总面积 2004 平方公里。潜江素有"曹禺故里、江汉油城、水乡园林、龙虾之乡"的美誉，曾获国家卫生城市、国家园林城市、国家绿化模范城市、全国水生态文明城市等称号。2018 年 11 月，入选 2018 全国"幸福百县榜"。2019 年，全市地区生产总值 812.63 亿元，增长 7.9%，位列全国县域经济百强第 90 位、全国县域营商环境百强第 82 位、全国县域经济与县域综合发展第 65 位。2020 年 5 月，入选国家级县城新型城镇化建设示范名单。

2020 年 11 月，入选"2020 年中国工业百强县（市）"，排名第 82 位。

潜江市乡村地貌

调研团队采用田野调查法深入农村了解潜江乡村振兴以及农村空心化问题，于 7 月末前往湖北省潜江市的多个村广泛展开调研。调研之初，调研团队成员每人负责联系和对接 1—2 个调研点，并且根据调研点提前设计好了问卷以及访谈问题。经过相关对接和讨论之后，调研团队将目标放在了潜江市联兴、黄脑、联垸、周桥、佘口五个有代表性的村并展开调研。从 2015 年到 2019 年，潜江市乡村常住人口从 81.75 万降低至 61.98 万人，属于"农村空心化"高值区，如今潜江市已进入城乡转型的快速发展阶段，是江汉平原乃至中部地区城乡作用强度最为剧烈和城乡矛盾最为突出的地区之一，乡村人口迅速转移，宅基地闲置与废弃严重，农村空心化程度高，以潜江市作为江汉平原"农村空心化"高值区案例区，具有较为明显的代表性。

团队队员前往潜江调研

　　从潜江市市中心到调研村的路程上，调研团队成员感触良多。市中心到处灯火辉煌，车水马龙，空气中传来一阵阵的喧闹声，高楼拔地而起，整齐如一；熙熙攘攘的人群，神色匆匆。城市的晚上，是多姿多彩的，既有热闹、喧嚣的一面，也有轻快、恬静的一面。城市的早晨，车辆一辆又一辆呼啸着过去，路边的早餐店永远人满为患，呼喊声此起彼伏，公车站、地铁、超市，各种的交通路线像蜘蛛网一样覆盖到城市每个角落，大家都在奔忙，奔忙着各自艰难的生活。城市繁华但拥挤。随着车程，我们到达调研村落，这是完全不一样的情景。"外面像个村，进村不见人，老屋少人住，地荒杂草生。"这是一首描写潜江村落的小诗，读来令人心情沉重。

闲置住宅、废弃耕地

　　在村庄里，坑洼不平的黄泥路上积水成窝，枯黄的杂草在砖缝里飘摇，老村空荡荡的。村中许多废弃房屋已经倒塌，有些占地200多平方米的老屋，住着祖孙三人或四人。带领我们调研的村主任介绍，800多常住人口，差不多有400多人在外务工。走进一位80岁老人昏暗的家中，老人正在为11岁的孙女做晚饭。孙女边吃面条边介绍家中情况：有两亩地，父母都在广东做裁缝；虽然爷爷对自己很关心，但自己也有烦恼，不想只和爷爷待在老房子里……村干部也有苦恼，"我们组织办班培训，让中青年掌握一技之长，他们外出谋生没问题。可是，让他们在家门口就业就不是村里能做到的，留守儿童、空巢老人的问题不好解决。"更严重的是，由于青壮劳力外出，留在村里的以老弱病残和妇女儿童居多，农田耕作缺乏劳力，发展农村经济面临很大问题。而村民居住分散凌乱，村落分布面积过大，村庄外延拉得过长，增加了基础设施统一建设的难度，也延缓了当地经济社会发展。在调研中我们还发现，许多"空心村"出现了一些多年无人使用的宅基地。宅基地私有观念在多数农民心中根深蒂固，他们建新不交旧，导致许多村庄出现无处建房现象。但是在"空心村"治理中，解决宅基地废弃、空置与低效利用问题是一个核心问题，因为乡村振兴说到底是解决乡村脏乱差的问题，而不拆除废弃旧房子，这个简单的目标也很难实现。

团队队员采访了解村里近年发展情况

在此次调研过程中，调研团队对 5 个村庄的返乡农民进行了问卷调查，得到有效问卷 136 份。通过调研我们发现，农村青壮年大量外出务工，这部分农村精英的流出，使农村留下的大部分是 50 岁以上的中老年劳动力，实际家庭人口锐减，"留守老人"成为农业生产的主角，"妇孺农业"和"空心村""老年村"大量出现。空心村表现之一是村里空置的旧房子越来越多；联兴现在全村空置的旧房子有 60 多户，占 25% 左右。空心表现之二是农村成为留守人员的农村，成为老人的农村。农村居住村民主体老弱化和土地空弃化，破坏了乡村人居环境，造成土地资源的浪费。这种空心现象在周桥、黄脑、联垸均大量存在。从结构看，五个村庄人口基本介于年轻型与成年型之间，这是户籍资料显示的结果。但是从实际在村庄人口看，由于 20～50 岁人口多打工在外，中年人占比少，实际结构属于老年型，在人口大量迁移的背景下，农村人口老龄化甚至快于城市。由于老人多单独立户，户均实际人口明显少于户籍人口，户均一人的家庭也不在少数。

农村的人口流动使得大量有知识、有技术的青年流向城市，促进了城市经济的发展。然而，外流的青年生活在城市，与乡村生活渐行渐远，导致了农村发展的一系列难题，如农村空心村、政治民主流于形式、留居人口素质偏低等，这些农村发展新难题阻碍了农村经济发展。结合潜江市具体实际情况以及取得的乡村治理经验，提出以下建议：重视外源性人才引入，完善大学生村官制度；加强内源性人才培养，提高农民乡村治理积极性；落实土地流转、迁村腾地相关政策，促使土地"规模经营"；建立外出人才回流机制，留住人才。

3. 湖北省荆州市

2021 年 8 月 16 日，湖北大学楚才学院"回嵌乡土"暑期社会实践团队成员陈雨萌开始线上联系湖北省荆州市的农民专业合作社负责人，并拟写采访稿件发送给相关负责人。同时队员开始搜集有关荆州市的整体介绍和荆州市农民合作社的相关情况。我们了解到，荆州市的农民合作社数量和质量均处于全省领先地位，目前，全市在市场监督管理部门注册登记农民专业合作社 10440 家、家庭农场 8824 家，其中县级以上示范合作社 665 家、家庭农场 651 家。培育发展农民专业合作社、家庭农场等新型农业经营主体，是提高该市农民组织化程度，促进现代农业发展，推进乡村振兴，让广大农户与现代农业有机衔接的重要途径，更是推动农村土地经营权流转和农业适度规模经营的重要抓手，从而解决农村空心化问题。

团队队员进行线上调研

2021 年 8 月 20 日进行线上访谈，我们联系了荆州市农民专业合作社的总负责人，在会议中，负责人告诉我们荆州市新型农业经营主体发展总体态势良好，截至目前，全市注册登记农民专业合作社 10440 家，其中国家级示范合作社 35 家；家庭农场 8824 家，其中省级示范家庭农场 129 家，农民专业合作社、家庭农场的数量和质量均居全省前列。荆州市农民合作社主要从以下几个方面提升农民合作社的发展水平：

加强典型示范引领。坚持数量与质量有机统一，在规范中发展、在发展中规范，持续开展新型农业经营主体示范创建和"六有"（有合法登记注册、有适度经营规模、有规范财务管理、有先进生产技术、有稳定主导产业、有良好经营效益）家庭农场评选活动，不断提升新型农业经营主体管理水平和发展质量。

开展"空壳社"专项清理。市、县两级建立联席会议制度，成立工作专班，制发《荆州市农民专业合作社空壳社专项清理工作实施方案》，按照每个乡镇配备 1—3 名辅导员的要求，选配合作社辅导员 389 名，对农民专业合作社进行"不漏一社""一社一台账"全面排查，实现了全覆盖。实施质量提升整县试点。2019 年，洪湖市被农业农村部确定为农民专业合作社质量提升试点县，我们对洪湖市合作社进行全面摸底，开展分类处置，对"空壳社"进行简易注销，规范合作社财务管理、账户管理、制度管理等，涌现出了春露、华贵、世元等一批在全省乃至全国具有知名度的联合社。

创新合作社发展模式。公安县充分发挥基层探索创新的积极性和主动性，探索建立"三个合作社"（土地股份合作社、劳务合作社、资本合作社），实行土地入股、劳力入社、资金入市，不仅激活了农村发展要素，而且促进了农村集体经济发展。

推进农业社会化服务。大力推进农业生产托管服务，引导农民组建创办农机专业合作社 441 家，为广大农民和种粮大户提供全程服务，全市农业生产托管服务面积 263.13 万亩。

加强农产品品牌建设。积极打造新型农业经营主体特色品牌，指导经营主体围绕主导产业和特色产品，实施标准化生产，注重品牌创建，有效地提升产品市场竞争力。

争取项目资金支持。2019 年，先后争取财政扶持资金 1798 万元用以加强对农民专业合作社的扶持，其中深度贫困村扶持资金 390 万元（在全省市州中最多，占全省项目资金总量 25%），农业生产社会化服务项目资金 600 万元（居全省市州之首），新型农业经营主体借款贴息资金 60 万元，家庭农场奖补资金 378 万元，合作社奖补资金 270 万元，农村集体资产清产核资项目资金 100 万元。

积极助力产业扶贫。以农民专业合作社"空壳社"专项清理为契机，大力推进合作扶贫，印发《关于进一步做好农民专业合作社"空壳社"专项清理工作的通知》，加快建档立卡贫困村"空壳社"清理，按照"一社一策"原则，逐村、逐社建立工作台账，制订整改方案。

在听负责人介绍了农民专业合作社近几年的主要做法之后，我们问道："荆州市在新型农业经营主体培育工作上取得了这些瞩目的成就，那有没有一些问题还有待解决呢？"负责人说："问题主要是农民合作社的发展质量有待提升，带动能力有待加强，扶持政策有待落实，针对这些存在的问题，下阶段工作将围绕开展规范化建设，创新营销模式，形成发展合力以及激发内生活力展开。"

2021年8月25日，结合采访内容和收集到的资料形成荆州市板块的调研报告，并在调研报告中提出探索荆州市未来乡村振兴发展的新路径。

(三)实践后期总结：整理实践素材撰写调研报告

1.实践意义

第一，有利于湖北省推进乡村振兴。农村空心化从根本上限制了农村人才、产业经济、文化传承、组织建设等的发展，阻碍着乡村振兴战略的实施。妥善解决农村空心化问题既是贯彻落实党的十九大精神，实施乡村振兴战略的必要要求，也是顺应亿万农民巩固脱贫成果奔赴小康的必然选择。本团队通过提出防控农村空心化的乡村治理、改造措施，为乡村振兴战略实施建言献策。

第二，有利于湖北省促进城乡融合。在工业化和城镇化发展过程中如何妥善处理城乡关系，是中国经济社会发展中的难题之一。农村空心化问题很好地体现了一个深层次的社会问题："随着中国工业化和城镇化进程的发展，未来农村和农民是否会慢慢消失？"本团队试图探索农村空心化产生的原因是什么，有什么样的危害，其与工业化和城镇化之间有怎样的关系，面对新时期的"三空"(空心、空巢、空壳)现象，对推动农村集体产权制度、户籍制度改革提出对策建议，有利于促进城乡融合和城乡一体化发展。

第三，有利于湖北省统筹区域协调发展。推动区域协调发展是解决发展不平衡的问题的内在要求，也是构建新发展格局的重要途径。本项目通过对江汉平原农村空心化程度的时空演进分析，探讨江汉平原各地域单元空心化的地域分异格局，深入分析区域间农村空心化程度差异的原因，对推动我国区域协调发展具有较为深远的现实意义。

第四，有助于湖北更好发挥中部崛起战略支点作用。江汉平原地处湖北省"一主两副""两圈两带"等区域战略的重要空间单元，又有"中部崛起""长江经济带"发展等国家战略的支撑，是重要的人口、经济集聚区。本项目通过系统解读江汉平原农村空心化时空演变规律，为江汉平原及其中部地区崛起提供理论依据。

2. 实践感悟

两个月以来，我们团队经常开展线上会议交流想法、分配工作任务，每一位团队成员都秉持热情饱满的工作态度、斗志昂扬的实践精神、百折不挠的顽强信念，全身心投入实践活动。实践开展初期，在团队负责人的带领下，我们初步了解了实践活动的背景，熟悉了实践活动的工作流程，明确了实践活动的目标和要求，找准了实践选题在现实生活和时政背景下的定位，对下一步围绕"农村空心化"这个核心主题开展实地考察和下乡访谈具有重大意义。实践开展中期，由于收到疫情反弹的消息，实践团队将实地调研与线上调研相结合，在保障疫情防控的同时开展实践活动。

——2018 级经济学（楚文）陈婧茹

我们前往了湖北省麻城市顺河镇顺河街道社区和陈家河村进行实地考察，并对当地党员、书记和村民进行了访谈，探寻乡村人才流失的原因，以期为乡村振兴战略提供决策参考。在同当地人员进行交流访谈工作之后，我们切实感受到了"脱贫攻坚"的显著成效，而接下来在"乡村振兴"这条路上存在如年轻劳动力流失、老龄化问题严重、土地资源闲置等诸多障碍，这些是亟待解决的难题。

——2018 级地理信息科学（楚理）章紫曦

在实践工作收尾阶段，我们在外宣工作上也取得了一些成果，在中青网、湖北思政网、大楚网等平台上都发布了一些由团队成员一起撰写的新闻稿，我们也学习到了平时在课堂中学习不到的知识，丰富了自己的人生阅历，获得了宝贵的知识财富。

——2018 级心理学（楚文）王喆

"纸上得来终觉浅"，通过两个月来的实践工作，我深刻地认识到"乡村人才流失"问题的本质是城乡发展不平衡问题，而城乡差距大的首要原因是要素不对等，如何合理引导要素回流工作，吸引更多人才返乡，是治理"农村空心化"问题的关键所在。

——2019 级经济学（楚文）陈雨萌

我们探寻"农村空心化"的内在原因，采用 ArcGIS 和统计分析方法分析江汉平原农村空心化时空演进趋势，借助可量化指标与计量模型来测度农村空心化指数和影响因素，为防控农村空心化提出政策建议，以期为当代城乡关系变化研究拓展新的视角，为江汉平原乡村振兴战略实施提高决策参考。

——2019 级地理信息科学（楚理）王子睿

我们以"乡村振兴发力点"问题为切入点，于 8 月中旬前往湖北省钟祥市莫愁村进行实地考察，并对当地部分从业者进行了访谈，切身感受时代变化，了解近年来"乡村振兴"背景下乡村发展态势，积极为乡村产业振兴积极建言献策，收获颇多。

——2019 级电子科学与工程（楚理）杨高琦

三、调研结论

(一)潜江、荆州、钟祥三大农村空心化典型区域模式比较与讨论

通过理论研究，团队成员测算出江汉平原代表区县近五年农村空心化程度。基于此，团队前往农村空心化程度呈现高、中、低的三地调查空心化形成内因和解决方案。

1. 高值区代表县域："虹吸"效应如何变为"辐射"效应？——潜江市的困境与思考

(1)潜江市农村空心化困境

依靠龙虾致富，将龙虾出售至30多个国家，潜江市理应带动农民致富，而团队在前期农村空心化指数测算中，发现潜江市长期"高空心化"。经过实地调研，团队总结出该现象的原因：

一是外出务工人员较多，农业劳动力大量流失；二是农村宅基地闲置，农村危房大量存在；三是"留守老人"成为农业生产的主角，"妇孺农业"大量出现；四是土地资源浪费，耕地大量废弃；五是村内公共设施仍得不到改善，医疗卫生服务尚不健全。

潜江市农村空心化内因：一是经济因素。耕地少、机械化低等问题导致留乡收入相比于外出务工大大降低。二是社会生活因素。城乡分割的二元社会生活结构加深了城乡间不平等程度。

2. 潜江市乡村振兴发展路径的思考

一方面是留住本土人才，另一方面是做到引才。潜江市农村地区目前吸引不了人才，进而导致了房屋没人住、耕地经济推动不了等问题。如果加大人才引进力度、制定人才培养政策，则可以斩断农村空心化问题根部。

(二)中值区代表县域：城乡冲突如何缓解？——荆州市农民专业合作社的冲突转化

1. 荆州市农民专业合作社发展经验

根据实地调研情况，团队总结出荆州市农民合作社八条成功经验：一是加强典型示范引领；二是开展"空壳社"专项清理；三是实施质量提升整县试点；四是创新合作社发展模式；五是推进农业社会化服务；六是加强农产品品牌建设；七是争取项目资金支持；八是积极助力产业扶贫。

2. 荆州市未来乡村振兴发展路径

以人才支撑为保障，提供贤人下乡的有利条件。加强合作社人才培训，以合作社为

组织载体，吸纳和培养本土性精英人才，并引入外来优秀人才，建立对外来人才与本土人才的吸纳机制和动力机制。

以产业发展为引领，促进农户对接大市场。按照"组建一个合作社、兴起一项大产业、致富一方老百姓"的工作思路，积极引导农民专业合作社立足荆州市实际情况，带领农户发展莲藕、鱼糕、蔬菜、茶叶等优势产业、特色产业。

以土地托管为依托，帮助农户共享全产业链服务。顺应农业发展新趋势，准确把握农户发展生产中普遍存在的劳动力缺失、技术水平较差的特点，引导农民专业合作社采取托管式、订单式、合作式等多种形式。

(三) 低值区代表县域：弱鸟如何先飞？——钟祥市莫愁村的经验与启示

1. 钟祥市莫愁村破除"空心村"发展经验

钟祥市莫愁村是文旅融合发展的典型村落。莫愁村以楚文化为底蕴，大力发展特色文化旅游产业。在团队前期的数据分析中，钟祥市长期处于农业空心化较低水平。对此，团队总结出莫愁村六条发展经验：

一是企业搭建平台，促进能人返；二是政企联动宣传，吸引市民下乡；三是打造农产品品牌，提升农业效益；四是搭建农创团队，提升品牌价值；五是嫁接农业基地，重塑农业价值；六是开设研学旅行，传承乡土文化。

2. 钟祥市乡村振兴未来发展路径

以城乡融合发展为人才"返乡"创造便捷生活条件。以"80后""90后"为主体的乡村青年，关注就业、教育和医疗等，会较多考虑农村生活条件能否满足其在城市中已形成的生活模式。

以统筹产业布局为人才"返乡"打造乡村产业基础。产业兴旺是乡村振兴的重要前提，也是地区、城乡统筹发展的重要基础，只有整体布局明确，区域特色突出，产业定位合理，具有新理念、新技术、新知识的人才返乡创新创业才可能做到目标清晰、判断准确。

以社会治理改善为人才"返乡"营造和谐社区氛围。推进基层社会治理的现代化、法治化和智能化水平，使各地乡村成为乡风文明、治理有效的和谐社区。

以乡村文化建设为人才"返乡"营造良好人文环境。乡村文化建设，意味着对现代城市文明的吸收和接纳，并以现代化的形式呈现和表达传统文化。

(四) 团队赴湖北省农业厅交流农村空心化问题

在交流会上，有关领导提出"修好火车头""建好人才库""织好保护网"三大破除农村空心化要点，同时，就"乡村振兴"等话题，省农业厅领导们提出以下重点：

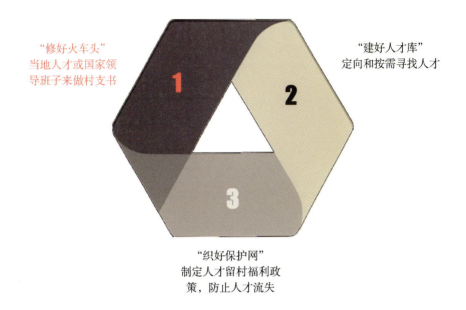

"修好火车头"
当地人才或国家领
导班子来做村支书

"建好人才库"
定向和按需寻找人才

"织好保护网"
制定人才留村福利政
策，防止人才流失

①解决农业问题需要深化改革。解决农村空心化等农业问题，必须进行以人才为先锋推行的改革政策。

②以人为本，加固人才政策。无论是土地问题、住宅问题还是经济问题，最根本的问题是人留不住的问题。

③对待农业问题需要有大历史观、大农业观。在中国国情下的农业问题，是具有历史性、独特性的。针对中国现在或者未来的农业问题，需要从具备历史深度的视角看待。

青楚天下——"楚稻粮安"

一、团队介绍

湖北大学楚才学院"楚稻粮安"社会实践团队以"稻+N"生态种养模式为研究主题，是学院"十四五"期间"乡村振兴"主题系列实践活动的第二支代表队伍。由湖北大学楚才学院院长、创新创业学院院长朱小梅教授、生命科学学院张献华副教授担任带队教师，湖北大学中国农业暨典型行业碳减排碳交易研究中心主任张金鑫博士担任项目顾问。成员汇集生物技术、地理信息、金融学等文理专业，用专业知识积极为乡村振兴建言献策，助力国家粮食安全。

本项目团队以"稻+N"生态种养模式中最负盛名的稻虾模式为切入点，在暑假前往湖北省潜江市对稻虾共作模式展开实地调研，探寻"稻+N"种养模式的构建方式、技术手段与品牌构建方法，借助 SEM 模型、DEM 数字高程模型、ArcGIS 和统计分析方法分析区域种养环境与农户农资投入情况。借助可量化指标与计量模型进行测度分析，以达到促进模式优化及模式推广目的，为"稻+小龙虾"推广至"稻+N"模式提供帮助。以期为"稻+N"研究拓展新的视角，为湖北省乡村振兴战略与粮食安全战略政策的实施提供对策建议。

然而，当前我国很多种养户在生产过程中存在着"重养殖轻种稻""重经济轻生态"的片面短视思想和行为，在稻虾种养过程中存在着小龙虾养殖沟过宽、饲料等物料的投入过大等问题，从而限制了水稻产量的提升，存在影响粮食安全的潜在风险，并造成了农田环境污染，制约着稻虾模式的持续健康发展。可见有必要针对稻虾模式对水稻产量影响进行研究。在此背景下，湖北省江汉平原的代表县域潜江推动稻虾共作产业发展，适应农业供给侧结构性改革需要，借助土地规模化经营和高标准农田建设，有助于激发农业农村发展活力和改善农村生态环境，有力带动了农民脱贫致富和推动农业现代化建设。

团队在实践过程中取得了多项成果，在湖北大学校级实践团队评比中获得第一名。

图 1 社会实践技术路线图

（1）一手资料丰硕，具有实际价值

社会实践团队前往企业、乡镇进行走访调研，依据调研实际情况汇总问卷316份、采访录音和文字素材等一手资料，总共撰写社会实践报告9篇，提交新闻报道68篇，调研报告10万余字，全面细致的可视化数据积累、针对性强的实践报告获得了相关政府部门的高度认可，获得湖北省潜江市农业农村局领导肯定。

（2）辐射校园内外，调研过程受广泛关注

实践团队在调研过程中受到了广泛的关注，在学校内外引起了较大的反响。共受到来自人民日报全国党媒平台、中青网、中国大学生在线、湖北高校思政网等国家级、省级媒体平台报道 30 篇，校院级报道 36 篇，接受潜江市龙湾镇宣传部门独家专访 1 次。

（3）教授视角撰写工作案例，具有推广价值

本项目实践团队指导老师朱小梅教授撰写的《湖大"青楚天下"乡村振兴主题社会实践案例分析》刊登在教育部主办网站，总结楚才学院两次获得校级实践团队第一名的可贵经验（湖北大学楚才学院赴江汉平原代表县域"探寻空村之谜，助力乡村振兴"项目团队与湖北大学楚才学院"楚稻粮安"社会实践团队），具有较好的推广与学习价值。

（4）向有关部门建议献策，促进成果落地

团队将本次社会实践调研成果汇总为《关于推进湖北省粮食安全政策的建议：基于江汉平原代表县域潜江的调查（择要）》，呈递给湖北省农村经济经营管理局，以期为湖北省乡村振兴战略实施提供决策参考。

二、调研过程

7 月 11 日至 12 日，湖北大学楚才学院"楚稻粮安"社会实践团队来到湖北省潜江市，开展以"'稻+N'生态种养模式"为主题的社会实践活动，采用文献分析、走访调研、问卷调查等方法，了解潜江市整体虾稻养殖情况与乡村脱贫现状，把握粮食安全，助力乡村振兴。

近年来，我国稻田养殖综合种植产业快速发展，在促进乡村振兴、脱贫攻坚等方面的高质量发展发挥重要作用，支持稻田养殖的相关政策陆续出台，稻田养殖模式不断创新，出现一批优秀的民营企业与代表县域，开展"稻+N"生态种养模式，助力经济发展，

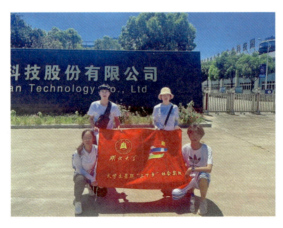

图 2　实践团队在华山科技股份有限公司合影

进行产业扶贫。因此，"楚稻粮安"团队选择来到江汉平原潜江市部分代表企业与乡村，开展实地调研。

(一)华山：探索多元发展模式，助力特色产业扶贫

"楚稻粮安"团队前往湖北省潜江市华山水产食品有限公司总部，在公司办公室主任刘时旋的引导下进行参观和学习。据刘主任介绍，华山公司作为潜江市的龙头企业，带头采取"一水两用，一田两收"的稻虾共作养殖模式，即稻田外圈养殖龙虾，内圈种植水稻，虾稻共同生长。在该模式下，潜江稻虾种植面积迅速扩大，龙虾产量突破 17 万吨，带动了多产业发展，例如龙虾废壳内含有氨基酸、青虾素等多种化学物质，在食品、化工、医药等领域都具有重要的应用价值。

此外，公司还将市内三个乡镇九个村共 99810 亩地纳入"华山模式"产业扶贫项目之中，构建"公司+基地+农户"的农业产业经营模式，统一管理标准，至 2017 年末，项目内村民全部实现脱贫。其中，"华山赵脑村虾稻共作基地"还获得了"国家级稻渔综合种养示范区"称号。

图 3　华山公司主任为实践团队讲解有关产品

随后，团队来到华山公司稻虾养殖基地，与负责人邹永光队长进行交流。"现在都是企业提供无人机撒种，一个人就能管理几十亩稻田。"邹队长笑着说："我们基地内都是使用自动化技术，大大减少了劳动成本，龙虾单亩产量也获得了很大突破。"当谈及养殖水源与污染排放问题时，邹队长解释道，该地拥有自然优质水源，满足水稻与小龙虾的种养条件，所以水源都将合理循用利用，不会造成环境污染。

图 4　养殖园队长为社会实践团队介绍稻虾养殖基地

(二) 交投莱克：建设标准化稻虾基地，开拓养殖模保护水源

什么是稻虾养殖？它有哪些模式？具体是什么样的？在前期的文献查找过程中，团队成员重点讨论了这些理论性问题，并实地来到湖北省潜江市莱克集团稻虾养殖基地，深入村镇，与养殖户进行沟通交流，调研小龙虾的生产养殖情况，探究稻虾是怎样长成的。

图 5　社会实践团队在莱克养殖园合影

团队一早从潜江市出发乘坐客车前往养殖基地，沿路便看到了许多池塘与稻田，并就其展开讨论。这让团队成员对浩口镇以池塘精养与稻虾平养两种主要养殖模式有了更为直观的感受与认识。之后，成员集体到达莱克集团稻田养殖基地，受到了负责人谢罗

成和乡村农业局张局长的热情接待，并向他们咨询了解了莱克集团稻虾养殖基地小龙虾产业的发展概况。

图 6　养殖园谢队长带领实践团队参观稻虾田地

据谢队长介绍，目前稻虾养殖基地大多采用平养模式，且在养殖基地中，无论是水稻种植还是虾的养殖，绝大部分工作都是由无人机完成，这样可以大大减轻农民的工作量。在采访过程中，团队了解到一个较早进行小龙虾养殖的村庄，不仅自身发展较好，还在此基础上带动其他村庄共同进行小龙虾养殖。该村的小龙虾之所以能够吸引外地的养殖户，得益于当地的水源，由于小龙虾对种养水质的要求极高，因此水源好坏很大程度上也就决定了小龙虾质量的好坏。

图 7　养殖园谢队长为社会实践团队讲解水体治理有关问题

在实地调研之前，团队成员通过搜查资料，一直在理论上对小龙虾养殖的污染问题有所担忧，但谢队长表示，实际情况下养殖小龙虾不会产生环境污染，相反，虾稻共作的模式可以保护水源，并在保护水源的基础上提高经济效益，将单纯种植水稻时的每亩不超过 1500 元的收入提高到 3000~15000 元。与此同时，当地政府与村民还进行了小龙虾深加工的探索，延长产业链，利用小龙虾开发化妆品、生物医药产品等，以此来提高小龙虾养殖的利润。

据悉，潜江市农业发展中心水产技术人员探索养殖模式改革，探索出稻虾共作繁养一体生产、稻虾共作繁养分离生产、稻虾共作立体综合生产三种模式，并通过广泛的技术培训和指导服务，让广大养殖户开始转变思维，适应产业发展趋势的方式方法，逐步了解"养大虾"模式。

(三)瞄新村：建设现代化农产基地，实现稻虾养殖美丽乡村

龙湾镇瞄新村是"国家现代农业产业园基地"，走出了一条自己的虾稻脱贫与乡村振兴道路。近年来，瞄新村大兴农田水利基本建设，引进湖北莱克集团投资兴业，通过土地流转发展虾稻共作，建成 1 万亩全国生态小龙虾繁养基地，带动 26 户贫困户脱贫摘帽。在市税务局扶贫工作组和该村"两委"班子的共同努力下，这个原本环境脏乱、经济落后的贫困村一跃成为和谐美丽、村民富裕的新农村，并被湖北省农村综合改革领导小组办公室评为"湖北省美丽乡村"。

图 8　龙湾镇瞄新村

在潜江市瞄新村党群服务中心，"楚稻粮安"社会实践团队受到了瞄新村赵甫银主任的热情接待。赵主任向社会实践团队展示了《2022年度潜江市龙湾镇瞄新村脱贫户（监测户）特色种植养殖财政扶贫资金申报册》，讲解了该村的土地承包制度："在2015年村里引入企业后，集中流转土地进行了标准化改造，然后返包农户实行虾稻共作，种稻的收入能够保障租地的费用，养殖小龙虾的钱就可以全部盈利。"瞄新村作为龙湾镇最大的村，实际人口有三千多人，劳动力超过60%，村内大力建设虾稻种养高标准农田，平整肥沃的土地、配套齐全的水利设施、宽敞平坦的田间道路，大大提高了农民的积极性。

图 9　瞄新村赵主任为社会实践团队讲解有关养殖户政策

在赵甫银的带领下，团队走进村民家中，与部分脱贫户进行面对面访谈，了解在"稻+N"模式下村民们的生活现状与虾稻养殖收入情况。

瞄新村推广轮种和精种结合的虾稻共作模式，收入相比于单纯种水稻大大提升。村民张忠松说："我们每年会有政府2000元的养虾补贴，今年小龙虾市场不景气也有差不多4万元的收入，足够维持家庭的基本开销。"

瞄新村积极与村民进行沟通，完成贫困户申报和补贴工作。毛贰子赵常义夫妇从2017年起，经土地流转承包30亩稻虾田地，每年毛收入达到9万元。因子女患病丧失劳动力，孙辈年纪较小，加之二人年事已高，经申报获得贫困户补贴，改善了家庭生活状况。"能过上现在的日子已经很好了。"当问及还希望在生活中得到哪些帮助时，赵常义淳朴地笑着，"你有困难，别人也有困难，政府已经帮助我们很多了，我们很感谢，今后要一直靠自己勤奋，做好稻虾养殖。"

图 10　社会实践团队采访瞄新村养殖户

瞄新村也存在乡村空心化的问题。村民赵常福表示，孩子都外出打工了，家里只有八十多岁的母亲，年后就不种虾稻田了。经后续的走访研究，社会实践团队发现该村成年子女大多在外读书或工作，村内以老人与小孩为主体，同时"稻+N"种养模式的推广与普及，为村内老人提供了再就业机会，减少退休老人外出务工情况的出现。

干部交流、村民访谈、实地考察……社会实践团队切身感受到瞄新村干部们良好的精神风貌以及联系群众的优良作风，切实了解到企业扶助乡村"藏粮于地，藏粮于技"的以"智"脱贫方略。瞄新村整体呈现出踏实肯干、不辞辛劳、响应号召、创新实践的瞄新精神，正是瞄新村养虾有"稻"奔小康的不竭精神之源。

"楚稻粮安"社会实践团队采用多样化的社会实践方法，围绕"稻+N"生态种养模式展开系列调研。团队成员通过实地访谈与调研，深入了解了华山公司对稻虾养殖、产业扶贫作出的贡献，了解了莱克集团养殖基地的标准化建设与多样养殖模式，了解了瞄新村村民以稻虾养殖为基点进行脱贫与再就业的现状。同时，通过下乡实践，成员自身也学习到了很多知识，加强了实践与承担精神，湖北大学"楚稻粮安"实践团队一直在路上。

(四) 实践感悟

作为 2021 级的学生，担任社会实践队队长让我感觉压力很大，也更具动力。从最开始的活动策划期间的选题策划、定稿，到队员选择、前期策划和思路探讨，都离不开楚才学院、生命科学学院的领导、老师、学长们的支持与帮助。在社会实践阶段我们了解到经过二十年的探索、创新和发展，潜江龙虾产业已形成集科研示范、良种选育、苗种繁殖、健康养殖、加工出口、餐饮服务、冷链物流、精深加工、节庆文化等于一体的完整产业链条。与此同时，我也充分锻炼了自己的领导、组织和协调能力，用实践学会了团结协作的基本技巧——尊重、理解、沟通、帮助。做到思路清楚，规划清晰，指令明确，深入了解每个成员的性格及特长，让每个人都能在社会实践中发光发亮。

——2021 级生物技术专业(楚才计划 1 班)赵妍

在调研报告撰写过程中，我使用地形、卫星、土壤等数据，通过空间分析、非监督聚类等手段厘清了潜江市的基本农业种植条件与水稻种植状况，为后期团队的现场实践成果打下坚实的理论基础。使用了土地资源评价法和气候资源评价法的资源评价方法，以及时序遥感影像数据处理与分析中的聚类法和时序分析法，增强整体社会实践成果的严谨性。

——2019 级地理信息科学专业(楚理)王子睿

在团队中我主要负责引领主导宣传方面的多项事宜。在团队成员的共同努力下，我们累计在中青网、中国大学生在线、中国教育在线等各大宣传平台发表 50 余篇新闻。

此次暑期社会实践活动，引导我接触、了解社会，增强了我的社会责任感与社会适应力，实地调研访谈切实拉近了我与社会的距离，也让我在实践中开拓了视野，增长了才干，进一步了解到粮食安全和乡村振兴的相关政策与重要意义，同时也明确了作为青年大学生的成材之路与肩负的使命。"实践是检验真理的唯一标准"，只有在无数次的社会实践中，才能将学校学习的理论知识与社会相融合。由此，社会是真正的学习和受教育的大课堂，在广阔的田野里，我的团队协作、与人沟通交流、文字书写等各方面能力都得到了提升，为将来的发展打下了更为坚实的基础。希望以后还能有这样的机会参加团队实践，从中得到锻炼，感悟成长。

——2020 级汉语言文学(师范类)(楚文)陈思瑾

这次实践，由于特殊原因我未能参与到前往湖北潜江的线下实践中，但这并不妨碍我在和队友们的精诚合作中收获良多。在实践前期，我主要负责"稻+N"生态种养模式乡村振兴与粮食安全相关政策的整理和线下实践采访问卷提纲设计两项工作。在实践中期，我参与撰写团队实践报告，从政府如何助力、企业如何带动、宣传如何破圈三个层次入手探究"稻虾"成为潜江特色的原因。通过这次社会实践，我深刻认识到，农业发展并不像我原先想象的那样直接、简单，相反，农作物种下去遇到什么样的气候条件，一种生态种养模式试行下去能不能成功，都是复杂且未知的，有哪些因素是左右成功与否的关键条件，是需要在一年一年的现实情况检验中不断总结、反思、改进的。另外，农作物质量好还需要做出品牌打开销路，做到政府、企业、农户三层联动，才能真正发挥农产品的价值，并挖掘农产品除食用外的其他附加价值，打造价值链。在对潜江龙虾品牌的宣传策略研究过程中，我对品牌创建破圈的过程也有了更深入的了解。这一次的实践虽然是短暂的，但我心里的稻花将永远飘香。

——2020级汉语言文学(师范类)(楚文)潘曜玮

"一粥一饭，当思来处不易；半丝半缕，恒念物力维艰"，粮食是根本，探索稻虾共作模式，助力粮食发展，本次三下乡，深入我国粮食腹地江汉平原，探索"稻+N"生态种养模式，增强当代大学生实践和创新能力，了解特色产业发展。从农田到乡镇，感慨至深，稻虾养殖推广，极大提高了水产的复用率，促进了经济发展，带动产业升级，出现华山水产等代表企业，牵头走出国门，打造"一市一品"产业格局。团队通过挨家走访形式，进行面对面访谈，了解到当地在"稻+N"模式下摆脱贫困的历程，深刻了解到民众所需，民众所意，团队就历程展开报告，并通过问卷调查，数学建模等一系列科学性方法，针对目前稻虾养殖情况提供意见与建议，本次调研团队成员付出众多，成员之间相互配合相互协作，泛读大量论文，收集数据，并进行可视化分析处理，进行多次修正排版，最终形成一篇完整报告，整个实践过程中体验粮食来之不易，农民耕作辛苦，见证历史洪流滚滚下国家技术支持农业发展，传统农耕的技术不断升级……综上，感谢实践带来的宝贵经验，感谢团队成员不易付出，感谢每一份来之不易的宝贵粮食，感谢为粮食事业付出的每一个人。

——2021级微电子科学与工程专业蒋睿凌

三、调研结论

(一)稻虾模式中存在的问题与瓶颈

1. "重养殖轻种稻""重经济轻生态"的片面短视思想

在稻虾种养过程中存在着小龙虾养殖沟过宽、饲料等物料的投入过大等问题，从而限制了水稻产量的提升，存在影响粮食安全的潜在风险，并造成了农田环境污染，制约着稻虾模式的持续健康发展。

2. 区域上的不适应性会导致水稻的减产

在地下水位较深的地区，与传统稻油轮作相比，稻虾种养模式下水稻产量要降低30%～50%。部分地区未进行种养环境的评估与考察，单纯照搬现有模式，导致水稻产量降低，经济收入不理想。在目前全省的发展程度来看，还未影响到夏粮的生产，但若是继续大规模在非优势地区推广，可能存在威胁夏粮产量的风险。合理适度的发展稻虾种养，有利于提高了耕地的利用率，促进耕地类型向着粮食用地的转变，提高了农民的种稻积极性。

3. 水产养殖技术有待加强

近年来，稻虾模式养成的商品虾规格偏小，如何由"大养虾向养大虾"转变，模式有待优化；稻虾模式由于多年虾沟有机质积累，养殖环境恶化，如何实现"生态养虾"，技术有待优化；小龙虾白斑综合症病毒病等养殖病害呈上升趋势，如何错峰养殖，建立小龙虾病害绿色防控体系，养殖用药规模化管理有待加强。

4. 稻虾产业引导不足

服务小龙虾产业的能力跟不上小龙虾产业的发展，技术培训、生产指导还不能覆盖所有的养殖者，特别是新进来的养虾者，往往无所适从，最后导致失败。不同地区、不同专家对小龙虾的养殖技术解释不一，甚至有的人不懂装懂、有的企业销售人员为推销产品充当技术员误导养殖者，给小龙虾养殖者带来困惑，有的甚至造成巨大损失，产业的正确引领有待加强。

5. 养殖基地建设尚不完善，部分农民单家独户自主开建的稻虾共作基地建设标准不高、配套设施不完善，需要进一步提档升级。如华山公司稻虾共作养殖基地内是狭窄的土路，雨天道路湿滑不利于养殖户运输小龙虾，同时影响了水稻的机械化种植。

表1　主要养殖模式

序号	名称	成立年份	注册资金（万）	级别	模式类型
1	杰超家庭农场	2014	—	省级示范家庭农场	家庭农场模式
2	巨金米业有限公司	2005	1 600	农业产业化国家重点龙头企业	"企业+基地+合作社+农户"模式
3	华山科技股份有限公司	2012	10 000	农业产业化国家重点龙头企业	全产业链模式

(二)推进"稻+N"模式可持续发展的对策建议

1. 科技创新,提升产业水平实

(1)实施潜江市龙虾养殖战略发展,积极开拓新市场,形成合理布局,结构完善,品质优良的产业发展模式,增强产业集约化,市场化和产业化发展,符合国家战略前提下,向国内外市场延伸。

(2)进行技术引导,扶持潜江龙头企业(如华山和莱克),行业协会加强联系,相关高校合作,增强出口创汇能力,攻坚龙虾技术,注重小龙虾幼苗技术研究。同时,积极探索"企业+合作社+协会+农户"等合作,实现共赢,对初入水稻养殖,经验和资本不足的农户进行引导,带动农户进行标准化,生态化生产。

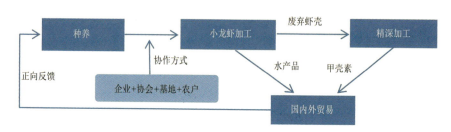

图 11 华山科技"三权分置、土地流转、产域互动、互利共赢"模式示意图

2. 规范化养殖,促进产业发展,注重知识产权保护

(1)提高安全生产技术水平,提高产业经济优势,湖北高校林立,科研院所众多,要发挥其优势,积极进行科研投入,注重生产发展和影响产品质量因素,吸取外来科研成果,结合本地优势自主创新,力争转化自主产权,提高养殖产量,增加经济收益。

(2)建立起差异化奖惩机制,政府部门对农业补贴、农业贷款及保险等扶贫政策引入,提供农户稻虾养殖生产保障,对在稻虾养殖过程中表现积极的给予奖励,对稻虾养殖进行破坏、不规范养殖或造成生态破坏的给予一定处罚,正确引导农户劳作,规范并促进稻虾养殖产业发展。

3. 打造优良品牌,注重农户稻虾养殖知识培养

(1)因地制宜,建立高标准规范基地,提高绿色稻米效益,加强稻虾产品的品牌创建和推广,通过例如博览会等大型农产品销售会,提高产品知名度,打造国际养殖品牌。

(2)采取线下为主、线上为辅的稻虾养殖技术培训,根据农户实际要求,结合农户家庭自身水平，提高农户稻虾养殖知识，增强农户对稻虾养殖的认知。

4. 保障水稻产量，因地制宜发展稻虾模式

为保障稻田水稻产量，应严格按照养殖沟占比不超过 10% 的标准执行，团队对沟占比 10% 条件下如何设置沟的宽度、深度进行了详细的说明，可供参考。根据不同区域的资源特点、立地条件差异，选择相应的稻虾种养方式，进行相应的田间结构建设。对于单块稻田面积大，水资源丰富的低湖平原区，可采用宽沟的稻虾共作模式；而对于丘陵区及水资源不丰富的地区，则可采用沟函模式或生态池模式，发展稻虾连作或小龙虾繁养分离模式。

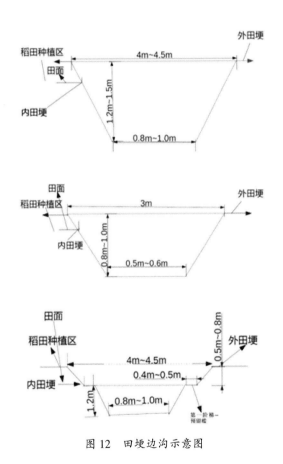

图 12　田埂边沟示意图

5. 坚持集约化发展，推动稻田种养产业的规模化和机械化

随着稻田种养面积的不断扩大，可把稻田种养基地建设纳入农田基本建设，高起点、高标准做好农田水利基础建设。同时加快农艺农机的配套性研究，开展专项配套技术研究，研制适宜稻虾种养稻田水稻生产机具和渔产品捕捞设备，推动稻田种养的机械

化和规模化发展，符合现代农业的发展方向。

6. 坚持优质、绿色发展，提升稻渔产品质量和品牌加强

优质水稻和小龙虾品种选育、开发和应用，坚持全程绿色生产的原则，建立"双水双绿"稻虾种养技术体系，生产绿色水稻和绿色小龙虾，优化稻田生态环境，并利用"互联网+"电商模式打造品牌文化效应，实现水稻和小龙虾产品的优质优价，达到水稻、水产产业和生态环境的共赢。

7. 采用多倍体水稻，实现增产增收

水稻是我国第一大粮食作物，在粮食安全中发挥着重要作用，优质高产水稻新品种的选育对社会稳定和经济发展具有重要意义。通过多倍体水稻品系的花药培养，可获得多个农艺性状优良的回复二倍体品系。多倍体水稻优良回复二倍体的米质整体较好，而且达到优质米标准的品系所占比例较高，具有良好的应用前景；同时根据不同材料的具体指标情况，可有针对性地进行改良或利用；另外，研究结果也在一定程度上证实了以多倍体水稻为途径选育二倍体水稻新品种的育种技术是有效和可行的。

8. 规范绿色生态养殖

要逐步完善稻虾健康养殖标准化操作规程，逐步推行小龙虾标准化、规模化养殖。积极开展安全高效人工配合饲料和小龙虾病害绿色防控技术的研发。加强质量安全监管，严格减量用药。提倡使用生物农药和有机肥料，严禁使用禁用药物。大力扶持合作社、家庭农场等新型经营主体，切实为小龙虾养殖者提供产前、产中、产后全方位服务。

9. 稳定政策补贴扶持力度

要积极支持从事小龙虾产业的专业大户、龙头企业、专业合作社等新型经营主体，充分发挥他们的示范带头作用。要继续稳定政策，扶持农业经营主体，统筹各级奖励资金，补贴做得好的经营主体。

10. 持续改善农业基础设施

统筹项目资金，将稻虾综合种养基地建设列入国土整治、土壤修复、高标准农田以及有机稻基地等国家重点扶持项目内，给予重点支持。同时发展和推进农业保险制度，提升农业保险管理和服务水平，建立健全农业信贷担保体系，推进贷款贴息创新工作。

11. 扶持壮大稻虾农业经营主体

鼓励稻虾综合种养新型经营主体通过土地流转、股份合作等形式，把分散的农户组织起来，推进标准化、规模化、产业化生产。加强水产技术指导，开展技术培训，促进小龙虾产业健康发展。搭建产业发展平台，把优惠的银行贷款政策落到实处，扶持新型经营主体的发展壮大。

四、调研报告(节选)

稻虾共作模式认知、外部环境
对农户农资投入的行为的研究
——基于湖北省潜江市 316 个农户的调研数据

(一)问题提出

基于 1980 年以来"石油农业"快速发展导致的农产品质量下降、江河湖泊污染等一系列严重资源环境问题,在稻田耕作区域,稻田综合养殖作为一种生物互利生态农业发展模式,能够使得稻田生态系统产生良性循环,促进生态平衡,在保证原有生态基础和经济收益上,减少"农业石油"带来的污染,同时提高水产产出,提高农民家庭收入。据水稻生产新需求,分析潜江水稻产业发展的优势,总结出多年来实施水稻生产的经验和大量试验的"稻+小龙虾"模式体系。"稻+小龙虾"模式是以稳定水稻种植面积为基础,以水稻生产为核心的集成与融合。

小龙虾的国内市场不断增大,养殖回报显著,稻虾共作模式在我国湖北潜江地区推行力度和农户采纳效果最为显著。目前,国内稻虾共作研究主要体现在三个方面:稻虾共作的生产技术研究,稻虾共作带来的经济效益研究,稻虾共作模式农户意愿研究。稻虾共作模式具有复杂性,农户对稻虾共作养殖有一个合理的农资投入具有关键意义。

由于稻虾共作模式技术的复杂性,以及稻米和小龙虾的较高利润差,农户能否充分利用水稻和小龙虾的互利共生关系进行合理的农资投入直接影响了稻虾共作模式能否可持续发展。尽管有学者从理论和实证等方面分析了农业生产中农户农资投入减量化行为及其影响因素,但仅局限在大田作物的化肥施用方面,而对整个农业生态系统中多种农资投入减量化行为的研究仍有不足。国内外学者对农业生态系统中多种农资投入减量化行为研究较少,对农药投入以及饲料投入分析几乎为零,生产养殖中,农户选择基于社会、经济、人格心理分析而言,最大程度是为了提高收益,探究在当前中国稻虾养殖下采取的独立生产经营手段。实际生产中,农户为保证利益最大化,尽可能减少成本投入,受家庭或者个人特征选择影响较大,同时,农户选择受到内外因素影响,在农业投资中被外部环境和生态认知所约束。为此,通过对湖北省潜江市稻虾养殖模式进行数据调查,通过结构方程模型(SEM)、生态认知、外部环境、农户及其家庭特征方面对农户农资投入进行分析,以达到促进模式优化及模式推广目的,为"稻+小龙虾"推广至"稻+

N"模式提供帮助。

(二)区域选择、样本方法及数据来源

研究数据来自于"楚稻粮安"社会实践团队 2022 年 7 月在湖北潜江市开展的农户问卷调查。样本获取采取分层抽样方法,在研究考虑潜江市的稻虾养殖模式,地理分布位置,养殖技术后,选取潜江市熊口镇、老新镇、龙湾镇等 6 个镇,通过网络问卷及一对一走访的形式,共发放问卷 320 份,在问卷前期处理中,对残缺问卷、数据缺失进行剔除后,共得到有效问卷 316 份,问卷有效率达到 98.75%。

(三)研究方法

研究主要采取 SEM 结构方程模型以及调查法中的问卷调查法,具体研究方法如下:

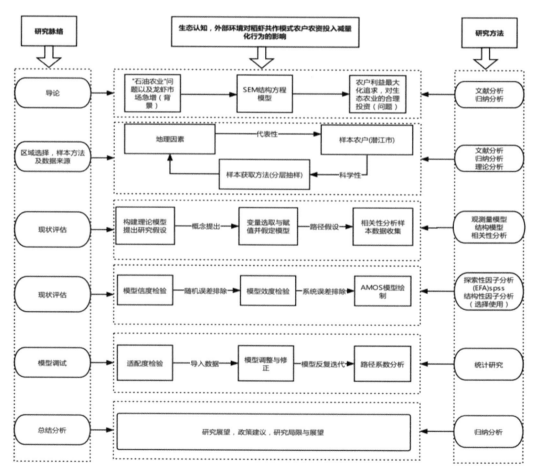

图 13 研究路线图

1. 问卷调查法

问卷法是国内外社会调查中较为广泛使用的一种方法。问卷是指为统计和调查所用的、以设问的方式表述问题的表格。问卷法就是研究者用这种控制式的测量对所研究的问题进行度量，从而搜集到可靠的资料的一种方法。

2. 结构方程模型

结构方程模型(Structural Equation Modeling)基于统计分析与处理复杂的、多变量研究数据的探究与分析，该模型用于农户行为研究，SEM 方程基本模型为 $M = \alpha P + \sigma$，$N = \beta X + \varepsilon$，$P = AP + BX + \gamma$，分析上述方程等式，规定 p 为内部生产变量，M 为 P 的可观测变量，σ 为误差项；X 为外部潜变量；N 为 X 的可观测变量；ε 为误差项；α 和 β 表示变量之间关系，上述农户及其家庭特征，稻虾共作模式的认知及外部环境为潜在变量 X，设 P 为农户投资行为，基于 SEM 模型建立。

3. 变量选取与赋值

基于问卷数据与文献分析，结合实地调查，从农户及其家庭特征、稻虾共作模式、外部环境研究出发对样本数据进行分析，对农户农资投入减量化最初定义，并进行变量赋值(见表2)，其中，性别、年龄、受教育程度等变量是农户及其家庭特征的可测变量；农户对稻虾共作模式预期收益的认知、对稻虾共作模式能够减少化肥和农药等农资投入的认知以及过量农资投入造成环境污染的认知是稻虾共作模式认知的可测变量；农技部门指导、农业补贴、邻里效应等变量是外部环境的可测变量；农户是否会减少农药、化肥和饲料的投入是农资投入行为的可测变量。

表 2　变量定义与赋值

潜变量	可观测变量	赋　值
农户及其家庭特征	性别	男 = 1，女 = 2
	受教育程度	小学以下 = 1，小学 = 2，初中 = 3，高中 = 4，大专 = 5
	是否兼业	是 = 1，否 = 2
对稻虾共作模式的认知	预期收益的认知	稻虾共作模式是否能提高收益，是 = 1，否 = 2
	能否减少农资投入的认知	稻虾共作模式能否减少农资投入，是 = 1，否 = 2
	过量农资投入污染环境的认知	过量投入农资品是否会造成环境的污染 是 = 1，否 = 2

潜变量	可观测变量	赋　值
外部环境 影响	农业技术部门的指导	农技部门是否提供技术支持，是 = 1，否 = 2
	农业部门稻虾养殖补贴	稻虾共作模式是否有农业补贴，是 = 1，否 = 2
	农户养殖邻里效益	进行农资投入是否会受到周边邻居影响，是 = 1，否 = 2
	农户农业保险	是否会购买农业保险，是 = 1，否 = 2
农户农资 投入行为	减少农药投入	会减少农药投入，是 = 1，否 = 2
	减少化肥投入	会减少化肥投入，是 = 1，否 = 2
	减少饲料投入	会减少饲料投入，是 = 1，否 = 2

(四) 研究内容

1. 农户及其家庭特征

农户个体特征包括性别、受教育程度、是否兼业。从性别角度出发，男性明显劳动能力强于女性，但是女性心理相较于男性而言，更注重精打细算，相对于农资投入，更具有把控力；从受教育程度来看，教育程度越高，接受信息能力越强，对农业养殖具有更强的认知，规避风险能力越高，对技术生产掌握力越强，更趋向于对农资的进一步开发；兼业会为家庭带来额外的收入，但同时对稻虾养殖的投入劳动化减少，更趋向于农资投入。

2. 外部环境

外部环境是农户增加农资投入的重要影响因素，主要包括农业技术部门的指导、农户部门稻虾养殖补贴、农户养殖邻里效益、农户农业保险。从农业技术部门的指导看，获得技术指导可显著提高稻虾养殖成品率，减少劳动力指出，减少成本消耗，提高经济效益并提高稻虾养殖的认知，促使农户进行有效，合理的农资投入；农户部门稻虾养殖补贴可以减少农户成本支出，促使农户投入减量化生产；农户养殖邻里效益影响农户对农资投入的认知，具有双向性，农资投入更规范；农业保险能为农资投入提供一定风险保障，对因不可以避免自然或人为损害造成不可逆后果进行风险承担。

3. 稻虾共作模式的认知

农户对稻虾共作模式的认知可从三个角度来看：预期受益的认知、能否减少农资投入的认知和过度农资投入污染环境的认知。其中预期收益的认知会增加农户经济效益的保障，使得农户对现有的生产技术、耕地利用等采取积极或者消极行为方式，农户可能会倾向于成本的减少，同时增大农资行为的投入；农资行为投入认知会直观地带来经济效益影响，过量的农资投入可能会造成成本亏损，少量的农资投入可能会造成经济亏损；农户农业生产中过量的农资投入会造成环境污染，涉及水源、土壤环境等，造成种植业和水产养殖业双度污染。

4. 相关性分析

受农户个人家庭特征影响，教育程度水平高的用户，对农资投入认知更强，对外部环境的关注越大，越注意生态环境保护。农户对是否能带来经济效益提高的关注度越强，对稻虾共作模式关注度越高，生产意愿越高，更愿意对农资进行投入。外部环境的加强可以促使农户对农资水平的关注，并且享受农业保险的农户，在技术人员的指导下，生产力和家庭经济效益有明显的增强。因此，我们推论，上述三个潜变量之间具有明显的相关性，基于 SEMM 模型和上述理论分析，分析相关性作用，构建农户投资行为假说模型(见图 14)。

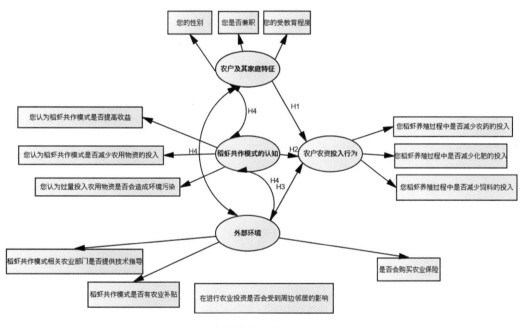

图 14 农户农资行为投入假说模型

H1 农户及其家庭特征与农资投入减量化行为存在显著关系，相关方向不确定。

H2 农户对稻共作模式的认知与农资投入减量化行为呈现正向关系。

H3 外部环境与农资投入减量化行为呈现正向关系。

H4 农户及其家庭特征稻虾共作模式的认知和外部环境存在相互正向关系。

(五)结果与分析

1. 模型信度分析

研究选取 Cronbach's α(克朗巴哈系数分析)作为数据检验的可行度指标,利用 IBM SPSS Statistics 25 软件进行信度分析,结果显示为,性别呈现负相关性,兼职呈现相关性(CLTC),受教育程度太低未能通过相关性检验,农户及其家庭特征、稻虾共作模式的认知和外部环境 Cronbach's α 均大于 0.7,样本具有高度相关性,给项指标方差和平均值处于稳定水平,信度表明数据处于可接受,信度较佳。

2. 模型效度分析

采用探索性因子分析(EFA)对问卷数据进行效度检验,验证结果如图 15 所示,KMO 值为 0.866,大于 0.6,问卷具有结构性质,巴特利球形检验卡方值为 2073.556,显著水平为 0,也即公众期望统计检验显著,说明该问卷适合效度分析。

KMO 和巴特利特检验

KMO 取样适切性量数。		.866
巴特利特球形度检验	近似卡方	2073.556
	自由度	78
	显著性	.000

图 15　效度验证结果

主成分解释的总方差值初始特征值系数大于 1(载荷值),认为可以形成主成分,旋转在和平方和方差百分比大于 60,成分值大于 0.4,分为四个维度,因子复合矩阵与方差贡献率,通过对样本进行探索性因子分析,通过主成分方法提取因子,累积方差贡献率达到了 66.575%,说明能够充分反应原始数据,通过正交旋转法提取共同因子,最终提取其中一个,因子组成与模型中提出的假设为一致的,说明公众期望具有良好的结构效度,综合所述,问卷问题设计符合效度检验。

3. 模型适配度分析

采用验证性因子分析中结构效度检验模型适配度,通过 AOMS 软件导入数据分析,进行适配度调试,得到修正模型路径以及估计参数结果如图 16 所示。

Q1-您的性别,Q2-您的受教育程度,Q3-您是否兼职,Q4-稻虾实际种养面积,Q5-您认为稻虾共作模式是否提高收益,Q6-您认为稻虾共作模式是否减少农用物资的投入,Q7-您认为过量投入农用物资是否会造成环境污染,Q8-您稻虾养殖过程中是否减少农药的投

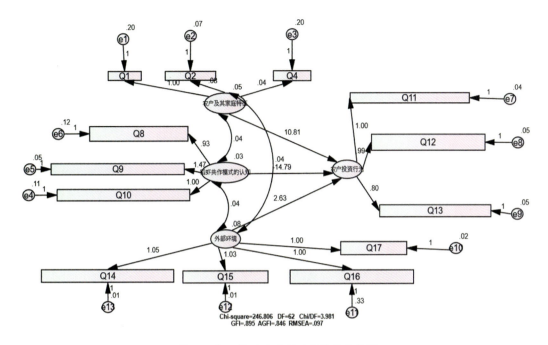

图 16　修正模型的路径及估计参数结果

入，Q9-您稻虾养殖过程中是否减少化肥的投入，Q10-您稻虾养殖过程中是否减少饲料的投入，Q11-稻虾共作模式相关农业部门是否提供技术指导，Q12-稻虾共作模式是否有农业补贴，Q13-在进行农业投资是否会受到周边邻居的影响，Q14-是否会购买农业保险。

(六) 模型路径调整与结果分析

1. 增加路径分析

由表 3 可知，路径是否减少农药投入与是否减少化肥投入在 1% 水平下显著，明显协方差标准路径为正值，表明趋于化肥投入行为与趋于农药投入呈现相关性。农户及其家庭特征、稻虾共作模式的认知和外部环境通过显著性检验，则假设 H4 成立。

表 3　为变量路径结果分析

路径关系	为标准化系数	SE 标准差	P 值	标准化系数	假说验证
是否减少农药投入-是否减少化肥投入	0.14	0.01	0	0.75	H4C 成立
农户及其家庭特征-稻虾共作模式的认知	0.10	0.01	0	0.35	
农户及其家庭特征-外部环境	−0.12	0.02	0	−0.34	
稻虾共作模式的认知-外部环境	−0.10	0.02	0	−0.64	

农户及其家庭特征对农资投入行为影响未能通过显著性检验(见表4),H1 假说不成立,性别、是否兼业、受教育年限影响不确定。通过数据分析,养殖户对成本把控出于谨慎,通常减少农资投入;有丰富养殖经验的养殖户,对稻虾共作模式认知更深入,会加重对农资的投入,故呈现显著状态,假说 H2 成立;养殖户与市场接触密切,受外部环境影响越发深入,例如市面上合作社模式,受到的技术支持越发高,故呈现显著,H3 假说成立。

表 4　为结构方程(SEM)及其测量方程路径结果分析

路径关系	为标准化系数	SE 标准差	P 值	标准化系数	显著检验	假说验证
农户及其家庭特征-农资投入行为	0.07	0.07	0.37	0.15	不显著	H1 不成立
稻虾共作模式的认知-农资投入行为	-2.71	0.60	0	-2.55	显著	H2 成立
外部环境-农资投入行为	-0.64	0.22	0	-0.80	显著	H3 成立

(七)结论与建议

1. 结论

基于 SEM 模型分析湖北省潜江市稻虾共作养殖数据(316 个稻田共作农户),分析农户及其家庭特征、稻虾共作模式的认知、外部环境三个潜变量对农户投资影响,通过对信度、效度和适配度检验后路径调整,得到以下结论:

(1)农户及其家庭特征、农户对稻虾共作养殖模式的认知及外部环境对农户农资投入具有相互作用,其中,稻虾共作模式的认知、外部环境对农户农资投入量化行为均有显著正影响,且影响程度为农户对稻虾共作模式认知大于外部环境。

(2)农户对过量农资投入会污染环境的认知、农技部门指导、农业保险及邻里效益等变量一定程度上显著影响农户农资投入减量化行为。

(3)稻虾共作养殖模式中,农户不合理的农资投入行为占比较大,农户投资行为中,根据信度,效度结果反应,农户趋向增加农药,化肥和饲料占比较大。

2. 建议

(1)规范产业布局

实施潜江市龙虾养殖战略发展,积极开拓新市场,形成合理布局、结构完善、品质优良的产业发展模式,增强产业集约化、市场化和产业化发展,符合国家战略前提下,向国内外市场延伸的方针。

（2）政府政策引导

①政府进行技术引导，与地方企业、行业协会和相关高校进行合作，增强出口创汇能力，攻坚龙虾技术，注重小龙虾幼苗技术研究。同时，积极探索"企业+合作社+协会+农户"等合作，实现共赢，对初入水稻养殖，经验和资本不足的农户进行引导，带动农户进行标准化，生态化生产。

②考虑农业养殖受环境及人为影响因素，应注重农户农资投入保障，联合相关保险部门，引导农户对农业农资投入进行保险保护。

（3）注重农户稻虾养殖知识培养

①建立起差异化奖惩机制，政府部门对农业补贴、农业贷款及保险等扶贫政策引入，提供农户稻虾养殖生产保障，对在稻虾养殖过程中表现积极的给予奖励，对稻虾养殖进行破坏、不规范养殖或造成生态破坏的给予一定处罚，正确引导农户劳作，规范并促进稻虾养殖产业发展。

②采取线下为主线上为辅的稻虾养殖技术培训，根据农户实际要求，结合农户家庭自身水平，提高农户稻虾养殖知识，增强农户对稻虾养殖的认知。

潜江地区地理环境与水稻种植情况分析与研究

（一）研究区域概括与数据来源

1. 研究区域

湖北省潜江市地处湖北省中南部、江汉平原腹地，属北亚热带季风性湿润气候，四季分明：春暖、夏炎、冬寒，雨量充沛，河流纵横，水资源丰富，素有"水乡园林"之称，土壤地貌上地势低平，在地质构造上属于强烈下沉形成的凹陷，古称"云梦泽"，土壤类型为潮土土类和水稻土土类，其中潮土土类占耕地面积的44.7%，水稻土土类占耕地面积的55.2%，水稻土土类多分布在低湿、滨湖地带，主要发育于湖积母质形成的沼泽土，常年积水，为小龙虾生长发育提供了得天独厚的条件，是天生的稻虾共作的好地方。潜江市是武汉城市圈、鄂西生态文化旅游圈、长江经济带、汉江生态经济带等湖北"两圈两带"战略的重要节点城市。

2 数据来源

（1）数字高程模型

数字高程模型（DEM）是通过有限的地形高程数据实现对地面地形的数字化模拟（即

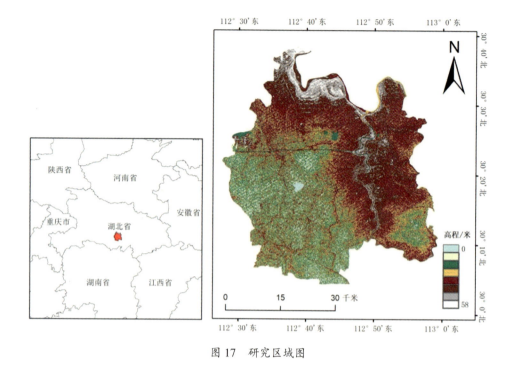

图 17　研究区域图

地形表面形态的数字化表达）。随着 GIS 的发展，DEM 的适用面逐渐开阔，在资源调查、灾害防治等领域广泛使用。

本文中采用覆盖湖北省区域且空间分辨率为 30m 的 DEM，该数据通过 ArcMap 软件中的坡度等工具进行评价指标的计算，同时，DEM 也将在土地资源评价和气候资源评价中作为评价体系中的一大指标参与到计算之中。DEM 数据来源于地理空间数据云（http：//www.gscloud.cn/sources/）。

（2）土壤数据

土壤数据是指通过实地调查和遥感影像反演得到的土壤砂土、黏土含量数据，其质量的好坏是评判当地是否适宜种植、生产的重要指标，也是本文中农业指向的土地资源评价的核心数据。本文中采用湖北省区域 30m 空间分辨率的土壤数据进行处理。土壤数据带有黏土含量这一核心属性值，通过 ArcMap 重分类等工具将土壤质量进行分级，再通过人为判别的方式确定各区域最终评级。

（3）积温数据

积温数据是指某一段时间内逐日平均气温≥10℃持续期间日平均气温的总和，即活动温度总和，简称积温，是研究温度与生物有机体发育速度之间关系的一种指标，从强度和作用时间两个方面表示温度对生物有机体生长发育的影响。

在本文中，采用积温数据对建设指向的气候资源进行评价，通过 ArcMap 中裁剪、转换和分级等工具达到该目的。本实验中的积温数据来源于中国科学院资源环境科学与数据中心（https://www.resdc.cn/DOI/DOI.aspx？DOIid＝39）。

（4）遥感数据

哨兵一号（Sentinel-1）任务包含 Sentinel-1A 和-1B 卫星，分别于 2014 年 4 月和 2016 年 4 月发射，配备 c 波段雷达仪器。c 波段雷达具有穿透云层的能力，这意味着 Sentinel-1 数据可以提供连续的图像供分析。在本研究中，共使用了两年 24 幅双极化 Sentinel-1 级-1 探测（GRD）产品，时间跨度为 2020 年 1 月 1 日至 2021 年 12 月 31 日。Sentinel-1 c 波段数据集提供 VV（垂直发射，垂直接收）和 VH（垂直发射，水平接收）偏振模式垂直发射。本文只使用了 VH 极化数据，因为研究表明 VH 极化在农作物制图中表现最好。一级 GRD 产品在 Google Earth Engine（GEE）平台上进行预处理，再经过聚类方法得出稻田分布图。

哨兵二号（Sentinel-2）卫星于 2015 年 6 月 23 日发射，提供了赤道 5 天、中纬度 2-3 天的重复频率数据。Sentinel-2 数据集具有 10 m 的高空间分辨率和 13 个波段的多光谱传感器，具有卓越的质量。本文从 GEE 中收集了 2020 年 1 月 1 日至 2021 年 12 月 31 日云量占比低于 5% 的 Sentinel-2 高光谱影像数据，并对每幅影像进行归一化植被指数（NDVI）的计算，最终通过聚类方法得出稻田分布图。

通过对哨兵一号和哨兵二号影像的融合，保证了时序数据的完整性，同时可以绘制潜江市水稻种植日历，最后还能够识别水稻的物候特征，土壤耕作和种植、营养、生殖和成熟阶段。

（二）研究方法

本节的主要研究方法为土地资源评价法和气候资源评价法的资源评价方法，以及时序遥感影像数据处理与分析中的聚类法和时序分析法。具体研究方法如图 18 所示。

1. "双评价"资源评价法

"双评价"具体是指"资源环境承载能力及国土空间开发适应性评价"，是编制国土空间规划、完善空间治理的基础性工作，也是进行"生态保护红线、永久基本农田保护红线、城镇开发边界"三条控制线划定，确定用地用海等规划指标的参考依据。2019 年 5 月，中共中央、国务院正式印发《关于建立国土空间规划体系并监督实施的若干意见》（中发〔2019〕18 号），标志着国土空间规划系列工作的全面展开，并正式规定了"双评价"的标准，同时将"双评价"工作推进为宏观资源调研报告的默认步骤。

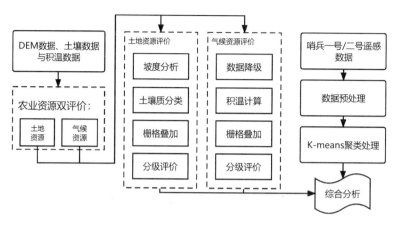

图 18　地理信息部分研究流程图

本节中的"双评价"分析包括土地资源分析和气候资源分析，评价体系、制图标准均参照国家规定。

土地资源评价法是在土地资源调查、土地类型划分完成以后，在对土地各构成因素及综合体特征认识的基础上，以土地合理利用为目标，根据特定的目的或针对一定的土地用途来对土地的属性进行质量鉴定和数量统计，从而阐明土地的适宜性程度、生产潜力、经济效益和对环境有利或不利的后果，确定土地价值的过程。

在本节中，对潜江市区域进行农业导向的土地资源评价，即对潜江市土壤地理环境的农作物种植适宜性进行评估，并按照标准分类为"非常适宜""适宜""较不适宜""不适宜"四个类别，并进行进一步分析。

气候资源评价法是在了解各个气象要素的数量特征及其随时间变化与地理分布的基础上，对气候资源作出价值判断的科学方法。所谓气候资源的价值主要表现为生产布局及日常生产活动提供科学依据所作出的贡献。就农业生产来说，一定的光照、热量、雨量、温度天气条件以及土壤、植被、水文等都是农业生产不可缺少的条件。对农业中的土地利用、作物布局及生产活动都有影响。

在本节中，对潜江市区域进行农业导向的气候资源评价，即对潜江市气候环境的农作物种植适宜性进行评估，并按照标准分类为"较好""一般""较差""差"四个类别，并进行进一步分析。

2. K-means 聚类法

聚类算法根据数据的相似性原理将数据集分组，并从中提取有价值的信息，聚类分析的方法在土地分类与农业遥感中被广泛使用，流程示意图如图 19 所示。本节中使用 K-means 聚类法对 2019 年 1 月至 2020 年 12 月的 Sentinel-1 和 2 月度时间序列数据进行分类，以识别具有相似物候模式的区域。这种方法产生了 10 米分辨率的稻田范围、强度和种植日历图。K-means 法是很典型的基于距离的聚类算法，采用距离作为相似性的评价指标，即认为两个对象的距离越近，其相似度就越大。该算法认为簇是由距离靠近的对象组成的，因此把得到紧凑且独立的簇作为最终目标。K-means 聚类流程如下：

(1)将空间中每个点的多个时相的像元数值作为特征向量 x，空间中点的个数为 n，利用"Z-score"标准化将数据进行预处理，"Z-score"可以真实反映一个分数距离平均数的相对标准距离，常用来对原始数据进行标准化：

$$x = \frac{x_0 - \mu}{\sigma} \tag{1}$$

(2)从 n 个向量中随机选取 k 个对象作为初始聚类中心点，聚类 C_i 的特征向量可以表示为 m_i。

(3)基于欧氏距离将每个样本分配给距离其最近的聚类：

$$\mathrm{dis}(x, C_i) = \| x - m_i \|_2 \tag{2}$$

(4)使用每个聚类中的样本均值特征向量作为新的聚类中心。

(5)重复步骤(3)和(4)直到聚类中心不再变化，且误差平方和最小等式：

$$\mathrm{SSE} = \sum_{i=1}^{k} \sum_{x \in C_i} (\mathrm{dis}(x, C_i))^2 \tag{3}$$

利用轮廓系数(Silhouette index)选取最佳聚类数量，对于第 x 个元素，轮廓系数计算公式如下：

$$S(x) = \frac{b(x) - a(x)}{\max\{a(x), b(x)\}} \tag{4}$$

式(4)中 $a(x)$ 是 x 到同一类内其他元素距离的平均值，用于量化类内的凝聚度；选

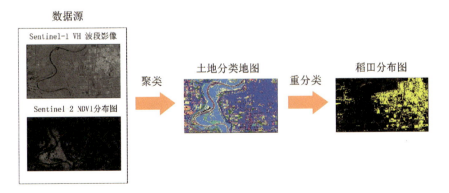

图 19　K-means 聚类流程示意图

取 x 外的一个类 b，计算 x 与 b 中所有点的平均距离，遍历所有其他类，找到最小的平均距离为 $b(x)$，用于量化类之间的分离度。计算所有 x 的轮廓系数，求出平均值即为当前聚类的整体轮廓系数。$S(x)$ 值取值范围从 -1 到 1。若 $S(x)$ 趋于 -1，说明当前聚类结果不适合元素 x。与此相对，若接近 1，说明当前聚类结果较好。

(三)研究结果

1."双评价"资源评价结果

农业导向的土地资源评价分布图如图 20(a)所示。农业活动适宜度面积饼状图如图 20(b)所示，从土壤适宜度的角度来讲，潜江市整体而言不适宜进行农业活动，不适宜种植农作物的地区占 821 km²，占比 41%，主要分布于潜江市北部和东部；较不适宜种植农作物的地区占地极小，占地面积为 3.51 km²；一般不适宜种植农作物的地区占地

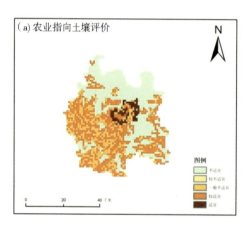

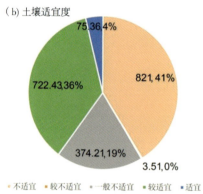

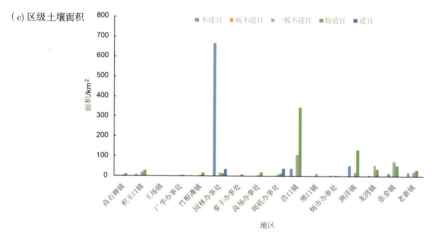

图 20　潜江市土壤评价图

374. 21 km²，占比 19%，主要分布于潜江市中部和西部地区；较适宜种植农作物的地区占地 722. 43 km²，占比 36%，分布于潜江市各个地区；适宜种植农作物的地区占地 75. 36 km²，占比 4%，集中于潜江市中部地区。潜江市北部和东部地区地形陡峭、土壤砂质过高，导致大片区域不适合农业活动，相反地，中部地区由于优越的地理条件和土壤条件，更适宜种植农作物。

以区行政单位作为空间单位的农业适宜度柱状图如图 20(c) 所示。可以看出，潜江市不适宜种植农作物的土壤主要分布在园林办事处，占地面积 668. 42km²；一般不适宜种植农作物的土壤主要分布在浩口镇，其占地面积为 108. 55km²；较适宜种植农作物的土壤也主要分布在浩口镇，其占地面积为 343. 9km²；适宜种植农作物的土壤分布在园林办事处和周矶办事处，面积占比分别为 35. 72 km² 和 38. 89km²。可以看出，距离潜江市中心近的地区更适合种植农作物，是因为市中心选址于更平稳、土壤质量更好的地区，以便于居民进行生产活动。

农业导向的气候资源评价分布图如图 21 所示，农业活动适宜度饼状图如图 22 所示。结果表明，潜江市全市在气候适宜度层面被评价为较为适宜，即为农作物可以达到一年三熟的收成。气候适宜度评价主要于积温数据相关，适中的积温可以促使农作物最高效率成熟，而潜江市的气候符合这个条件。

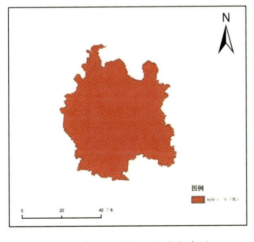

图 21　农业指向气候评价分布图

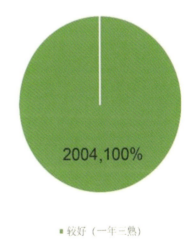

图 22　气候适宜度饼状图

2. 基于 K-means 聚类法的水稻面积调查

通过对 Sentinel-1/-2 数据的聚类和重分类，本文得到了 2020—2021 年潜江市水稻种植面积范围分布图，如图 23 所示。结果表明，2020—2021 年潜江市全市水稻种植面积为 1515.67 km²，占全市总面积的 75.6%。可以看出，潜江市全市主要以农业活动为主，水稻田覆盖全市大部分土地面积。

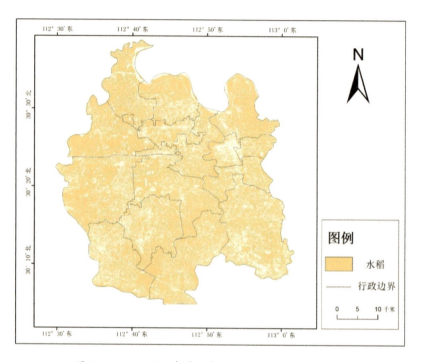

图 23　2020—2021 年潜江市水稻种植面积范围分布图

本文进一步将水稻田面积以区作为单位进行分析，潜江市分区统计稻田面积柱状图如图 24 所示。结果表明水稻主要种植在浩口镇、渔洋镇和老新镇三个地区，种植面积

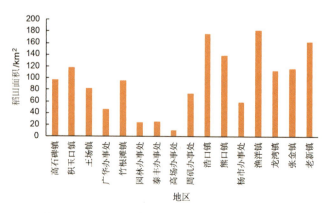

图 24　2020—2021 年潜江市区域水稻面积柱状图

分别为 175.74 km², 185.71 km² 和 162.14 km²; 种植水稻最少的地区为泰丰办事处、园林办事处和高场办事处三个地区, 种植面积分别为 25.59 km², 23.37 km² 和 10.26 km²。可以看出, 潜江市各地区水稻种植范围较为均匀, 分散于各个地区。

本文将水稻种植面积以土壤适宜性的分类方式进行分类, 探究潜江市水稻种植科学性和合理性, 结果如图 25 所示。结果表明, 潜江市水稻田主要分布于不适宜地区和较适宜地区, 占比 40% 和 37% 的总水稻田面积, 一般不适宜地区占有 19% 的总水稻田面积, 适宜地区占有 4% 的总水稻田面积, 各类土地的水稻田使用率均在 75% 左右, 整体适宜率较高。

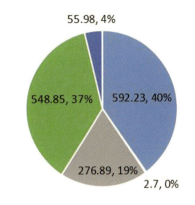

图 25　2020—2021 年潜江市各土壤适宜性类别水稻田面积饼状图

(四) 总结与建议

本文使用地形、卫星、土壤等数据, 通过空间分析、非监督聚类等手段厘清了潜江市的基本农业种植条件与水稻种植状况, 为后期团队的现场实践成果打下坚实的理论基础。本章主要得到以下五条结论:

(1) 潜江市有 40% 的土地适合进行农业生产, 有 60% 的土地不适合进行农业生产, 整体而言地理条件较为欠缺。

(2) 潜江市全市属于较为适合农业生产的气候, 在该气候条件下农作物可以达到一年三熟的收成。

(3) 潜江市全市面积 2004 km², 其中稻田 (水田) 面积为 1515.67 km², 占比将近 75%, 说明潜江市当前仍然以水稻为主的农业活动作为主要生产活动。

(4) 潜江市各地区水稻田占总土地面积均在 75% 左右, 说明水稻田分布均匀, 没有集中作业的情况。

(5) 稻虾模式的基础为良好、成熟的水稻种植环境, 从本文中的调研结果可以得知潜江市拥有良好的水稻种植基础, 同时水稻种植面积较大。

附　录

一、会长寄语

天问已走过十个年头，无论是最初搭建平台，创立天问学术沙龙的尝试，还是后来更名为天问读书会、天问学术中心，组织一期又一期的读书活动，使组织焕发出勃勃生机，这些都离不开天问历届负责人的呕心沥血，离不开一代代天问人的努力与奉献。

回首天问过去十年的历程，会长们讲述了自己与天问的故事，讲述了自己在这里的成长、收获和对天问未来成长发展的期待。

第一届负责人：韩书安

昨天是一张作废的支票，明天是一张期票，而今天则是你唯一拥有的现金，所以应当聪明地把握。天问已经走过了十年，人的一生又有多少个十年？天问教会了我如何分配有限的光阴。

书中藏有珍宝，看你识不识宝；书中蕴有智慧，看你悟不悟理；书中含有真情，看你流不流泪。无论昔日的天问读书会，还是今朝的天问学术中心，我们一直手捧经典。在文字中探寻真理、品味人间冷暖。

在天问十年这个特殊的时间节点，希望大家仍秉持初心，珍惜大学的时光、阅读经典、关注当下。

第二届负责人：贺腾

希望天问能够集中一批热爱读书、立志学术的青年才俊，坚守"以学术为志业，求独立之精神；以读书为乐趣，存自由之思想"的初心，通过读书会、学术讲座、兴趣小组、期刊等多元形式，为楚才乃至湖大学子提供一个学术交流与思想互动的科研创新平台。

第三届负责人：周丽丹

我和天问的不解之缘要从进入楚才实验班说起，得益于楚才学院别具一格的选拔制度，各专业学员有了一同交流学习的机会。而这个社团热情自由、追求真理，接纳所有热爱读书、乐于分享、渴望交流平台的学子，大家可以在学海中自由遨游，更可以在真理殿堂找寻自己前进的方向。

天问让所有参与其中的人拥有赤子般的热忱与坚定，更是我们成长并不断沉淀的自由乐园。天问让我们相信，始于初心，源于热爱，成于坚守。路漫漫其修远兮，吾将上下而求索。天问以传道为己任，吾生当朝乾夕惕以传承之。

第四届负责人：谭文章

在天问建制那天，我说天问是一个概念。但只要我们有了一个稳定的读书教室，有一段相对连续的读书时间，有一个友爱的读书小组，那么天问就会化身为一群人对一本书的回忆，抑或一本书对一群人的记录。

第五届负责人：乐岑川

在天问读书会任职的三年中，我与各位天问的伙伴一起举办读书活动，交流思想，编辑读书会刊物，在共同的事业中一起奋斗，使我受益良多。

在天问，我首先学会的是如何阅读。我从大一开始即加入天问读书会，当时每周举行两次读书活动，其中周五晚上是由老师和高年级的学长学姐主持，逐字逐句地精读名著，如柏拉图的《理想国》、亚里士多德的《尼各马可伦理学》。我参与较多的是柏拉图的《会饮》，柏拉图的作品多以对话的形式写成，如果不具备扎实的哲学功底，可以说几乎是读不懂的。所以在每次活动前，同学们都会做足准备工作，事先阅读章节内容和相关的文献，以期能更好地理解柏拉图的思想。在这样一种读书方法的引导下，我明白了读书不仅仅是要读面前这一本，而是要围绕这一本书，参阅大量的著作和论文。随后，我将这种方法应用到了阅读柏拉图的《法律篇》一书中，效果极佳。

其次我学到的是如何组织。由于同时担任楚才学院学生会副主席，我手头的工作多了起来，不得不考虑如何兼顾两边的事情。幸运的是，学生会和天问读书会里有一群可靠的学弟学妹，他们总是能圆满地完成学院委托的日常工作，使我能腾出手来专心举办各种特色活动，锻炼了我的组织和协调能力。

祝福后继的同学们，希望你们都能在天问读书会有更大的收获。

第六届负责人：周玲依

天问给我的回忆丰富而深刻，难忘我们曾在田家炳楼的206室对比着多版本的注释研读《论语》，也在校内清净的咖啡店中聊着柏拉图的《会饮》篇，还在沙湖公园的草地上沐浴着阳光感受张爱玲笔下的《半生缘》。幸福美好的回忆让人即使离开了象牙塔，想到这些时光也不禁嘴角上扬。转眼间，天问已经十年了，就像见证一个孩子从呱呱坠地到牙牙学语的过程，虽然其中风雨辛酸必然不少，但在一届又一届的传承中天问得以茁壮成长。

十年之际，唯愿天问永葆初心，永远是楚才学子心中那处宁静自由的港湾。

第七届负责人：汪韵霏

我始终相信阅读能塑造人，而人的一生中能有一段时间和志同道合的人一起沉浸在无功利的阅读中更是十分难得。因此，享受这段时光，享受阅读本身，让它成为此后很多年你回首过往岁月的一个美好回忆。

第八届负责人：喻文婷

请多去倾听你的内心。多尝试，请选择你喜欢的，并喜欢你所选择的。请享受无法避免的痛苦。焦虑不是件坏事情。韶华不为少年留，青春做伴好读书。请保持信心。相信自己，相信你的导师，相信楚才学院，相信湖北大学，相信这个伟大的时代。

孙中山先生在《治国方略》中写的一句话："吾心信其可行，则移山填海之难，终有成功之日。"相信我们在这个伟大的时代，在湖大，在楚才，大有可为，大有能为。

第九届负责人：张郭威

岁聿云暮，日月其除。

已然十年间。从百万计的神经元连结，迸发的火光不息兼程三千来个日夜，启蒙潮汐湍湍然，撞击着未被风化的礁石，澎湃间又归于海滩上的一个引力场，往复振荡。

书读完了，闭卷。但曾与灵魂阔论。

学念完了，毕业。幸识些振臂年轮。

天问共我，是追寻的历程——并非狭义的前后方向位移。最初天问承火炬秉之于我时，苦心志、乏其身的案牍劳形琐然且索然，直到懵懂纵入封城，始催生开拓似的过渡。那段小春日和，若闭着眼诚然感知"席地而坐"，在以太网交换端口，天问承载着安抚惴恐的虔诚媒介：若许 19 级的新生，激扬文字般不顾刍荛见解，剖析沉默的大多数，复现十字军东征，探溯马克斯·韦伯 Charisma 的内涵外延。

你大可以拍案"我压根没懂理想国，柏拉图讲的什么玩意儿"。

事实上，你本可以。

这赋予后疫情时代些许浪漫主义，襄资认知结构社会的开端——觉醒年代的峥嵘，不须具备"洪流裹挟惟我独清"的要件，越陌度阡式地在路上，亦能称之为勋荣。

维度的拓展是天问的又一礼赞。希区柯克式的变焦让我们更沉浸于研讨，固有单向化的灌输观点不与之匹配，更难以为继。

故此，感官被赋予在"建构-消弭-复建"的阅读博弈中，澡雪而精神。

怀揣十分之三的惊雷，我们卑以自牧，我们含章可贞。

第十届负责人：王喆

天问十年，让我看到了楚才学子平凡生活中的不平凡。作为后继者，我将带着天问新一任的成员们，永怀对学术的崇敬与关切，以学术中心的形式呈现出来。文字也许冰冷，但天问的每一位成员都会永葆对学术的追求与温热。怀着这样的心情，我们期待它的荣光再现。

第十一届负责人：徐忠圻

惟楚有才，十年天问。何其有幸，在这样一个特殊的时间点，在这样一段对于天问人来说有着特别纪念意义的日子里与天问相逢。过去的十年时光，天问为这里带来了太多太多的故事，积淀了太多太多的意义。每一代天问人，都带着一颗好奇和炽热的心走进来，又都带着坚定自信的澄澈目光走出去。而过去在天问的这一年，也成为了我人生中成长的重要一站。

天问是首创。从十年前天问读书会成立的那一刻起，我们就被这个词汇赋予了最深刻的含义。"求独立之精神，存自由之思想"，只有一群真正敢于向前迈步的人，才会持之以恒地为开创性的事业而努力。过去一年，我战战兢兢、如履薄冰，时刻以前辈们的首创精神对照自己的一言一行。所幸不辱使命，在这不长的时间里，我们新一代的天问人，开分会、建队伍，把敢为人先的精神传承了下去，把我们的事业传承了下去。望之前路，依旧道阻且跻。愿长风破浪，直挂云帆。

天问是情怀。情怀看不见，摸不着，但我们却都能感受到。可能一群没有情怀的人能把事情做到，但只有一群真正有情怀的人才能把事情做好，久久为功，这就是天问存在的意义。在一次次与前辈们、与后辈们交流的过程中，我由衷地感受到了这里的这份与众不同。对内，这是传承，是无私的给予；对外，这是坚守，是勇敢的担当。从此去，无论天问人奔向何方，五湖四海情怀在，大家身上就打下了天问人的烙印，天问就能永存。愿薪火相传，美德不灭。

天问是理想。"天问"是什么？每一个天问人都有自己的答案。欲求至高至深之宗旨，何不问天？问天，是我们的自信和勇气，是我们追逐的方向。我们在追逐理想、追逐自我的道路上，有太多东西阻碍着我们，有太多东西让我们心生疑惑。"问天"不是怨天尤人，而是我们不达目的决不罢休的坚定志向。前路纵使再是千难万险，我们自有我们绝不服输的铮铮傲骨。愿银河浩瀚，终抵群星。

十年天问，我们追根溯源，回望来时走过的路。可不忘本来，更要展望未来，我相信这看起来漫长的十年时光，对于天问、对于我们来说，一定也只是一个浅浅的开始。我们的故事还在不断展开，我们未来的图景还在不断摹画，天问人，还有未来的天问人，跑起来吧！去发现、去创造、去热爱，我们所见证的，正是我们的未来！

二、你的样子

天问人，来自五湖四海。我们来自不同的地方，有着不同地域的文化，可能并非来自同一个专业、同一个学院，但我们却因为缘分在此相聚，因为一个共同的原因坐在一起读书、交谈。

你眼中的天问是什么样的？你跟他有怎样的故事？我们特意收集了几十位组织、参与天问活动的，来自不同专业和年级的同学们，看看他们眼中的天问是什么样子：

2019 级　楚才计划文科班　朱永康

2021 年，在拟写《关于成立楚才学院天问学术中心的有关设想及建议》时，我们心中满怀对天问未来的憧憬与企盼。当初一群追求真知的青年，无须多言，会心一笑，自发地走在一起。他们的眼里闪着光，如屈子问天时眼里倒映的星辰。十年斗转，未减燕赵之气；九秋星移，犹慕齐鲁之音。

到我辈接过薪火，天问已蔚然大观，学子们或慷慨陈词，或孜孜属文，或鼓瑟铿尔，或喟然而叹。它所赋予我们的，有通变古今、贯通中西的圆照之象，有由博返约、以通驭专的治学之术。正如楚才学院 2010 级校友、天问读书会首届会长韩书安学长所说"人的生活是全方面的，科研只是一角"，它更多的，是培养读书的习惯，加强思考的能力，寻找前行的力量。愿后进之士，郁哉而从；愿屈子之道，焕乎而盛。

2019 级　楚才计划文科班　张子卓

非常幸运能够有这个机会参加天问的读书交流会。

从 2020 年暑假开始，我陆续参与阅读了《黄金时代》《娱乐至死》等几本经典书籍。在这里不仅能够"逼着"自己多开阔些视野，安安静静地看几本非专业书籍。更重要的是能够与大家进行思想的交锋、有趣的探讨。在大学里，不同专业的同学有着不同方向的培养模式，不同专业的同学们进行思维交流的机会很少。但何其有幸，在这里我看到的不仅是书中具体问题的理解角度，更看到了来自不同专业的思维逻辑。我认为，这是读书会最应当延续下去的重要原因。

期待天问在现有模式的基础之上可以扩展规模，通过这种创办理念影响其他学院、学生自发地组织类似的活动。"穷则独善其身，达则兼济天下"，是我对天问最美好的祝福。

2020 级　楚才计划文科班　汪涵

在天问最大的收获应该是与往届天问学术中心的学长学姐的交流，很感谢可以有这样一个机会接触到这些优秀的人，让我知道原来我们的经历可以这么精彩。

韩书安学长的讲话给我留下深刻的印象，学长秉承着热爱，在湖大时创办了天问学术中心，后进入武汉大学国学院学习，获得哲学（国学）硕士学位，现在浙江大学人文学院攻读中国哲学博士学位。一路走来，能够感受到天问人对初心的坚守，对天问的殷殷期许。

希望天问能够集中一批热爱读书、立志学术的青年才俊，坚守"以学术为志业，求独立之精神；以读书为乐趣，存自由之思想"。我想这就是未来天问的模样，也是未来你我的模样！

2020 级　楚才计划文科班　陈思瑾

承袭楚才学院一贯秉持的以通识教育为基础、以个性化培养为亮点的特色办学理念，天问学术中心是一个充分体现学术创新精神的先进组织，做到了发扬学院的思辨之风，形成浓厚的学术底蕴和科研风气，开拓学生视野，为楚才学院乃至全体湖大学子的自我服务、学术研究提供更好的帮助。

十分有幸能与天问结下缘分，不仅参加了日常的读书会，还参与组织筹备了天问学术中心举办的系列活动，在读书与工作两方面都受益匪浅。在读书会上，我更倾向于做一位倾听者，认真吸取其他成员发表的观点与见解，了解了许多新知识；在工作上，我解锁新技能，完成部分相关的宣传工作，锻炼提高了自己的交流沟通能力与文字表达能力。

总之，天问学术中心提供了一个宽领域的平台，工作氛围和谐，这些让我对天问充满了认同感和归属感。今后，我将继续为天问学术中心贡献力量，不断提升自己的工作能力水平，积极参与组织活动，和大家一起将天问营造得更好。

2020 级　楚才计划文科班　刘浩乐

我与天问的初识是在大二一开学，一提"天问"，首先联想到的是楚辞中屈子的仰天探问，理想的光芒照进现实，两千三百年后的 2020 年 7 月，"天问一号"火星探测器成功发射，中国航天事业向世界一流水平稳步推进。

正如这跨越两千多年的不懈求索，楚才学院天问学术中心也正是囊括大典、包容各类学说的思想自由之舞台。

遂古之初，谁传道之？参加天问第一次组会时，王喆会长满怀温情与敬意地细数天问创办历史源流、历届优秀成员与特色创意活动，这个年轻的组织生机勃勃地向我袒露她热情又宽和的胸襟。

纂就前绪，遂成考功？九十周年校庆夜晚，韩书安学长和喻文婷学姐到访天问，作为走向更大世界的天问学子向我们传道授业，从他们身上，我学到一种赓续不断，昂扬壮志的蓬勃精神，鼓舞着我向前钻研，行稳致远。

惟兹何功，孰初作之？天问十周年之庆在即，在正式加入天问学术中心作为一名正式成员后，我和其他同学一起，快乐分工，团结合作，发挥个人特性，选取自己可以为天问做出贡献的方向，自由不拘地徜徉在共同阅读的乐趣中。

何忧，何不课而行之？仰而探问天意，俯而埋首伏卷，我愿一直这样，大家围坐观书，一句一句地不断传读着。

2020 级　楚才计划文科班　艾梦琪

在这段时间里，我在天问学术中心认识了一群志同道合的伙伴，度过了一段对我来说有着重要意义的时光。

我们一起为了编撰天问年刊而努力，哪怕缺少相关经验也将一腔热情倾注于此；我们一起定期开展读书会，不拘束于学科限制，就着阅读书籍对各种话题畅所欲言，让大家对彼此的了解进一步加深；我们一起为了天问的发展建言献策，希望它能承载着我们的希望走出学院，走到更多的人面前……

我永远不会忘记开会分配任务时大家的积极，不会忘记每一个在我深夜工作时陪伴的"战友"，更不会忘记每一次读书会大家精彩的发言与交流。天问学术中心更像是一个大家庭，不仅让我锻炼了自己的能力，更让我认识了一群来自各个专业的朋友，我不再将自己局限于专业内那一块小小的领域，而是有机会在每周五的晚上学习到来自各种专业与领域的视角和解读。

当我站在现在的时间节点回望过去，我终于意识到原来天问已经给我带来了这样温暖的、有厚度的、不可抹去的记忆。

2020 级　楚才计划文科班　王雪瑶

在天问，我得到了自己期待中的锻炼。写稿，审稿的很多文字上的锻炼是我在这里的日常。在这样的日子里，理论与实践碰撞出雀跃的火花。

在天问的日子确实是美好的，也许在未来的日子里，我也会怀念这段现在也觉得快乐的日子，就像那些各赴前程的学姐学长一样。

"后之视今，亦如今之视昔。"

2020 级　楚才计划文科班　潘星宇

天问自成立以来，已经走进了第十个年头。十年之间，天问走出了许多优秀的学长学姐，在加入天问后，我也有幸与他们结识。不论是天问首届会长韩书安学长，还是乐岑川学长，或是喻文婷学姐等，他们都体现着天问人身上"腹有诗书气自华"的特质。在与他们交流的过程中，我感受到了对知识的敬畏与对工作的热爱，和对后辈们的关怀。跟随着前辈们的步伐，我也在天问里找到了属于我发光发热的一方之地。

"遂古之初，谁传道之？上下未形，何由考之？冥昭瞢闇，谁能极之？冯翼惟象，何以识之？"在天问里，我真正感受到了与志同道合的朋友们共同努力的快乐，发现着一处又一处的宝藏。天问，唤醒了我的灵魂，让我在学习与工作的路上，向着更加崇高的目标坚定地前行。相信未来的天问会在我们的共同努力下，迎来更好的明天。

2020 级　楚才计划文科班　陈思颖

加入天问的我是幸运的，这一年，我和天问的小伙伴们一起，读完了《共产党宣言》《简单逻辑学》，也共同组织了许多次有意义的活动。这一年，天问在成长，身为天问成员的我也在成长，在天问，我变得更好。

少年不惧岁月长，彼方尚有荣光在。我相信，我们和天问的故事还很长！

2021 级　楚才计划 2 班　汤馥铭

我和天问的相遇，是一次有预谋的邂逅。

我别无所长，要说有什么和别人不太一样的，可能就是读的书多。看书是一个缓慢滋生悲喜的过程，在少年心事远逝的涯岸，堆积的粗糙纸张像一叶扁舟，载着我轻盈的身体，也载着我未干的泪，未谢的期冀。

加入天问的初衷，其实是以书会友，希望能在此寻得三五知己好友，共话读书的志趣。未曾想，天问给予我的，远比我想象的还要多。在如水的夜里，我与成员们围炉静读，捧着一本好书，就像捧着一个神圣的灵魂，而我们不仅同受这精神的洗礼，也通过畅谈，感受理念的碰撞、思维的激荡。在现实的纷杂之中，天问，给我们留了温馨的一隅，让怀着同样温度的人在此相聚了，这是一次偶然的邂逅，却也是必然的宿命。我们虔诚地接纳天问的赠予，而不觉中，天问也因我们的相聚显得更富有生机，我们为它填补过往的缺憾，为它擘画未来的梦土，我们从前人手中接过它，又会在经年之后，将它传递给后人，天问人的精神，因这传承而更加丰盈，天问，也因这传承而生生不息。

2021 级　楚才计划 2 班　高阳

我还记得 2022 年的春天，第一次读书会大家思想的碰撞探讨；记得阅读《习近平与大学生朋友们》，制作读书笔记，开展线上线下的活动，编纂刊物，我们的团结互助；记得采访贺腾学长，学长的经验和思想令人敬佩和向往；记得来到本部后，每周读书会轻松愉悦的氛围。

第一次面试天问的时候，有人分享了对"天问"这个名字的认识，从说文解字的词性和注释开始，全面而透彻。但真正进入天问，成为其中一员时，我才发现天问的内涵远超过字面上的解释，它是天问读书会出发的初心，探寻世界的答案，永远追求真理，也是天问学术中心拓展的初衷，为了"殊途同归"，既攀登书籍里知识的高峰，向星空竞发，又触碰真实的世界，贴近这片土地。

道阻且长，我们彼此相依，在团结中砥砺前行；行至十年，我们回首致意，新征程依旧行稳致远！

2021 级 楚才计划 1 班 刘川

光阴，驹过隙，髭髯如戟，容易成丝。

转眼间，天问已经走过了十年。虽未能见证天问的萌芽，但何其有幸，目睹了天问的发展。天问传递出的是求知若渴的欲望，是革故鼎新的创新精神。从昔日的天问读书会到今朝的天问学术中心，组织内部不断变革、活动内容百花齐放、学术成果不胜枚举，无一不展现着天问扶摇直上的磅礴气势。

在学术气氛浓厚的天问，"一桌、一书、三两人"的画面让我刻骨镂心。各专业学子思维正激烈碰撞，碰撞出可贵的火花。这火花如黑暗中的光，照亮了前路；亦如一把利器，铲除了学术道路的阻碍，我们遨游在这片火光中，编织着属于自己的人生蓝图。

我与天问的邂逅，不止于此。以后的故事仍需天问与我一同续写。"长风破浪会有时，直挂云帆济沧海。"是我对天问最诚挚的祝愿。

天问读书会成员、2018 级思想政治教育 王万鹏

我是 2018 级思想政治教育的学生，并不是楚才的学生。加入天问也可以说是机缘巧合。我在参加天问读书会的时候会有很大的压力；一方面是因为自己不够优秀，另一方面是天问的同学都很优秀，知识面广，逻辑体系明确完善，对自己的专业知识掌握度与熟练度都在较高层次。

加入天问给我最大的收获有以下几点：第一，收获了一些好友，虽然日常生活中可能不太会有所交流，但是会不定期互相推荐书籍，谈心；第二，收获了书籍中的观点，天问刚开始算是读书会，而主要活动就是读书，在读书的过程中则也明白了书中表达的观点；第三，拓展了读书的广度，因为读书会本身并不是只死盯一类书，而是多类型的阅读，因此会接触到之前从来没接触的书籍，这种新鲜感也很有趣；第四，收获了不同的观点，因为我也算是天问的"老人"了，从 2019 年到 2022 年，每年给我的感受不一样，如果在未来可以加强不同年级的交流，那我相信，天问又将是一副新模样。

天问读书会成员、2018 级美术学 李欣

感谢天问同学的邀请，我加入了天问读书会，和优秀的楚才学子一起交流读书。

在天问学术中心，我们每周五会定期举办读书活动，每次的活动，教室的人员都是爆满。

我们读的书范围很广泛，有党史教育、逻辑思维、商业历史等等。这些都利于我们扩宽自己的知识面，也能激发我们的求知欲，让我们在知识的海洋里遨游。特别是《习近平与大学生朋友们》，读完后，我被厚重的家国情怀深深打动，书中的故事激励着我将个人小梦想融入中国梦之中，实现自身价值，成为一个大写的人！

特别喜欢天问学术中心氛围，感谢这一温馨、有活力、有情怀、有追求的组织！

天问读书会成员、2018 级教育技术学　曹冰

尼古拉斯·卡尔所著的《浅薄》一书中提到：由于互联网全面地占据我们的生活，我们集体性地患上了一种慢性注意力涣散症。互联网给了我们很多东西，但也由于互联网的到来，时代的节奏在加快，碎片化的思维在入侵。

显然，静下心阅读和思考是一种能力，大多数人却在失去。天问的存在，为深度思考和青年人之间的思想交流带来契机。我们太需要这种机会，去静下心来阅读，去沉淀自己。在天问，不同学科领域的伙伴们相聚在一起，在交流的过程中，每个人的思维都不再局限于自己的当前所了解的范围，而是通过畅所欲言，获得了更广泛的知识面。

来到天问，我首先想到的就是，天问成员好像《觉醒年代》中，一群身上迸发着赤子之心与成人之思的有志之士。大家互相欣赏对方的才华横溢，只将所有的对立仅限于思想。

新时代千帆竞发，新征程百舸争流。天问为青年人奋发前进，提供了强劲的精神动力。

天问分会成员、2022 级文化遗产　李沛锦

与天问大家庭的相遇，始于一场说说笑笑的讲座。那些坐拥智力高谷的风云人物，科研探讨的学术氛围，互相扶持又各赴前路的张弛之度，都令我神往。我渴望通过自身实力得到认可，也渴望在文笔工作上进一步精进，是故放手一把豪赌，跌跌撞撞地走进了属于自己的"摘星之路"。

素来坚信米兰·昆德拉的那句"生命是一颗长满可能的树"，世界之广博，人生之朦胧，让我明白挣扎在不定性的流波里，需要一个安放自己寄托的地方，洒扫杂念，用

心精读，时时执笔，勤工深耕……将优秀的资源化为宝贵的动力，要做那个在时针针尖舞蹈的人，向前走，向后望，与善人居，与扉页眠。你无需作负托重担的西西弗斯，何妨微笑着走下平原。

很感谢学长学姐们的指导，每一场用心经营的讲座，我都用心倾听。在道旁鼓掌，在互助中共一把桡桨，那些戏谑着的阴差阳错间，是数不尽的机缘与妙遇。生活车水马龙，连轴不息，愈是心静者，愈能担重任。作为新人，我仍需沉潜积淀，探索属于自己的精神扉页，找到从属本我的学习节奏，打磨自己的思维方式……从每一场读书会开始，走向诗人北岛笔下的"滚烫的人生"。

漫漫路修远，仰首摘星辰，共邀书间月，向天问浮生。希望天问节节卓拔，"播种九幽之下，策效百岁之遥。"

天问分会成员、2022 级哲学专业　李想

"我喜我生，独丁斯时。"

按照惯例，在触及一个未知领域之时我习惯于率先对其概念进行拆解探究。

天问。

名字出于战国诗人屈原的长诗。

仰天长啸，问之求之。

我不解，何以为天，又缘何发问。

在最初，我仅仅以为天问同其他学生组织一般只是芸芸众多组织之中待我挑选的一个选择，然而深入幽径，便后觉梅香。

长久以来，我被教育出声便应响彻九天，振聋发聩，而天问教我即使沉默也请涵养自身，韬光养晦。

学术一词，每每听及，便自觉肃然起敬，心生静穆的朝圣之感，在大学这个被大多数人认为是十二年寒窗的解禁之地，天问辟出了一片学术净土，傲然而又平和地伫立，是湖大学子的乌托邦，更是我向往的理想国。

虽然仅仅半年的相识，但天问总令我想起那首杜拉斯原本描述何为爱的小诗。

"不是肌肤之亲，不是一蔬一饭，是一种不死的欲望，是疲惫生活中的英雄梦想。"

天问分会成员、2022 级经济学类　叶晓莉

还记得在这个充斥着蝉鸣的盛夏，我收到了湖大的录取通知书。欣喜之余，便向高

三时结识的学姐打探关于湖大的消息。从她那里我第一次了解到天问这个组织，心向往之。

在深秋，我参加了天问的面试。由线上到线下，当我站在学长学姐面前自我介绍时，激动之情无法言表。所幸运气不错，顺利通过了面试，加入天问的大家庭。

在天问里，我真正感受到了与一群志同道合的朋友们共同前进的快乐。加入天问我是幸运的，让我有机会与一群有朝气有理想的年轻人汇聚在一起。学长学姐们不仅向我们提供学习上的帮助，也会像家中的哥哥姐姐一样关心我们的生活。

加入天问之后，我也尝试着参与了一些工作，第一次写新闻稿，第一次做海报，虽然反反复复了好几次才终于定稿，但所幸对接的学姐很有耐心，所幸一起工作的伙伴足够负责，总算是收获了一些成长。

少年何惧岁月长，彼方尚有荣光在。在未来的日子里，我期待与天问的小伙伴们共同进步！

天问分会成员、2022级播音与艺术主持　张昕怡

起初的我对天问一无所知，只听得优秀的学长学姐们讲述着自己在天问的学习与交流经历，内心的向往与期待又生发出许多。而促使我最终下定决心加入天问的是这里的读书会活动。歌德在《浮士德》中有言："外表只能显耀一时，真美方能万世不陨。"此时的自己正处青春，然而年华易逝，"青春须早为，岂能长少年"，在我看来，读书莫过于淬炼内心、达到"真美"的最佳途径。

加入天问宣传部以来，我被这里浓厚的学习氛围深深吸引，每一次分享会或课堂，不论线上还是线下，都令我受益匪浅。与天问走过的数月时光让我切实感受到了不同专业、不同学科之间思维的碰撞，我永远相信，天问是一个真真切切有利于我们全面发展的地方，我也期待自己在这里成长的同时，也能带动这个大家庭共同进步！

天问分会成员、2022级文物与博物馆学　曾喻

朱光潜先生说:"现代人的毛病是勤有余劳，心无偶贤。"我深有共鸣，现在的我们总是很忙，忙着实现目标。读书和我们的生活逐渐走散了。

一次偶然，聆听了天问学长学姐的宣讲，他们无一不优秀，同样，他们都对阅读抱有极大的热情。我心中一颗早已被沉重的学业熄灭的心又重新被点燃。下定决心，毫不

犹豫，我报名了天问。事实没有让我失望，作为分会成员，我们和分会一起成长，第一次线上见面会，第一次线下部门会议，第一次组织天问讲坛……我与天问一起成长。读了更多的书，有了更多的思考，与大家有了思想的触碰，更可贵的是，我们还把这份热情——"存自由之思想，以读书为乐趣"——传递给了全校的同学。

漫天星辰，聚如焰火。新的一年，我们与天问的故事将继续写下去。怀揣梦想，希望天问越来越好，为大家提供更好的阅读、交流、学习的平台。

天问分会成员、2022级文物与博物馆学　乐昶

作为一名2022级的天问人，我与天问结识的时间并不算久，和十年以来所有加入天问的前辈们一样，初升大一的我对天问大家庭里的各项活动踌躇满志、跃跃欲试。后来有幸能够参与到天问学术中心十周年年刊的编纂工作中，切实加深了我对天问这十年来发展历程的了解，平日里与学长学姐们一同工作时的耳濡目染，也让我极为真切地体会到了天问特有的积极配合、团结协作的工作氛围和成员们一丝不苟、高效专注的工作态度。对我而言，天问既是一个"读好书，交高人"的大家庭，也是"长见识，学本领"的课堂。

天问一路走来，靠的是一届届天问人日积月累沉淀下来的精神文化，也离不开十年来历届学长学姐们对天问大家庭的激情与付出。这十年，是天问一路高歌奋进的十年；但天问，不会是止步于十年之期的天问。因为"天问"的魅力从来不在于其所探究之事物如何珍稀奥妙，也不在于其所阐发之道理如何高深莫测，而在于总有这么一群富有激情和朝气的"浪漫主义者"，在平日里潜心于阅读与思考的同时，还能始终保持最为纯粹的初心与理想，敢问大海之辽阔、敢问苍穹之高远。这也是我作为一名新"天问人"在这个大家庭中学到的第一课。

天问的传奇已被续写十年，属于我和天问的故事却才刚刚开始。你好天问，期待往后四年光阴里与你的朝夕相处！你好天问，期待又一个十年之期后与你的回首相见！

天问分会成员、2022级英语师范　代知仪

"立身以立学为先，立学以读书为本。"而天问学术中心，为我们提供了一个潜心读书，研习讨论的平台。

我与天问的故事，从一入学便开始了，我对这个人才济济的学术中心充满敬畏，在

这里，我真切地感受到了天问成员的见识之广博，思想之敏捷。在这里，思维的火花得以碰撞，每个人都有自己独到的见解。

"行道守真者善，志与道合者大"，如今天问已成立十余年，从这里走出了无数才华横溢的学长学姐，希望在接下来的时间里，我能够与大家共同学习、共同进步，为天问更加辉煌的明天出一份力！

天问分会成员、2022 级思想政治教育　雷万茹雅

"极目怅星皓，诚冀祈昭游。"对天问的初印象是写在黑板上的这十个字，是学长学姐们说起自己在天问的经历时的滔滔不绝，是天问坎坷又辉煌的发展历程，也是我对天问由外而内的向往。杰克·凯鲁亚克说："永远年轻，永远热泪盈眶。"我想，用这来形容我加入天问以来的感受再合适不过，天问的成员们无论是对学术的热情，对拼搏二字的赤诚之心，对读书这件事的坚持，都让我无比感动，也在潜移默化中被感染，更坚定。天问是一个学生组织，更是一个思维与灵魂碰撞的空间，不同专业的学生在一起交流得到的更是 1+1>2 的效果。

期待在接下来的学习生活中与天问一起成长，共同进步，在天问结交更多志同道合的朋友，助力天问向好发展。"怕什么真理无穷，进一寸有一寸的欢喜"，愿未来，与天问共赴星辰大海，共逐雾霭流岚！

天问分会成员、2022 级地理科学　王紫瑜

初识天问时就被天问的名字所惊艳到，既有历史文化的沉稳，又带有探索的朝气，加入天问后，更能深切体会其中的魅力。他像一个智者带领着我们融入另一个世界，那里没有浮躁焦虑，没有世间纷扰，有的仅仅是一本本书籍和一颗颗求知之心。

天问是一个十分温暖的组织。学长学姐们都十分友善且博学，经常组织讲座丰富我们的知识，平时也会给我们分享学习方面的小文章来帮助我们更好地适应大学生活。

天问也是一个多变的组织，这里的人是"两耳不闻窗外事，一心只读圣贤书"之人，但也是"家事国事天下事，事事关心"的人；这里的人是坚持历史之人，也是积极创新之人；我们从读书中吸取古人的智慧，也从读书中探索新时代的结晶，纵观古今，运用书籍的力量丰富自己。天问带给我了一种宁静，让我在凡事纷扰中重新找回捧书阅读的平和，给了我仔细钻研的耐心。这里有着最优秀的人们，他们像星星一样在发光发亮，

给我带来引导，吸引着我不断努力向他们靠近

"苍鸟群飞，孰使萃之?"我想天问是最好的答案。

天问分会成员、2022级生物科学　李思琪

在天问，我找到了一些确定的追求。

天问，它让在茫然时的我知道，始终追求一种积极向上的人生态度，所谓努力尽今夕，少年犹可夸，珍惜当下每一个节点，去做有意义的事是我们该做的。

天问有来自各个专业的优秀同学，有不平凡的思想和不怕困难的精神，流水不腐，户枢不蠹，日后的天问更会是十年如一日的发展，功不唐捐。

天问分会成员、2022级新闻传播学类　庄娜

在天问，我收获了个人的成长和对天问精神的感悟。

在天问，学长学姐们更像是一位位老师陪伴着我们，学姐耐心地指导我完成第一次海报设计，学长将自己在文献、写作和学习中的经验分享给我们，并且为天问的同学争取更多学习和交流的机会。我更加能品味到学术和读书为我的生活带来的别致精彩。

近几年，由于快餐化的生活节奏，我明显感受到自己在阅读上的碎片化和浮躁的心态，但天问让我找到了那个在阅读中有所思考的自我。在麦克唐纳的《后真相时代》一书中，我学会了用如何辩证地看待和利用真相，也认识到自己以前往往被片面真相所蒙蔽。就像这样，在读书的过程中，我们可以对自己、对社会、对世界产生思考，在信息爆炸的互联网时代，保持自己的思维理性，这就是阅读在当下带给我的意义。天问是一个有活力、有思想的组织，每一届负责人都在用心带领天问走向更好。

天问分会成员、2022级经济学类　肖珂妤

早对湖北大学的楚才学院充满期待，而楚才学院天问学术中心举办的一系列活动，例如读书会、研讨会、学长学姐的分享交流会等等都无疑为我解答了进校时的困惑，拨开了学习过程中的迷雾。这也更加让我庆幸进入了天问学术中心，能够得到学长学姐们的悉心指导，拓宽学术视野。

"靡不有初，鲜克有终。"天问让我明白成功的道路上不仅仅需要一腔热血的冲劲，

更要有绵延不绝的毅力。私以为，加入天问便是一个锻炼自身能力的绝佳机会。我们于这里能够找到与自己志趣相投的知己，能够互相督促学习，能够尽己所能，互相欣赏，发现对方的闪光点，并与此同时充实自身，能够在彼此的思想交流中寻找自我。"天问"之名，也暗蕴追求真理之风，愿加入天问的每一位同学都能够从中获益，成长，从而迈向更远的远方。

天问分会成员、2022 级化学类　况知凡

十分荣幸能够加入天问学术中心，让我与优秀的学长学姐们交流学习。

天问不仅仅是一个组织，更是一个极其温暖的大家庭，在这里我们一起成长，一起进步，一起成为更优秀的自己。在工作过程中，我们不但能够学习到各项技能，而且还能在讨论中收获友谊。云程发轫，培风图南，我与天问的故事刚刚开始，花会沿路盛开，我们以后的路也将会如此，一定能让天问走得更远，在各自的领域里做散发光芒的星。

天问分会成员、2022 级播音与主持艺术　刘昱含

很幸运可以加入天问大家庭。

天问在我心中是散发着光的，因为在这里的每一个人都对知识充满渴望和敬畏，都期待通过不断汲取知识来提升自己。在天问，学长学姐们不仅热爱学习，渴望知识，而且还十分耐心细心地指导我们这些新成员新的技能和知识。我想，这是天问走过十年依旧人才济济、不断向好的原因。十分期待未来在天问学习成长的日子，期待遇见更多志同道合的人，让我的大学生活更加丰富精彩。

不积跬步无以至千里，不积小流无以成江海。让我们一步一个脚印，不断提高自己，见证天问的扶摇直上。

天问分会成员、2022 级汉语言文学　符炜怡

作为一名刚刚步入大学的新生，我对于大学生活带着懵懂与幻想。非常幸运，我成为了天问的一分子。在这里，有非常优秀的学长学姐们，也有相互关心、团结协作的同学们。我加入天问的时间尚短，所以参与的活动也有限，但在我的眼中，无论是天问讲坛，还是天问读书会，都显现出了天问积极进步的组织理念。

我相信，在天问中，我能找到我所期盼的，去成就更好的自己。

天问分会成员、2022 级教育学　冯乐茹

天问学术中心是一个由学生自发组织形成、以提升学生自身能力素质为目标的学生组织。相比等级分明的管理制度，这里更多的是民主与自由；相比以积分等形式的功利化的奖励机制，这里更多是积极与主动；相比按部就班、参照往届经验，这里提供给大家以创新与实践的平台……

时至今日，天问已经走过十一个年头。在加入天问短短几个月的时光里，我结交了志同道合的朋友，认识了不同专业的同学和优秀的学长学姐。天问读书会的举办，给我忙碌迷茫的大学生活提供了静心读书的一隅之地，渐渐为我扫清前路的黑暗，时时为我指明前行的方向。

我们将与天问一路同行。

天问分会成员、2022 级教育技术学　肖金秋

初识天问，那时我对天问这个组织充满憧憬，对加入天问充满期待；再遇天问，是在加入天问的面试中，紧张忐忑，期待又不安，渴望着能够加入这个积极向上充满活力的大家庭；携手天问，是作为天问秘书部的一位成员，正式参与到这个大家庭里。

天问给我的最大印象就是充满活力积极向上，学长学姐不定期的讲座分享，群里的新年祝福，志同道合的小伙伴一起进步，在日常的工作中不断提升能力……这些都是天问带给我的新体验。加入天问的时间尚短，但已经体会到了天问的精神所在。我希望，在接下来的工作中，能更好地了解天问，发扬天问精神，将天问精神贯彻到行动中来。我也相信，只要我们凡事脚踏实地去做，不驰于空想，不骛于虚声，以求真的态度脚踏实地，天问定会越走越远！

天问分会成员、2022 级汉语言文学　胡可欣

我与天问初见于今年初秋。十月底，我与同学一起参加了天问学术中心阳逻分会的宣讲会。宣讲会上学长学姐的介绍让我了解到天问的成长之旅，看到天问是如何走过这十年岁月，天问的学长学姐是如何在这样一个学术氛围浓厚的组织中一起进步、一路

前行。

虽然进入天问这个大家庭的时间较短，但是学长学姐对我们的关心和指导，却让我深深地喜欢上了这个优秀的组织。在大一的迷茫期，我很庆幸我能够遇见天问，遇见这么多可爱可敬的学长学姐，让我能在新的学习环境中得以遇见许多优秀的引路人。未来的时光，真心希望天问能够越来越好，而我能与天问一同走过，去领略更加美好的风景。

"追风赶月莫停留，平芜尽处是春山。"

天问分会成员、2022级中国语言文学类　张芊芊

从读书沙龙到学术中心，天问让我所感受到的不仅仅有浓厚的学术气息，还有令人感动的人文关怀。

当一群志同道合的人聚集在一起，共同阅读一本书，并且可以在读书会中体会不同思想碰撞产生的奇妙效果。在优秀的学长学姐的带领下，我对天问有了进一步的认识与体会，期待在此之中也能找到属于自己光亮的一片天地，阅读本就是在我们的心灵花园播种，相信在这里走过，无论结果如何，必然会不虚此行。天问所带给我的感受便是我能在这里遇见更好的自己，获得成长。

凉风有信，风月无边，我相信，我坚信，每一束微光都能汇聚成巨大的光亮，一切都会更好。

天问分会成员、2022级哲学专业　陈涵英

这是我与天问携手的第一年。意外地邂逅天问，惊喜地发现它的模样满足我对组织的期待，而后每一天都在期待与天问的双向奔赴，我与天问的故事终于有了前言，前言里满是我"风尘仆仆"的笃定。

是天问让我成功逃离了自己的一亩三分地，从而开垦更广袤的土地，是天问让我窥见了大学生活里的更多可能性，也是天问富裕了我的思想。

我与天问的故事，未完待续，永远是后续。

天问分会成员、2022级哲学专业　胡祉恒

我想，这个组织可能是学校所有组织中独一无二的"书香型"组织，也是最适合我

的组织。

我期待自己能和天问大家庭的朋友们相聚，共同围坐阅读，品味书中的文华和义理，交流各自的见解，提升自己多方面的素养，为文化储备注入新鲜、多元的血液。

新的一年里，我相信走过十年的天问会在不断地成长中更加成熟稳健。

天问分会成员、2022 级教育学　程姝婷

无比荣幸能够加入天问这个大家庭，在这样一个广阔的平台培养读书兴趣习惯、提高综合素质能力，努力向优秀的人看齐。

虽然进入组织的时间不长，但我却实实在在地从各项活动工作中汲取力量：学长们分享个人成长经历、宝贵经验，使我深受鼓舞并且确定奋斗的方向。我热爱这个组织，感谢它能为我们个人的发展提供机遇与帮助，同时，我也希望能与天问一同成长，共赴美好未来。

天问分会成员、2022 级数学类　吴晓敏

"极目怅星皓，诚冀祈昭游"，我与楚才学院天问学术中心的缘分从这里开始……优秀的学长学姐让我对天问有了一种莫名的向往，这是我与天问的初识。

作为一个由学生自发成立并走过了十年的优秀组织，天问的成长发展离不开每一位天问人的努力。天问有书，可以拓展我的视野；天问有星，可以给我向更多优秀的人学习的机会。能加入天问，我是幸运的，正如学长学姐们所说的："天上的世界究竟是什么样的？你去看看，就会知道。"在大学四年里，努力学习、勇于尝试、主动参与、积极进步，我才能以更开阔的视野去探索"天上的世界"。

在天问，我对自己的未来规划有了更明确的方向，我感受到了不同思想间碰撞的火花。但行好事，莫问前程。我相信，天问和我的缘分不止于此。

天问分会成员、2022 级思想政治教育　刘博闻

很幸运能够在初入大学时遇见天问。进入大学，面对前所未有的自由，会有迷茫与"失控"，但在这里，我看到了奋进与优秀，找到了前进的榜样。

风好正是扬帆时，不待扬鞭自奋蹄。愿我们每个人都能在天问遇见更好的自己。

天问分会成员、2022 级地理科学　张淑红

非常幸运能够加入天问，在这里能认识众多优秀的学长学姐，找到志同道合的小伙伴们，能将大家串联在一起，共同发挥力量，共同成长。

初识天问，便被深深吸引，特别是定期举办的读书会，为我们提供了交流的平台，让我们能够在此抒发自己的观点，畅所欲言，感受思维的碰撞，体会灵魂的共鸣，在快节奏的生活中慢下来静静读一本书，静心思考，这尤为不易。

期待在接下来的学习生活中能够与天问的小伙伴们共同进步，一起推动天问学术中心向更好的未来前进。

天问分会成员、2022 级生物科学类　郭彬钰

作为刚入学的大一新生，我很有幸能加入天问学术中心阳逻分会。

早在听闻天问读书会等一系列活动时，我便心生向往，期待能加入天问，与志同道合的同学们一起交流思想，分享各类值得一读的书籍。我希望在大学能够不再功利性的读书，而是去读"无用"之书，纯粹的享受文学的魅力。

希望之后天问的成长也能有我的参与，期待我们能在天问收获更多，共同进步。